高职高专"十三五"规划教材

公共关系理论与实务教程

蒋俊凯　陈辉　主编
王　景　赵炜　副主编
周　剑　主审

化学工业出版社
·北京·

本书是高职高专公共关系课程教材,吸收了当前国内外公共关系学的最新研究成果,论述了公共关系学的基本理论,阐述了公共关系的基本实践技能。全书共十二个项目,项目1至项目5为理论篇,包括公共关系的历史演变、公共关系概述、公共关系三要素、公共关系从业人员与组织机构和公共关系四步工作法,项目6至项目12为实务篇,包括公共关系形象管理、公共关系传播管理、公共关系专题活动管理、公共关系基本关系管理、公共关系危机管理、公共关系文书管理和公共关系礼仪管理。全书以系统全面的内容和丰富新颖的案例结合,突出了实用性和实效性,既可作为高职高专商科类等相关专业教材,也可作为各类企事业单位从事公关工作人员的培训教材和参考读物。

图书在版编目(CIP)数据

公共关系理论与实务教程/蒋俊凯,陈辉主编. —
北京:化学工业出版社,2020.5(2023.11重印)
ISBN 978-7-122-35987-2

Ⅰ.①公… Ⅱ.①蒋… ②陈… Ⅲ.①公共关系学-高等职业教育-教材 Ⅳ.①C912.31

中国版本图书馆CIP数据核字(2020)第043314号

责任编辑:王 可 蔡洪伟 于 卉
责任校对:宋 玮   装帧设计:张 辉

出版发行:化学工业出版社(北京市东城区青年湖南街13号 邮政编码100011)
印　　装:北京科印技术咨询服务有限公司数码印刷分部
787mm×1092mm 1/16 印张15 字数383千字 2023年11月北京第1版第3次印刷

购书咨询:010-64518888　　售后服务:010-64518899
网　　址:http://www.cip.com.cn
凡购买本书,如有缺损质量问题,本社销售中心负责调换。

定　价:48.00元　　　　　　　　　　　　　　　　　版权所有　违者必究

前 言

公共关系学20世纪30年代诞生于美国，经过近百年的探索与研究，已成为一门理论相对成熟、实践运用广泛、影响巨大的应用性学科，不但是企业经营管理的必备利器，更是政府、事业单位协调社会各方关系的重要手段。公共关系作为一种有效的现代传播和沟通工具，受到了越来越多的重视。公共关系意识、文化、理论已深入到政治、经济社会的各个方面。例如，在政治领域，我国政府已实行了政务公开和各级政府新闻发言人制度；在经济领域，传统的产品、服务、质量、价格竞争正逐步让位于信誉、形象竞争。各行各业，无论是公司、企业等营利性组织，还是学校、医疗卫生、社会团体等非营利性组织，都越来越重视自身的诚信建设和社会形象。公关工作也成为一个热门的职业。

经过国内诸多学者的消化、吸收与创新，目前公共关系学已基本建成了较为成熟的体系，逐渐发展成为具有中国特色的学科。本书的编写在总结以往经验的基础上，具有以下特点。

第一，融入思政育人的教学要求。本书与时俱进，在诸多知识环节潜移默化地融入课程思政，尤其是"蓄力职场"环节，将公关从业人员的职业素养、工匠精神、开拓创新精神、吃苦耐劳的职业操守等较好地融入知识与专业技能的学习。

第二，项目引领，任务驱动。本书共有十二个项目，每个项目下有若干子项目，每个子项目之后都有"任务训练"，使得教者教学思路清晰，学者学习目标明确。

第三，结构合理，内容全面。项目1至项目5为公共关系理论篇，项目6至项目12为公共关系实务篇，学习内容全面、清晰。每个项目都由"学有所获""案例导入"开头，激发学生的学习兴趣。以案例为基础的"思考-讨论-训练"，可有助于提高学生口头表达能力和小组协作能力。"知识导航"中的"知识拓展"便于学生理解新知识，任务训练中的"案例分析"

旨在帮助学生提高运用所学知识与技能分析和解决实际问题的能力,"课后实践"让学生进一步巩固所学内容。

第四,案例丰富,时效性强。为了帮助学生更好地理解、掌握、运用公共关系的基本原理和方法,本书引入了丰富新颖的典型案例和相关知识,丰富课程内容的同时可拓宽学生的知识视野。

本书由蒋俊凯、陈辉担任主编,王景、赵炜担任副主编,周剑担任主审。蒋俊凯负责编写项目1至项目4、制作配套资源及其他事项,赵炜负责编写项目5和项目6,陈辉负责编写项目7至项目9,王景负责编写项目10至项目12。周剑负责全书的审稿工作。非常感谢团队成员的鼎力合作与辛勤付出。

本书在编写过程中,参考了众多专家学者的学术成果和研究资料,谨此对他们表示崇高的敬意与谢意!由于编写时间仓促,编者水平有限,书中若有不足之处,敬请广大读者批评指正。

编 者

2019 年 8 月

目 录

项目1 公共关系的历史演变 —— 1
1.1 公共关系的起源 …… 2
1.2 现代公共关系的产生与发展 …… 4
1.3 公共关系在中国的发展 …… 11

项目2 公共关系概述 —— 18
2.1 公共关系的概念 …… 18
2.2 公共关系与其他相关概念辨析 …… 22
2.3 公共关系基本职能 …… 26
2.4 公共关系基本原则 …… 32

项目3 公共关系三要素 —— 37
3.1 公共关系主体——社会组织 …… 39
3.2 公共关系的客体——公众 …… 42
3.3 公共关系手段——传播 …… 54

项目4 公共关系从业人员与组织机构 —— 58
4.1 公共关系从业人员 …… 58
4.2 公关部 …… 63
4.3 公共关系公司 …… 70
4.4 公共关系社团 …… 74

项目5 公共关系四步工作法 —— 77
5.1 公共关系调查 …… 78
5.2 公共关系策划 …… 84
5.3 公共关系实施 …… 87
5.4 公共关系评估 …… 92

项目6 公共关系形象管理 —— 96
6.1 组织形象概述 …… 97
6.2 企业形象识别系统 …… 101

6.3　企业形象设计途径 …………………………………… 106
　　6.4　CIS 导入过程 ………………………………………… 110

项目 7　公共关系传播管理 ——————————————— 115
　　7.1　公共关系传播概述 …………………………………… 116
　　7.2　公共关系传播媒介 …………………………………… 120
　　7.3　公共关系传播技巧 …………………………………… 129

项目 8　公共关系专题活动管理 ——————————————— 134
　　8.1　新闻发布会 …………………………………………… 135
　　8.2　庆典活动 ……………………………………………… 140
　　8.3　赞助活动 ……………………………………………… 143
　　8.4　展览活动 ……………………………………………… 147
　　8.5　参观活动 ……………………………………………… 150

项目 9　公共关系基本关系管理 ——————————————— 153
　　9.1　内部公众公共关系处理 ……………………………… 153
　　9.2　外部公众公共关系处理 ……………………………… 159
　　9.3　公众纠纷处理技巧 …………………………………… 168

项目 10　公共关系危机管理 ——————————————— 171
　　10.1　公共关系危机概述 ………………………………… 172
　　10.2　公共关系危机预防 ………………………………… 177
　　10.3　公共关系危机处理技巧 …………………………… 182

项目 11　公共关系文书管理 ——————————————— 189
　　11.1　公共关系文书概述 ………………………………… 189
　　11.2　常见公共关系文书写作 …………………………… 192

项目 12　公共关系礼仪管理 ——————————————— 207
　　12.1　公共关系礼仪概述 ………………………………… 208
　　12.2　公共关系个人形象礼仪 …………………………… 211
　　12.3　公共关系商务活动礼仪 …………………………… 218

附录　公共关系实训安排 ——————————————— 227

参考文献 ——————————————— 234

项目 1

公共关系的历史演变

学有所获

通过完成本项目,学生应该掌握如下知识点:
1. 了解公共关系的起源。
2. 掌握公共关系不同发展阶段的代表人物及思想。
3. 了解公共关系的中国的发展现状及未来发展趋势。

案例导入

1975年10月14日,美国华盛顿,这一天是美国总统艾森豪威尔的67岁生日。华盛顿街道彩旗飘扬、标语醒目,白宫周围人山人海,华盛顿市万人空巷,等候着一个时刻的到来,这一刻,人们已等了很久。一般来说,爱好自由、民主的美国人是不屑于为总统的一个区区生日而特意来凑热闹捧场的。可是这一天,美国人却显得异乎寻常地热情、激动,到底发生了什么事?一个月前,法国人就在各种媒介上广为宣传,为了感谢在第二次世界大战(以下简称"二战")中美军对法国人民的帮助,为了彰显法美人民永远的友谊,法国人决定,在艾森豪威尔总统67岁寿诞之时,向美国总统敬赠两桶酿造已达67年的法国白兰地。这两桶极品白兰地将由专机运送,并在总统生日这天,举行盛大的赠酒仪式,向全世界表明法国人民对美国人民的友好之情。法国白兰地?!美国人似乎一下子想了起来,那不是扬名全世界的美酒佳酿吗?我们以前怎么就没有想起来尝一尝呢?一时之间,白兰地的历史、趣闻、逸事陆续地出现在各种媒体上。久盼的时刻终于到了。上午10时,4名英俊的法国青年,穿着雪白的王宫卫士礼服,驾着法国中世纪时期的典雅马车进入白宫广场,由法国艺术家精心设计的酒桶古色古香,似已散发出阵阵的美酒醇香。全场沸腾了,当4名侍者举着酒桶步向白宫时,美国人唱起了《马赛曲》,欢声雷动,掌声轰鸣,人们沉浸在欢乐的气氛中。各大新闻机构毫无例外地均派出了记者进行现场报道。关于赠酒仪式的报道文字、图片、影像,充斥了当天美国的各大媒体。借白兰地唱法美友谊,缩短了白兰地与美国公众的感情距离,这是法国白兰地制造商们在美国举行的极为成功的公关活动。它直接地为白兰地进入美国市场扫清了道路。赠酒仪式不久,一向不为美国人重视的白兰地酒,迅速成为市场上的抢手货,在人人以喝上法国白兰地为荣的背景下,法国白兰地成为供不应求的紧俏商品。

白兰地进军美国市场有许多值得称赞的地方。首先,选择巧妙的公关切入点。白兰地的成功,就在于它巧妙地选择了法美友谊这个情感纽带。美国军队在二战中为反对法西斯战争立下了汗马功劳,特别是诺曼底登陆,直接解放了法国,扭转了战局。法国人选择二战功臣、美国人的象征,即总统艾森豪威尔作为表示友谊与感谢之情的对象,满足了美国人的救世主心理,在褒扬美国的同时巧妙地展示了产品,同时提高了产品的地位(友情的使者),使美国人在感情上顺利接受白兰地。其次,精心设计礼品的形象。贺酒龄与艾森豪威尔同龄,请法国艺术家精心设计酒具的造型和侍者的形象;用专机运送白兰地酒;精心设计赠酒仪式的全过程。再次,事先以法美友谊为由头,借新闻媒介大家渲染,为新闻"创造"的素材,使宣传活动可信度高、且花费很少。

[案例来源:奎军编著,《公关经典100》(广州出版社,1998年版)]

【思考-讨论-训练】
1. 请指出此次公关活动的创意体现在什么地方？
2. 本案例给你带来怎样的启发？

知识导航

1.1 公共关系的起源

一、古代公共关系的渊源

1. 古代西方

纵观历史，早在古代埃及、巴比伦、波斯以及古希腊、古罗马，统治者就用武力和舆论手段来控制社会，处理与民众的关系。这些帝王、政府都曾动用大量的金钱和人力去营造雕像、寺院、陵墓、写赞美诗等，用精湛的艺术手法描述他们的英雄业绩，树立统治者的声誉，宣扬自己的伟大和神圣的身份，也传播生产知识。他们具有强烈的"公关意识"。

在古希腊时代就已经有了靠创作赞美诗维持生活的人。古希腊著名学者亚里士多德在其著作《修辞学》中就怎样运用语言来影响听众的思想与行为进行了精辟的阐述。该书被称为最早探讨"公共关系理论"的专著。古罗马的统治者凯撒创办发行了世界上最早的日报——《每日纪闻》；他还专门写了一本记载其功绩的纪实性著作——《高卢战记》，这本书曾被西方一些著名的公共关系专家称为"第一流的公共关系著作"。

2. 古代中国

中国是文明古国，"公共关系"的思想与活动可以追溯到有文字记载的远古时代。统治者的"公共关系"活动在商代就已产生，部族首领已认识到民意和利用民意的重要性。在盘庚迁都的故事中，盘庚在三次演说词中都提出"朕及笃敬，恭承民命"，证明他已懂得顺民意、得民心，办事要向民众说明原因，用意才能实现。中国古代在收集民意、利用民意的技术方面也有相当大的发展。大禹为治水曾"合诸侯于涂山"，协商后终于得到大家的支持，才得以指挥千军万马完成了治水的壮举。周朝时，宫廷已有"采诗"制度，目的之一就是以此来体察民情民意。《左传》中的"子产不毁乡校"，体现了舆论监督和知识分子与政权间的双向沟通。秦国的商鞅利用"徙木赏金"的"人为事件"来取信于民，表明变法改革的决心，在民众中树立了重信守诺的可信赖形象。

中国古代的说服传播技术、技巧已相当发达，已成为制造舆论和协调各种社会关系的重要手段。例如：战国时期的苏秦周游列国宣传"合纵"之说，维持了十几年的和平，成为"三寸不烂之舌，胜于百万雄兵"的典型案例。历代农民起义领袖们也都十分注重利用各种传播手段来制造舆论，赢得民众的支持。从陈胜、吴广到李自成、洪秀全都各有经典做法。

在中国古代的一些经济活动中，人们都自觉或不自觉地运用各种传播手段和沟通技巧来宣传自己，树立自己良好的声誉和形象。"张骞通西域""郑和下西洋"等历史事件在世界公共关系史上都占有十分重要的地位。

3. 古今公共关系的异同

严格地讲，古代并不存在科学意义上的公共关系，那时的一些类似今天的公共关系的思想观点与实践做法可称为"类公关""准公关""公关的萌芽""史前公关"。总之，那时的公共关系不仅没有独立的思想体系，甚至连这一概念都没有，但它们确是今天公共关系产生的基础，是丰富的、宝贵的人类文明遗产，应辩证地加以取舍、扬弃。

二、近代公共关系的萌芽

近代的公共关系萌芽于当时政治、经济、文化事业比较发达的美国，公共关系在当时主要应用于政治及总统选举。

可以说美国的公共关系起源于北美殖民地人民反对殖民统治、争取独立的斗争。当时的领袖们都是很好的公共关系宣传家。他们利用报纸、小册子、传单、制造事件、集会、辩论等宣传独立的主张。其中的代表人物是塞缪尔·亚当斯（Samule Adams）。他的一些理论与做法对今天的公共关系事业依然是很有借鉴价值的。亚当斯认为，"所有的人受感受支配的程度比受理智支配的程度大得多"。由此，他认为"公共舆论来源于事物的进展以及公众观察事物进展的方式"（绝不是仅仅取决于客观事物本身）。亚当斯是一个积极进取并有一套成功技术的"公共关系"专家。他在没有公众的条件下，会创造一些事件来求得公众的支持，进而实现自己的目标。这些事件在组织北美13州抗英斗争中发挥了巨大的作用。

任务训练

案例分析

亲子节目《爸爸去哪儿》

湖南卫视推出的综艺亲子节目《爸爸去哪儿》是从韩国MBC电视台引进的亲子类户外真人秀节目，概念参考自韩国MBC电视台节目《爸爸你去哪儿》，节目为季播类型，2013年10月11日，第一季节目开始在湖南卫视首播，五位明星爸爸林志颖、郭涛、田亮、王岳伦、张亮化身超级奶爸，单独带着孩子来到陌生的地方，开始72小时的郊野生活。节目中有近40个机位全程24小时跟踪拍摄，最大程度地不错过明星爸爸和宝贝们的每一个细节。这档节目充分演绎了现代版的"我们怎样做父亲"，在父母无暇照顾孩子的当下，这档奶爸带萌娃共同演绎的"人在囧途"，引发了很多人的情感共鸣，节目已经连续播出6年多了，仍然受到观众的喜爱与欢迎。

思考与讨论：

1. 从公共关系角度分析《爸爸去哪儿》这档节目取得成功的原因有哪些？
2. 湖南卫视还有哪些节目与品牌？湖南卫视想要塑造什么样的品牌电视形象？

回顾总结

本任务主要学习了公共关系在古代西方和古代中国的起源，但它不是真正意义的公共关系，我们通常称为"类公关"或"准公关"等。

课后实践

一、判断题

1. 古代公共关系就是现代意义上的公共关系。（　　）
2. 公共关系的源头可追溯到古埃及、古巴比伦、古中国等国家。（　　）

二、单项选择题

1. 被称为第一部公共关系著作的是（　　）。
   A．《修辞学》　　　B．《论语》　　　C．《高卢战记》　　　D．《孟子》
2. 凯撒大帝撰写的《高卢战记》具有现代公共关系的（　　）意识。
   A．形象意识　　　B．宣传意识　　　C．全局意识　　　D．危机意识

三、简答题

为什么说古代公共关系不是真正意义的公共关系呢？

蓄力职场

熟读古代西方和中国公共关系故事，增强公共关系人员职业素养。

1.2　现代公共关系的产生与发展

一、现代公共关系产生的历史条件

现代公共关系（以下可简称"公关"）产生于美国并由美国向世界推广，这具有其历史的必要性，它是与美国 20 世纪 20 年代的政治、经济、文化及科学技术背景密切相关的。

1. 现代公共关系产生的经济条件——商品经济的高度发展

从经济条件来看，第一次世界大战（以下简称"一战"）后的工业革命的发展使商品经济得到了极大的推动，大工业的商品经济方式突破了人们之间时空及血亲的局限性，以商品为纽带的社会关系日趋复杂，每个社会成员及社会组织都日益处于一种全新的社会关系之中。广泛的社会分工需要的是广泛且紧密的协作关系，各个企业及社会组织为了生存和发展需要寻找新的合作伙伴，而维系长期关系的基础在于彼此的信任，而这种信任的基础在于彼此的真诚沟通，特别是建立在真实信息传达的基础之上。同样地，商品经济的发展使得人们更迫切地希望形成一个彼此合作的社会环境，渴望社会的稳定及和谐，而这种共同的需要催生了共同的沟通手段的形成。

随着市场经济的进一步发展，公共关系的地位及作用更明显地体现在以下两个方面。一是对市场信息的收集、判断及综合运用。无论是市场信息的收集还是判断都需要更专业的人士来完成，而这种对市场需求的分析往往还需要进行一种预测，因此公共关系作为专业的人才可以帮助一个企业更深入地了解公众的多种需要，这种专业技能的产生及完善的过程正是目前公共关系生存的基本。二是买方市场条件下如何进行自身产品的定位的需求。当商品经济发展，市场上产品供大于求时，消费者往往具有了更大的选择优势，如何保证自己的产品能够从大量的同类、同质的产品中脱颖而出，当人们不断地从量的需求、质的需求转向情感需求时，为产品及服务增加情感的附加值就成了公共关系对一个组织的无形资产进行管理的体现。为了吸引消费者，必然会不断努力同消费者发展产品交换之外的信息关系、情感关系，最大限度地争取广大公众的理解、信任、支持与合作，从而形成了以消费者为中心的"买方市场"。

2. 现代公共关系产生的政治条件——美国民主政治制度的出现

从社会政治条件来看，美国式的民主政治是现代公共关系形成的一大根源。从封建社会进入资本主义社会是人类社会民主进程中的一个重要标志。在封建社会的专制社会，统治者

可以为所欲为，统治者与被统治者是一种简单的统治与被统治的关系，而公众的力量分散，社会联系也松散，共同意识相当薄弱，民众的政治参与度相当低、在统治者的高压及愚民政策的统治下，民众无需关系政治，也根本无法干预政治，舆论不可能对社会政治及决策产生影响。进入资本主义社会后，民主制度代替了独裁的专制制度，虽然资本主义民主仍然具有局限性，但是，社会民众的联系却得到了加强，公民意识和民主意识不断增强，舆论对社会政治运作的影响力也越来越大。民主政治必须要求体现大多数人的意愿，满足的是大多数人的要求，这需要一定的民主政治的保证，其中最具有代表性的美国式的民主是纳税制和选举制。

就纳税制度而言，纳税人的身份地位是具体的，他们作为纳税人不仅具有纳税的义务，同时更多地需要体现其纳税后的权利。在民众方面，由于纳税直接关系到自己的切身利益，因此就产生了关心与参与政治活动的要求，而在政府方面，则有义务将政府事务的决策与运作情况定期向纳税人公布与报告，并接受纳税人的监督，这是从经济上促使公共政治生活民主化的动因。

同样地，由于"选举制"的实行，民众拥有了政治参与权、参政权及议政权。一方面，民众会认真比较、精心挑选能真正代表自己意志的人去议政、执政，并且有权经常、不断地监督自己的代表是否准确地反映自身的利益与意见，这就突出了政治透明度的要求；另一方面，被选举者为了当选或稳定地位也需要重视民众的意见，不断地了解民意，与社会各界保持良好的关系。既要顾及民意，同时又要让民众加强对自身的了解。正如美国宪法所规定的，总统必须通过选举产生，任何一个政党的领导人所需要完成的工作就是说服民众来支持自己，必然都会组织庞大的公关顾问团，阐述自己的政治见解及加强与选民的沟通，因此选举制也是政治上促使公共关系产生的动因。

3. 现代公共关系产生的文化条件——现代管理理论的发展

从其文化背景来看，20世纪20年代的美国经历了一场由泰罗的科学管理方法向梅奥的社会管理方法转变的时期。因此，现代公共关系的产生借助两种管理学思潮的影响：一是科学管理理论，二是人际关系理论。科学管理理论的代表人物是美国福特汽车公司的工程师F. 泰罗，他在美国首创流水线工作法。1911年泰罗系统地总结了他的管理学说，出版了《科学管理原理》。书中提出了生产作业标准化、工时利用科学化、管理权利层次化、劳动分配合理化等原则。影响公共关系管理的第二个理论是人际关系理论。20世纪20年代，哈佛大学教授梅奥在著名的"霍桑实验"中提出如何激励人的积极性而提高劳动生产率的问题。其理论的出发点是：工人是"社会人"，劳动对于人来说恰恰是与娱乐、休息一样自然的，在为既定的目标奋斗的过程中，人有自我引导和控制的能力，对目标的执着追求而取得的成功本身就是一种报酬，在一般情况下，人们不仅接受责任而且谋求责任，为解决组织的问题而激发的想象力、聪明才智是一种普遍的现象。1939年哈佛大学出版了罗斯里斯帕格和狄克逊合著的《管理与工人》一书，其核心的观念就是非经济报酬对于调动工人的生产积极性具有同金钱同等重要的意义，工人对组织管理应以组织成员的角色作出反应，传播是一个组织决策过程中的重要因素。尽管它可能扩大了人性中追求自我实现的成分，但是，人际关系理论毕竟注重了工人的人格尊严以及个人价值。因此，美国整体的文化背景在此得到了一个转变，从以往的理性转向了人性，即对人的尊重，对人的感情、尊严的重视，不再仅仅关注物质的或经济的利益。在这种文化背景之下，公共关系才会有其滋生的土壤。每个人在一个社会组织的面前到底是仅仅满足其对产品或服务的需求还是应该更多地被赋予一种尊重，公众对于一个组织来说是否具备共同面对问题及共同解决问题的可能性，如果可以这样做，那么其最根本的基础肯定是源自对公众的知晓权及对公众解决问题能力的肯定。正如同一个政府部门如果擅长将公众纳入处理问题的共同轨道，这不仅会激发公众参与社会事务的兴趣及积极性，而且也会真正意义上调动各方面的才能，而这延伸至任务一个社会组织都是可行的。

4. 现代公共关系产生的科学技术条件——大众传播事业的发展

从公共关系技术手段来看，现代意义上的公共关系不可能建立在小范围的人际交往的基础之上，它更多的是体现了大范围的大众传播媒介的运用。因此，公共关系是与现代化的传播技术结合在一起的。20世纪初，由于科技革命的发展，现代的通信、交通及传播手段的发展为现代公共关系的产生带来了技术的保证或物质条件。

资本主义日益发达的社会分工使得人们之间的联系方式产生了变化，那种纵横交错的沟通与依赖性成为社会成员普遍的生存方式。在这种背景下，各种形象的传播理论和沟通技术迅速发展起来。如印刷术的普及与提高带来了报纸、杂志发行量的扩大；电子技术的进步则带来了电报、电话以及广播、电视等电子媒介的兴起及普及，又带动了通信卫星的出现和信息网络的形象，达到了信息交流的高度自动化和准确化，"地球村"也正在成为一个事实。各种大众传播媒介的发展使得社会舆论在影响也日益增强，这就迫使社会组织要学会应对公众舆论，促进相互及时了解与沟通，一旦一种意义被多数人传递就会产生一种巨大的舆论压力，这是任何一个社会组织所无法回避的事实。因此，公共关系的职能在现代传播技术的推动下占据了一个重要的地位，其管理的独特对象、方法也将公共关系与其他管理手段区别开来。

【知识拓展】

便士报运动

19世纪30年代，美国报界掀起了一场"便士报"运动，即报纸以低廉的价格和生动的内容去争取大量的读者，使报纸完成了大众化、通俗化的飞跃。从此，价格低廉、以大众为读者对象的报刊大量出版印行。首先由美国的《纽约太阳报》带头，掀起了所谓"便士报"运动（即一便士买一份报纸）。在《纽约太阳报》的成功示范下，各地也竞相开办"便士报"，仅纽约市就有12家之多，除《纽约太阳报》外，当时美国大众报纸主要有：詹姆士·戈登贝内特于1835年创办的《先驱报》，霍斯勒·格里利于1841年创办的《论坛报》等。此后，以普通劳动者为读者对象的通俗化的报纸，就如雨后春笋般诞生了。

"便士报"的火爆除了售价低廉外，还因为在内容上面向社会中下层，以广大平民百姓为主要读者对象，尽量迎合大众口味，突出人情味、离奇性，只要是大众喜爱看的就可以成为报道内容；在立场上，标榜"超党派"，强调独立性；在经营上，实行企业化管理，商业经营，广告是主要的收入来源；在形式上，文字简短通俗，编排活泼花哨。"便士报"的崛起是世界工业革命的必然结果：城市大量产生并迅速繁荣，人口激增，教育普及，工商业发达。

"便士报"的出现开创了美国报业的新局面，大小报纸纷纷趋向大众化，美国的报业因此迅速走向繁荣。到1910年，美国仅日报就达2433家，此后这一高峰记录一直未被打破。如今全美国共有各类报纸约9000种，其中日报约1500种，发行量超过5万份的日报约有250家，而发行量超过25万份的则只有7家。美国便士报引发了美国新闻史上的"传播革命"，建立了报刊以新闻信息集聚传播能力，广告则为传播能力进行价值补偿的"双重服务"模式，解决了独立革命以来长期困扰报业的经济独立问题，促使报刊不仅成为政党斗争的工具或业主谋利的企业，而且成为美国社会政治制度的一个部分，报刊"第四权力"由此成为制度性的权利。

"便士报"奠定了近代报业的基础，第一次真正让新闻取代言论成为报纸的主角，报纸真正成了新闻纸。从整体看，"便士报"的新闻重在故事而不在信息，重在消遣而不在提供决策，而且随着竞争而日趋煽情，逐步开始堕落。"便士报"并不是一种具体的报纸，它是一种经营理念，同时它也开创了一门新兴的学科——公共关系学。

综上所述，正是由于20世纪初商品经济的高度发展、社会政治生活的民主化、现代管理理论的发展以及大众传播与现代通信技术的发展等诸方面的因素，使公共关系成为独立的职业、学科屹立于众多的职业及学科之林。

二、现代公共关系开端——巴纳姆时期

这一时期是"职业公共关系的前奏"，以"报刊宣传活动"为代表，以巴纳姆为主要代表人物。

19世纪上半叶的美国，随着政治民主化的推进、公众地位的提高，大众传播事业得到了迅速的发展。"报刊宣传活动"就是在这时开始风行起来的。它是指一些公司或企业为了自己的利益，雇佣专人在报刊上进行宣传的活动。一些大公司和巨头们为了节省广告费，纷纷花钱雇一些记者或宣传员来编造关于自身与组织的新闻甚至"神话"来吸引读者的注意力，达到宣传本组织形象的目的，于是便兴起一场声势浩大的"报刊宣传活动"。

这一时期最有代表性的报刊宣传员是费尼斯·泰勒·巴纳姆（Phineas Taylor Barnum）。巴纳姆恪守的信条是"公众要被愚弄""凡是宣传皆是好事"。他的这种不择手段地为自己或自己代表的组织进行吹嘘、欺骗、制造"神话"，全然不顾公众利益、不顾职业道德的行为，是完全违背现代公共关系宗旨的，是公共关系史上不光彩的一页，这一时期被称为"公众被愚弄的时期"和"公共关系的黑暗时期"。

三、现代公共关系的职业化时期

这一时期是职业公共关系开创的时期，其主导思想是：组织对公众必须坦率和公开。艾维·李（Ivy Lee）是这一时期的代表人物。

19世纪末，美国已进入垄断资本主义时代，劳资关系日趋紧张，阶级矛盾日益激化，各个阶层和集团之间的利益冲突尖锐，整个社会都充满了对企业寡头的敌意。在此情况下，终于爆发了以揭露工商企业丑闻为主题的新闻"揭丑运动"，史称"扒粪运动"。

"揭丑运动"与罢工运动的打击，使美国的经济界开始正视新闻界与公众对企业发展的重要影响，他们开始转变思维方式以图摆脱危机。许多公司也都纷纷聘请新闻代言人，实行厂区开放、参观介绍等项公关措施，利用大众传播手段来修建自己的"玻璃屋"，实行开明经营。

在这场为企业塑造新形象的热潮中，艾维·李与派克合资成立了派克·李氏公司，成为第一位通过向客户提供服务而收取佣金的职业公关专家。这标志着公共关系职业和公共关系事业的诞生。艾维·李还为洛克菲勒财团与宾西法尼亚铁路公司处理了危机，重塑了后者的企业形象，从此他成为蜚声社会的公关专家，被誉为"公共关系之父"。

艾维·李的公共关系思想是："公众必须迅速被告知"——对公众要"讲真话"。他经常为报社免费提供新闻公报，公开提供客观的新闻材料，放弃一直是神圣不可侵犯的行业秘密。因此，我们亦称其为"单向信息发布式"的公共关系。

四、现代公共关系的科学化时期

双向沟通式的公共关系产生于公共关系从艺术走向科学的时期，这一时期的主导思想是"投公众之所好"，其代表人物是公共关系发展史上的一位集大成者——爱德华·伯纳斯（Edward L.Bernays）。

在艾维·李首创公共关系事业之后，美国的公共关系事业迅速崛起，企业界开始逐步推广公共关系制度。到1937年，全美最大的数百家企业中已有20%设立了公关部。公共关系咨询业迅速发展，1939年，美国公共关系理事会（ACPR）宣告成立。此外，政府公共关系也进一步发展。公共关系研究和公共关系教育正式诞生，1947年，波士顿大学成立了第一所公共关系学院，培养公共关系人才。公关教育在美国逐步展开。

1923年，爱德华·伯纳斯出版了第一本公共关系专著——《舆论明鉴》，书中明确论述了"公关咨询"的含义，提出了公关工作的原则、程序和职业道德等，该书被称为公共关系理论发展史上的一个里程碑。他把公关活动发展成为一种更有意识的、自觉的、有组织的活动。他特别强调了在公关活动中首先应了解公众的要求，在确定公众价值观念和态度的基础上，再进行有计划、有组织的宣传，宣传应"投公众之所好"。这就比艾维·李时期单向地站在企业的角度去宣传、去告知要大大前进了一步。1923年，伯纳斯开始在纽约大学讲授"公共关系"，成为在大学教授公共关系的第一人。

五、现代公共关系的现代化时期

双向对称式的公共关系是当代公共关系发展的高级阶段，它强调"双向沟通、双向平衡、公众参与"。这时期的代表人物是斯科特·卡特李普和阿伦·森特。

1952年，卡特李普和森特出版了权威性公共关系专著——《有效公共关系》，书中论述了"双向对称"模式，在公共关系的目标上将组织和公众的利益放在同等重要的位置上，这是目的上的"对称"；在方法上坚持组织与公众之间的双向传播与沟通，这是传播手段上的"对称"。此书出版后多次再版，被誉为"公共关系的《圣经》"。

双向对称模式提出的理论前提有两个：一是把公共关系看作封闭系统还是开放系统；二是把公共关系看作一种"工作"还是一种"职能"。

将公共关系看作封闭系统和一种"工作"的做法是将公关人员放在沟通技术实施者的位置上，定期进行新闻发布，去保持和推进公众对组织的良好印象，而忽视将有关环境的信息传递给组织。

将公共关系看作开放系统和一种"职能"的做法是将组织与公众关系的维持和改变建立在产出—反馈—调整诸环节相互作用的基础之上，公众意志可以吸收到决策中，公共关系不仅能在决策中发挥参谋与顾问的作用，而且有预警作用，可以阻止潜在危机的发生。

双向对称模式体现了中国墨家思想的理想："兼相爱"与"交相利"，也反映了现代竞争提倡的"双赢制"以及"双方发展"的现代公共关系意识。现代公共关系的发展过程见表1-1。

表1-1　现代公共关系发展过程

类型	时期	代表人物	主导思想
开端时期	职业公关的前奏	费尼斯·泰勒·巴纳姆	公众要被愚弄，凡是宣传皆是好事
职业化时期	职业公关的开创	艾维·李	公众要被告知

续表

类型	时期	代表人物	主导思想
科学化时期	公关从艺术走向科学	爱德华·伯纳斯	投公众之所好
现代化时期	公关发展的高级阶段	斯科特·卡特李普、阿伦·森特	公众愿意可参与到决策中来

六、不同发展阶段的公共关系的比较

现代公共关系从无到有，经历了一系列变化。了解这段历史可以使我们更好地领悟公共关系发展的客观规律，更好地开展公共关系工作。下面将现代公共关系的不同阶段作一比较。

1. 各种公共关系对公众的态度不同

在没有公共关系的时代，垄断寡头们只顾一己私利，公众是他们宰割的对象。开端时期公共关系特点是"公众要被愚弄"；职业化时期公共关系特点是"公众要被告知"；科学化时期公共关系发展为"要投公众之所好"；现代化时期公共关系进而提出"公众意愿可以参与到决策中来"。

2. 各种公共关系的原则不同

垄断寡头们信奉"我行我素"，"向公众封锁信息"；开端时期公共关系坚持"凡是宣传皆好事"，根本不顾公众的利益；职业化时期公共关系坚持"事实公开""讲真话"的原则，增加公众对组织的信任感；科学化时期公共关系坚持让组织了解公众，也让公众了解组织，"增加双方的透明度"；双现代化时期公共关系坚持组织与公众双方在目的、利益和传播上要双向对称、双向平衡。

3. 各种公共关系所采取的方法不同

垄断寡头们对新闻界采取的是封锁、恫吓、收买、控制舆论的做法；开端时期公共关系采用的方法是编造"神话"、制造新闻；职业化时期公共关系采取的是向公众提供准确而有价值的信息的方法；科学化时期公共关系采取的是调查研究、双向传播的方法；现代化时期公共关系采取的是监测—发布—反馈—调适—双向平衡的方法。

4. 各种公共关系所要达到的目的不同

垄断寡头们的目的是独享天下；开端时期公共关系目的是为了扩大自身影响而玩弄公众；职业化时期公共关系目的是寻求公众的理解、认同与接纳；科学化时期公共关系是为了赢得公众的支持而取悦公众；现代化时期公共关系是为了双方的利益，和谐拓展。

现代化时期公共关系的口号似乎不如双向沟通式的公共关系的口号"投公众之所好"与"一切为了公众"听起来动人，感觉公众地位更高，但是现代化时期公共关系却更加理性、更加客观、更加真实。

任务训练

案例分析

克莱斯勒公司

李·艾柯卡被福特公司解雇了，随后即被岌岌可危的克莱斯勒聘为总裁。就在他到任的那天，克莱斯勒公司宣布第三季度亏损近1.6亿美元。这是该公司有史以来最严重的亏损。

艾柯卡组织好领导班子准备大干时，伊朗国王巴列维出走，几星期内，美国国内汽油涨价一倍。能源危机使克莱斯勒供应周末旅游车工业的引擎和底盘几乎全部停销、自产的厢式小客车销售量减少了50%。公司马上采取措施，增加对新工厂和新产品的投资。正当他们采取这些代价很大的初步措施时，全国又陷入经济衰退，全国汽车年销售量降低近50%。经济形势迫使工厂加倍投资，而收入只有原来的一半，克莱斯勒连挨两拳。几乎被打趴下了。为生存下去，艾柯卡入主克莱斯勒，采取了一系列措施，如压缩人员、节约开支，并向政府求援。在这段时间内，最大的危机是用户对克莱斯勒信任度下降，谁也不愿意从一家请求政府贷款而行将破产的企业中买一辆汽车。

克莱斯勒公司首先开展了消除公众对公司前途顾虑的广告活动。广告使所有公众意识到个人与克莱斯勒的关系，社会舆论发生了变化。

其次是克莱斯勒紧密团结经销商，由后者发起了游说议员活动。

艾柯卡到任后，一边改善与经销商的关系，一边抓汽车质量。通过这些工作，经销商与克莱斯勒关系融洽了，他们来到华盛顿，找自己熟悉的议员进行游说，阐明克莱斯勒公司破产将对社会产生什么影响，讲清公司实力与前途。

工会也紧紧团结了起来，他们认识到，如果公司破产，会员们的生活也会受到影响。

后来，克莱斯勒又来与银行艰苦谈判，获得了由政府出面担保的贷款；又在新车型上下大功夫，终于又站稳了脚跟，渡过难关。艾柯卡第一个行动就是开记者会。他讲：先生们，从现在起，克莱斯勒不再是急等钱花，正在挣扎或资金困难，这些词都将永远消失了。克莱斯勒比原定偿还期提前7年偿还了全部贷款。

思考与讨论：

1. 克莱斯勒公司是如何渡过难关的？
2. 克莱斯勒公司的成功给你带来哪些公共关系启示？

回顾总结

本任务主要学习了现代公共关系在美国产生的经济、政治、文化、科学技术等历史条件以及现代公共关系开端、职业化、科学化、现代化四个时期的代表人物及主要思想，并对四个阶段进行了比较。

课后实践

一、判断题

1. 现代公共关系开端时期坚持"凡是宣传皆好事"，根本不顾公众的利益。（　　）
2. 现代公共关系职业化时期公共关系让组织了解公众，也让公众了解组织，"增加双方的透明度"。（　　）
3. 公共关系现代化时期坚持组织与公众双方在目的、利益和传播上要双向对称、双向平衡。（　　）

二、不定项选择题

1. 现代公共关系产生的历史条件有（　　）。
   A．政治条件　　　B．经济条件　　　C．文化条件　　　D．科学技术条件
2. 现代公共关系的产生与发展主要经历了（　　）阶段。
   A．开端时期　　　B．职业化时期　　C．科学化时期　　D．现代化时期

3. 现代公共关系开端时期的主要代表人物是（　　）。
A．巴纳姆　　　　B．艾维·李　　　C．爱德华·伯纳斯　D．卡特利普与森特

三、简答题
1. 简述现代公共关系产生的历史条件。
2. 试比较现代公共关系四个发展阶段的不同特点。

蓄力职场

请找出现代公共关系四个发展阶段的主要代表人物，熟悉他们的主要思想及其影响，增强公共关系人员职业素养。

1.3 公共关系在中国的发展

一、公共关系在我国兴起的历史必然性

1. 实行改革开放政策的需要

党的十一届三中全会以后，改革开放成为党的基本路线的重要组成部分，为公共关系的传播提供了可能。

首先，在经济体制改革方面，企业要转变经营机制，改善管理，增强活力，提高效益，需要公共关系的协调。

其次，在政治体制改革方面，需要引进公共关系帮助正确处理和协调各种不同的社会关系，化解矛盾，促进合作，加强监督，减少失误，改善党群关系，促进安定团结。

2. 发展社会主义市场经济的需要

改革开放使企业有了更大的自主权，也丧失了原有的生存条件，面临着巨大的挑战。它们必须协调好与内部公众、消费者、供应商、股东、协作者、政府部门、宣传媒介、社会环境、竞争对手等一系列前所未有的复杂关系，这就需要公共关系的帮助。

同时，企业还必须面对全方位的竞争。不仅产品的质量要好、价格要合适，而且还要面临售后服务、企业与产品的知名度、美誉度、品牌、形象、CIS（Corporate Identity System）战略等一系列无形资产的较量和一系列的"软竞争"。没有公共关系，这场竞争就输在了起跑线上。

3. 建设社会主义精神文明的需要

首先，要通过公共关系调整心态，优化社会环境，扭转社会风气，推动社会组织尊重社会整体利益，做到经济效益与社会效益一致，处理好组织内部与外部的关系、组织发展与生态平衡的关系，赞助社会上有关的文化、教育、福利事业，倡导新型的人际关系，遵纪守法，尊重公德。其次，公共关系还有一个重要的作用，就是要参与遏制腐败的斗争。党和政府正在加强党风建设和廉政建设，反腐倡廉，应通过公共关系功能，加强舆论监督，揭丑曝光，惩恶扬善，净化灵魂，净化社会，维护社会发展的正常秩序。

4. 进行国际交流与合作的需要

改革开放政策使我国结束了长期闭关锁国的状态，可以借助公共关系加强国际间的交往，了解国际上的信息，改善我国的投资环境，增强竞争实力，促进我国的发展与繁荣。

所以说，公共关系在中国的兴起与发展是历史的必然。

二、公共关系在中国发展的历程

公共关系在中国是沿着公关实务、公关传播与教育、公关理论研究、公关组织的建设几条途径逐步发展起来的。

1. 中国公关实务的引进与发展

1980 年，我国在广东省设立了深圳、珠海、汕头三个经济特区。不久，深圳、珠海的一些"三资"企业中的宾馆、酒店按照国外的一些管理模式设立了公共关系部，引进了公共关系的职能。之后，北京长城饭店公关部成功地策划了请美国总统里根在饭店举办答谢会的公关活动；一夜之间长城饭店名扬四海，向国人展示了公关的魅力，使人们对公关刮目相看。

1984 年，广州白云山制药总厂率先成立了公共关系部，开我国内地公共关系之先河。

1985 年，美国最大的国际公关公司之一——伟达公司在北京设立了办事处。1986 年 7 月，中国环球公共关系公司成立，这是中国内地最早的专业化公关公司。此后越来越多的组织认识到了公共关系的重要性，纷纷成立公共关系部或设立专职公关人员。20 年来的公共关系运作，为中国树立了一大批名牌企业，公共关系也创造了一系列的奇迹，积累了一系列有中国特色的经典案例。

随着市场经济的深入发展，不仅旅游饭店及民用日常用品的生产企业引进了公共关系，其他各行各业也先后引进了公共关系。一些城市和地区也将公共关系应用到城市形象战略上，我国的党政部门也开始重视研究和利用公共关系。

1999 年 5 月，国家劳动和社会保障部正式出版发行了部颁《中华人民共和国国家职业分类大典》（简称《职业大典》），公共关系正式列入《职业大典》之中。这标志着国家已正式承认公共关系这一行业。

1999 年 1 月 4 日，劳动和社会保障部正式批文决定成立国家职业资格工作委员会公关专业委员会。该委员会制定了公关职业标准，编制了《公关员职业培训与鉴定教材》，并于 1999 年 9 月正式出版，2000 年开展公关员的培训与考核工作。人事部将公关人员列入"高级经济师电脑测评系统"，与决策人员、管理人员、营销人员并列为四个子系统。

2. 公关教育为中国培养了大批公关人才

1985 年，深圳大学传播系创办了中国内地第一个公共关系专业。1985 年，广东省和北京市也举办了各种公关培训班、报告会。一批大专院校相继开设公共关系课程与公共关系专业。1994 年，国家教委（全称为"国家教育委员会"）批准广东中山大学正式试办四年制本科公关专业。目前，中国的公关教育已经走向正规化、系统化、多层次化。有高层次的"公关"学士和研究公共关系方向的硕士、博士、博士后，也有培养公关专业人员的自学考试、夜大、电大培训等形式；有公关专职人员培训、资格证书培训，也有内部厂长、经理、党政干部的公关知识培训。目前中国已有 1000 多所高校开设公共关系课，几十所高校开设公共关系专业。

1989 年 12 月，全国高等院校公共关系教学研讨会在深圳举行，会上推出了经过研究讨论的教学大纲、教学计划。随后，先后在杭州、兰州、北京、武汉召开了第二至五届全国公关教学理论研讨会，对中国的公关教育起到了积极的推动作用。各种层次的研讨和公关教育为中国培养了大批公关人才，为中国公关事业的发展准备了人力资源。

3. 公关理论研究推动了公关实践的深入开展

早在 1984 年 2 月，《经济日报》在报道广州白云山制药总厂的公关经验时，就发表了题为《研究社会主义公共关系》的社论，启发人们研究创建中国社会主义条件下的公共关系。1987年中国公共关系协会成立之后，又为此做了不懈的努力。

1990年，中国公共关系协会在河北新城召开了全国第一届公共关系理论研讨会（以下简称"新城会议"），议题是"公共关系与社会发展"。1991年5月，中国公共关系协会在北京召开全国公共关系工作会议，对公共关系事业的发展进行总结并交流经验。党和国家领导人李瑞环、薄一波同志在贺词中充分肯定了我国公共关系事业取得的成绩，明确指出了公共关系事业的发展方向和根本任务。这在当时是对公关事业的一个巨大的推动。同时，由中国公共关系协会、北京公共关系协会、深圳大学大众传播系、《公共关系》《公共关系导报》《北京公关报》《公共关系报》联合举办"中国十大杰出企业公关评优活动"，树立了一些成功的典型，总结出一批行之有效的经验。

新城会议之后，中国公共关系协会每年组织一次全国性公关理论研讨会，这些会议紧扣中国的国情，对公共关系的基础理论、应用理论和前沿科学进行了有益的探讨，有力地促进了中国公共关系理论的深入研究。

1992年7月，中国公共关系协会学术委员会在山东召开了"中国公共关系特色初探"研讨会，1993年又在北京怀柔召开了"中国公共关系特色再探"研讨会，并继而推出具有中国特色的《中国公共关系教程》。

1997年，第一届中国海峡两岸公共关系理论暨实务研讨会在我国台湾地区召开，两岸公关学者和业内人士共同研讨公关理论与实践问题，开创海峡两岸公共关系合作之先河，对推动两岸公关理论与实务的发展起到了里程碑的作用。

据不完全统计，中国目前出版公关方面的图书五六百种，此外还有涉及公共关系方面的大量论文、调研报告。中国公关事业的发展速度是非常快的。

4. 公共关系的组织建设

1986年11月，中国第一家公共关系协会——上海公共关系协会成立。1987年5月，全国性的公关团体——中国公共关系协会在北京成立。此后，全国各省、市、自治区陆续成立了公共关系协会。1991年4月，中国国际公共关系协会成立，促进了中国公共关系事业的国际化。到目前为止，全国除了1个省以外都成立了公共关系协会。

中国企业中的公共关系部门在引进和借鉴国外公共关系部的经验的前提下，逐步探索出一些适合中国国情的组织结构形式，社会上还出现了一批各种类型的公共关系公司、事务所等，还有一些企事业单位采取聘任公共关系顾问或公共关系专家、策划团等形式推动本单位的公共关系事业。

中国的公共关系20年来可以说是发展迅速、成绩斐然，无论是理论研究、公关实务，还是公关教育，发展速度都令世界刮目相看，但也有些不尽人意的地方。中国公共关系的普及和树立自我形象的工作依然任重而道远。

三、目前公共关系在中国的发展现状

伴随"一带一路"倡议的持续推进和具体实施，中国公共关系市场机遇增大。同时，在"大众创业、万众创新"的背景下，中国公共关系行业新生力量不断涌现，市场保持稳定而快速增长。具体现状表现如下。

（1）公共关系服务的领域有限。通过调查分析，目前公共关系服务两大领域，还有极大的发展空间，如政府、企业等都需要公共关系部门、公司提供优质的服务。

（2）汽车依然稳居行业之首，IT（通信）跃升至第二位。调查显示，2016年度中国公共关系服务领域的前3位分别是汽车、IT（通信）和快速消费品。尽管本年度的汽车份额稍有回落，但依然是公共关系行业内的主要服务客户。汽车在近年的行业调查中均位居榜首，表明其服务需求依然很大，预计未来几年这一趋势不会有大的改变。但值得注意的是，近年来，汽车领域的危机公关事件不少，公关公司需要在品牌塑造方面与企业、媒体加强沟通，不断创新活动模式。本次调查中，IT（通信）跃升至第二位，达到12.3%，这跟智能移动终端快速普及和应用密切相关。位居第三位的快速消费品所占份额为11.8%，继续保持近年来行业主要服务客户的地位。

（3）娱乐/文化发展势头迅猛，显示中国经济转型趋势。2016年度的行业调查，首次将娱乐/文化列为调查项目，出人意料的是，该领域份额位居第五。这表明，随着人们物质生活水平的提高，娱乐和文化等精神方面的需求不断增加，它为公共关系行业发展提供了更大的服务空间。

（4）人力成本增加导致运营压力加大。调查显示，2017年，行业内头部企业员工的平均月工资水平为12352元，比2016年同期增长16.7%；客户经理平均月薪13307元，比2016年同期增长8.2%；大学生转正平均月薪4820元，比2016年同期增长11%。调查还显示，随着头部企业业务规模扩大，单位人工成本上升较快，加上管理费用加大，以及兼并收购出现的商誉和无形资产减值等因素，运营压力依然存在。

（5）国际公司在中国的业务保持稳定增长的同时，本土公司已经占据主导地位。国际公司的主营业务侧重顾问咨询服务。由于成本控制较好，人均利润较高，加上年签约客户数及连续签约客户数相对稳定，因此国际公司在中国的业务保持稳定增长。但近年来，本土公司在不断提升专业化水平的同时，借助技术、资本和资源等优势，已经在行业中处于主导地位。

（6）大战略引领公关，为公共关系行业发展创造新的发展契机。伴随"一带一路"倡议的持续推进和实施，公共关系行业面临新的发展契机。随着中国企业全球化布局，市场对公共关系公司的专业化、规范化和国际化提出了更高的要求。

（7）资本加速进入公共关系行业，行业上市、兼并重组成为常态。据统计，参与本次调查的公共关系公司中有20多家通过主板（即指我国传统意义的证券市场）、新三板（即指全国中小企业股份转让系统）以及兼并收购等多种形式打通与资本市场的通道。资本加速进入公共关系行业，而公共关系行业也正在借助资本的力量做大做强。未来的中国公共关系行业将形成双头格局：一是通过兼并重组形成的少数实力强大的综合性国际传播集团，它们规模较大，业务范围广泛，客户相对稳定，国际化水平高；二是专注某些特定领域的中型公共关系公司，它们数量较多，通常针对一个或几个细分市场，专业化程度高。

（8）数字营销正成为行业发展的明显趋势。据统计，2017年上榜的40家公司中，新媒体业务营收在3000万元以上的公司为20家，占比50%，比2016年增加16个百分点。调查显示，新媒体传播的客户主要需求集中在整合传播、产品推广、口碑营销、事件营销、企业传播这五个领域。而在数字营销领域，娱乐营销和体育营销成为新的服务增长点。调查显示，40家公司中，23家开展娱乐营销，10家开展体育营销。另外，随着传播环境和方式的变革，广告、公关和营销的边界更加模糊、竞争更趋激烈。

（9）人才流动和培养依然是影响行业发展的重要因素。由于行业整体稳定增长带来的人才需求，与2015年相比，中国公共关系市场人才专业化以及人才培养等问题，并没有得到有效缓解。2016年，尽管人才无序流动的势头稍微放缓，但总的来说，人才问题依然困扰着公共关系行业。另外，2016年公共关系行业人力资源成本上升较快，也给公共关系公司带来了一定的成本压力。

作为行业组织，中国国际公共关系协会始终致力于中国公共关系行业的国际化、专业化、规范化，并取得有目共睹的成绩。2017年，协会将继续加大力度，提升行业的社会影响；继续与政府相关部门沟通，让政府了解和重视公共关系的作用，并使行业获得应有的地位；继续推进公共关系的业务整合和资本运作，推动更多的优秀公共关系公司做大做强做精；鼓励它们在通过创新模式、兼并收购等手段发展壮大的同时，承担更多的行业责任和社会责任。

四、公共关系前景展望

20世纪90年代，公共关系（以下简称"公关"）的突破口在于实践。21世纪是中国公关事业理论与实践双丰收的黄金时期。在这个时期，中国公关活动将呈如下趋势。

1. 为改革开放服务

随着经济体制改革的不断深化，党和政府将会颁布和实施更多有关改革的方针、政策和措施。这就要求各类公关组织及公关人员通过公关职能争取公众对改革的方针、政策和措施的理解、支持和合作。开放搞活必然会给我们的社会生活带来许许多多的新问题和新现象。这些新问题、新现象既是对我国公关业的挑战，又是我国公关事业腾飞的新契机。

2. 公关"四化"是必然趋势

和平与发展，如今成了当代世界两大主流，随着我国社会主义市场经济体制的逐步完善，我国公关业的发展呈现以下趋势。

（1）公关活动主体多元化。企业求生存发展需要公关，其他经济组织、政治组织、文化组织、群众组织和宗教组织，要在我国改革开放总格局中实现其目标，同样需要公关。

（2）公关从业人员专业化。公关人员除必备扎实的基础理论和娴熟的基本技能外，还必须在公关学的某个领域才华出众。"术业有专攻"是今后公关从业人员的发展方向。

（3）公关职业化。组织内部公关部的设立和专业性公关公司的出现标志着公关的职业化。公关公司作为第三产业中的一个新兴部门，它的工作方式同律师事务所、广告公司等很相近，它依靠自己的良好声誉来吸引客户，运用自己的专业知识和技术为客户提供服务，收取相应的费用，来维持公司的正常运作。

（4）业务范围国际化。让中国走向世界，让世界了解中国。展望未来，中国对外政治经济文化交流必将日趋频繁，世界一体化进程也将加快。同时，跨国性的争议和摩擦必会骤增，中国公关的触角必然会伸向世界各地。

3. 致力于创意公关

公关是一门富于创造性的综合艺术。20世纪90年代后期，致力于富有创意的高层次策划，必将成为中国公关活动的主导潮流。创意公关是指企业或其他社会组织，在开展公关活动遇到特殊情况或前所未有的新情况时，能够大胆改革，做出富有创造性的新举措，从而出奇制胜。

4. 强调企业的全员公关意识

全员公关意识，就是要求企业的每个职工都有强烈的为企业增辉的意识，如果每个职工都有强烈的为企业形象增辉的意识，并以此为荣，该企业一定会蒸蒸日上。全员公关是"组织内部公关的最高境界"。全员公关意识一旦形成，一定会给企业的发展带来勃勃生机，从而促进企业经济效益的提高。

5. 走具有"中国特色"的公关之路

公共关系学作为一种文化，首先要受到本民族传统文化的影响，一个历史越悠久的民族,其民族意识、精神和风格对公关的影响也越深刻。中国公关的开展,必须体现中国国情,体现民族特色。走同民族文化传统相结合的有中国特色的公关之路。

展望未来,随着我国改革开放和市场经济的深入发展,公关的重大作用将会被人们更加熟知和重视,我国的公关事业也必将走向成熟。

任务训练

案例分析

广州白云山制药设立中国第一个公共关系部

最初,广州白云山制药总厂是一个产品单一的小厂,年产值不到20万元。现在它已经发展为生产药品上百种,年产值超亿元,上缴税利千万元的大型骨干企业。

白云山制药总厂是我国国营企业中率先建立公共关系部的企业。作为一个营利性组织,该厂注重以公共关系求发展,每年都要拨出总产值的1%作为"信誉投资"。这笔投资为白云山制药总厂带来了巨大的社会效益和经济效益。

白云山制药总厂的公关部门负责与社会各界建立并保持良好的关系,负责关系到企业信誉的各项公关事务,包括向社会开放工厂,向来访者播放企业视频、赠送精美刊物,与学术界、卫生界进行信息交流,通过邮购药品的往来书信同顾客进行交流,通过遍布全国的800多个销售网点及时反馈消费者的需求意见等。通过这些工作的有效开展,使白云山制药总厂获得了公众的支持和信任。

白云山制药总厂十分重视信誉投资。该厂充分利用大众传播媒介帮助企业树立形象。该厂着重抓球场广告和电视广告,同时采取"有奖问卷"等形式在报纸上刊登公关广告。该厂设有专职人员与新闻界联系,经常提供稿件给新闻界,并经常邀请新闻单位的工作人员出席该厂举办的重大活动。

白云山制药总厂还积极举办各种形式的公关关系专题活动,赞助社会福利事业和文化体育事业。1985年该厂与有关部门协商,共同组建了广州白云山足球队,接着又组建了广东省第一个轻歌剧团——白云山轻歌剧团。随着广州白云山足球队的"南征北战"和白云山轻歌剧团的各地巡回演出,该厂的知名度大大提高。该厂还邀请厂内外有名的老药师、研究人员、经济师、离退休管理人员组成顾问团,通过顾问团与研究部门、竞争对手沟通联系。此举不仅获得了许多宝贵的医药信息,还在很大程度上提高了白云上制药总厂的声誉,增强了公众对该厂生产的药品的信赖感。

1991年秋,白云山制药总厂在甘肃等地推出了"金秋好时光大抽奖"活动。该活动的广告词中写道:"'把健康送往千家万户,把爱心洒向人间'是白云山的经营宗旨。每逢佳节倍思亲,在中秋节来临之际,白云山人十分挂念甘肃的父老乡亲。金秋时节,天气转凉,容易感冒、咳嗽,容易诱发心脏病,请多多保重……"这则带着浓厚人情味的广告,沟通了甘肃众多消费者与千里之外的"白云山人"的感情,该活动使白云山制药总厂的形象印在了无数公众的脑海中。

如今,白云山制药总厂已发展为全国三大制药企业之一。该厂以信誉投资获得巨大的社会效益和经济效益的公关战略,引起了国内外许多企业的关注和效仿。《经济日报》曾在1984年12月26日刊载一篇名为《如虎添翼》的通讯,介绍白云山制药总厂的公关工作,并配发了一篇名为《认真研究社会主义公共关系》的社论，使得白云山制药总厂在全国声名鹊起，用户倍增。

思考与讨论：
1. 白云山制药总厂抓经济效益为什么首先要注重社会效益？
2. 如何理解产品质量、产品信誉与企业信誉之间的关系？
3. 假如你是某企业的负责人，你将采取什么样的策略？可以借鉴白云山制药总厂的哪些经验？

回顾总结

本任务主要学习了公共关系在中国的发展历程、目前公共关系发展现状以及未来公共关系发展趋势展望。

课后实践

一、判断题
1. 太阳神集团是中国第一个在企业内部设立公共关系部的企业。（　　）
2. 搞好公共关系主要是搞好人际关系。（　　）

二、单项选择题
1. （　　）年，深圳大学传播系创办了中国内地第一个公共关系专业。
   A．1985　　　　　B．1987　　　　　C．1988　　　　　D．1986
2. 1986年7月，（　　）成立，这是中国内地最早的专业化公关公司。
   A．伟大中国公司　　B．中国环球公共关系公司
   C．蓝色光标公司　　D．博雅公关公司

蓄力职场

了解、熟悉公共关系在中国典型企业的应用情况，增强公共关系人员职业素养，为后续从事公共关系工作打下良好的基础。

项目 2

公共关系概述

学有所获

通过完成本项目,学生应该掌握如下知识点:
1. 了解社会组织的分类,把握公关部的作用、设置原则与类型。
2. 理解并掌握公众的特点、分类以及公众的心理与行为特征。
3. 理解并掌握公共关系传播的特点、类型等。

案例导入

商场联合拒销"长虹","长虹"如何化险为夷?

1998年2月,春节的喜庆气氛还没消失,四川长虹彩电却在济南的商场栽了跟斗——被七家商场联合"拒售"。这意味着长虹将在济南失去市场。在家电竞争日益激烈的今天,企业还有什么比失去市场更大的风险?再者,今天有济南"拒售",明天再有别家效仿又该如何?为什么"拒售"?据商家一方理由是"售后服务"不好;而长虹方面说每天有四辆流动服务车在市内流动维修,而济南消费者协会也证实没有关于长虹的投诉。这究竟是怎么一回事?一时间公众议论纷纷,多家媒体也作了追踪报道。据报载,长虹老总在事发后立即率领一班人马前往济南与七大商场进行斡旋,双方均表示"有话好好说",争取尽快平息风波,取得圆满解决。

【思考-讨论-训练】

1. 在激烈的市场竞争中,有知名度的企业仍应注意哪些问题?
2. 本案例中公共关系主体没有切实履行好公共关系的哪一项职能?
3. 面对突发事件,公关主体应遵循怎样的思路,运用怎样的办法来解决矛盾?

知识导航

2.1 公共关系的概念

一、公共关系的定义

公共关系一词源自英文的 Public Relations。Public 意为"公共的""公开的""公众的",Relations 即"关系"之谓,两词合起来用中文表述便是"公共关系",有时候又称"公众关系""机构传讯",简称 PR 或公关。自从公共关系诞生以来,认识角度不同,对公共关系内涵的理解也各异,不同场合下公共关系的含义如下。

1. 指一种公共关系状态

约翰·希尔说，纵使资本家不重视舆论，但只要他经营的公司具有公司的名义，便必然有公共关系状态存在，这是不可否认的事实。这个时候的"公共关系"指组织机构与自身的公众交往形成的良好的、不好的或一般的关系状况。

2. 指一种活动

社会组织要树立良好的组织形象，经常要开展一系列的公共关系活动来提高社会组织的知名度和美誉度。如：一个新进入市场的企业会举行开业庆典活动；企业推出新产品时举行新产品发布会；当一个社会组织遭到外界的误解或与别的组织发生纠纷时可举行记者招待会；当一个社会组织举得重大成绩或技术突破时可举行新闻发布会。

3. 指一种思想观念

人们常说"在目前开放的社会里要搞好企业的工作就得有公共关系的头脑"，其实这里的"公共关系"指的就是现代管理者必须具备的管理哲学思想、新的观念、新的经营管理和行政管理的战略原则，同时还包括全员公关、全过程公关、塑造形象、重视产品质量等公共关系意识与思想。

4. 指一门学科

人们常讲"我曾学过公共关系"，这个"公共关系"指的就是一门学科，公共关系可以说是创设正确方针，从事广泛重复的传达而确立社会理论支持的科学。在广义方面，它是引导人们心理、思想、行为对特定公司及产品印象，改变为彼此带来相互利益的友谊态度的社会科学，因此公共关系学可以说一门系统研究公共关系发展规律，研究公共关系在社会组织机构管理中进行有效传播，科学处理社会组织与其公众之间关系的学问。

5. 指一种事业

即公共关系事业，也就是具体从事的公共关系工作。《韦氏国际大辞典》中引用美国公共关系学会对"公共关系"下的定义即是这一定义。

（1）为使本单位能适应环境，并取得社会的了解意见，工业团体、工会、公司、职工团体、政府或其他社团在建立与维护他们的公众，诸如雇主、聘雇人员或股东以及全体公众之间的一种良好而有效的关系的活动。

（2）上述的各种活动或是他们成功的程度，在促进公众对一个社会组织的了解，如良好的或是拙劣的公共关系。

（3）创立与发展这些活动的艺术或职业。如大学里的公共关系课程、公共关系需要的各种技巧，因此，就产生了公共关系官员、顾问、监督、专业委员会、具体从事公共关系工作的人员、公共关系科研人员以及公共关系教育工作者等。

本书站在社会组织机构管理职能或活动的角度给公共关系如下定义：公共关系是指社会组织为了优化公关环境、树立良好的组织形象，运用大众传播媒体等沟通、宣传手段，通过各种公共关系专题活动，使社会组织与特定公众之间相互了解、相互合作、达到共赢的一种管理职能。

二、公共关系的基本特征

公共关系是社会关系的一种表现形态，科学形态的公共关系有其独特的性质，了解这些特征有助于我们加深对公共关系概念的理解。

1. 情感性

公共关系是一种创造美好形象的艺术，它强调的是成功的人和环境、和谐的人事气氛、最佳的社会舆论，以赢得社会各界的了解、信任、好感与合作。我国古人办事讲究"天时、地利、人和"，把"人和"作为事业成功的重要条件。公共关系就是要追求"人和"的境界，为组织的生存、发展或个人的活动创造最佳的软环境。

2. 双向性

公共关系是以真实为基础的双向沟通，而不是单向的公众传达或对公众舆论进行调查、监控，它是主体与公众之间的双向信息系统。组织一方面要吸取人情民意以调整决策，改善自身；另一方面又要对外传播，使公众认识和了解自己，达成有效的双向意见沟通。

3. 广泛性

公共关系的广泛性包含两层意思：一层意思是公共关系存在于主体的任何行为和过程中，即公共关系无处不在、无时不在，贯穿于主体的整个生存和发展过程中；另一层意思指的是其公众的广泛性。因为公共关系的对象可以是任何个人、群体和组织，既可以是已经与主体发生关系的任何公众，也可以是将要或有可能发生关系的任何暂时无关的人们。

4. 整体性

公共关系的宗旨是使公众全面地了解自己，从而建立起自己的声誉和知名度。它侧重于一个组织机构或个人在社会中的竞争地位和整体形象，以使人们对自己产生整体性的认识。它并不是要单纯地传递信息，宣传自己的地位和社会威望，而是要使人们对自己各方面都要有所了解。

5. 长期性

公共关系的实践告诉我们，不能把公共关系人员当作"救火队"，而应把他们当作"常备军"。公共关系的管理职能应该是经常性与计划性的，这就是说公共关系不是水龙头，想开就开，想关就关，它是一种长期性的工作。

6. 动态性

作为公共关系主体的社会组织，其运行是动态的，是一直处于发展变化的过程中的。而且，社会组织所面临的公共关系客体——公众，更是不断变化的。不仅公众对象一直处于动态的变化之中，而且公众的层面也是流动变化的，非公众、潜在公众、知晓公众、行动公众会发生转化。再者，公众具有层次性，其要求是千差万别的；公众的主观意识、价值趋向、消费理念、可使用资源等也会不断地发展变化，其态度、行为也就必然会发生变化。对公共关系效果起着决定性作用的社会组织形象，一直处于动态的发展变化之中。社会组织形象不仅具有主观与客观的两重性，而且具有多维性和相对性，它在公众心目中的"定势"——好、坏、美、丑等"印象"——是会发生变化的。社会组织与公众建立良好的关系，获得美好的声誉，是必须经过长期的努力才能做到的。尽管这种良好的关系、美好的声誉具有一定的相对稳定性，但是它绝对不是一劳永逸的，放松了努力，良好的关系、美好的声誉会向反面转化；一旦社会组织形象发生恶化时，经过加倍地努力，它才可能向良性方面转化。可以说，在公共关系中，发展变化无处不在、无时不有，使它一直处于"动态"的状态。

任务训练

案例分析

西安奔驰事件

2019年2月,奔驰女车主在西安某奔驰4S店购买了一辆奔驰车,然而车子还没开出店就发现车辆发动机存在漏油的问题,4S店表示不能退款也不能换车,只能更换发动机,女车主与其沟通无果,被逼开始维权,最终西安利之星被有关部门罚款一百万元,并和女车主达成了补偿换车的协议。

在西安工商部门宣布介入事件后,奔驰公司才发布了官方声明,并没有做到及时地、正确地处理企业危机公关,且处理危机公关的态度十分消极,最终让企业陷入了更糟糕的境地。如果在事件发生后奔驰公司能及时反应,引导正面舆论,或许能减少甚至消除漏油事件对企业的负面影响。

思考与讨论:

1. 从公共关系角度来看,奔驰公司就女车主事件处理得怎么样?
2. 通过这一事件,我们应该汲取哪些教训?

回顾总结

本任务主要学习了人们对公共关系的一些看法,目前公共关系在中国还是存在许多的误解;不同场合下"公共关系"不同含义,研究者对公共关系定义进行归纳学说、本书定义以及公共关系六大基本特征。

课后实践

一、名称解释

公共关系(本书定义)。

二、多项选择题

1. 不同场合"公共关系"有不同含义,下列正确说法是(   )。
   A. 公关状态   B. 公关活动   C. 公关工作
   D. 一门学科   E. 一种思想观念
2. 公共关系的基本特征包括(   )。
   A. 情感性   B. 广泛性   C. 双向性   D. 整体性
   E. 长期性   F. 动态性

三、判断题

1. 一个企业综合实力很强根本不需要公共关系。(   )
2. 公共关系就是吃吃喝喝、拉关系走后门。(   )
3. 社会组织应该长期坚持开展公共关系活动。(   )

四、简答题

通过本节学习你有哪些认识与体会?

蓄力职场

理解并掌握公共关系概念,加深对公共关系的认识与理解,增强从事公关工作的兴趣与志向。

2.2 公共关系与其他相关概念辨析

一、公共关系与人际关系

人际关系系指社会人群中因交往而构成的相互依存和相互联系的社会关系，属于社会学的范畴。中文常指除亲属关系以外的人与人交往关系的总称，也被称为"人际交往"，包括朋友关系、学友（同学）关系、师生关系、雇佣关系、战友关系、同事及领导与被领导关系等。人是社会动物，每个个体均有其独特之思想、背景、态度、个性、行为模式及价值观，然而人际关系对每个人的情绪、生活、工作有很大的影响，甚至对组织气氛、组织沟通、组织运作、组织效率及个人与组织之关系均有极大的影响。

公共关系与人际关系是两个既有联系又有区别的概念。公共关系与人际关系有着十分密切的联系。这是由于组织与公众之间的关系，往往表现为个人与个人的关系；况且，无论是公共关系还是人际关系，它们的处理原则是一致的。例如诚恳待人、信守诺言、相互尊重、互惠互利等，都是必须遵守的原则。具体区别：从工作内容上看，公众关系中包含了许多人际关系；从工作方法看，公关工作需要运用人际沟通的手段，要求公关人员具备较好的人际关系能力；良好的人际关系有助于建立良好的公共关系。公共关系需要可贵的人情味。人情味在人际交往中能起到和谐的作用，因此，它可被视为维系关系和吸引公众的公关意识之魂。正如著名女记者郭梅尼所说，记者采访时应学会与采访对象交朋友。公共关系就更应如此。此外，平等观念、民主精神、沟通意识等都是搞好公共关系抑或人际关系所必须具有的新理念。

公共关系与人际关系的区别是显而易见的，其主要区别在于公共关系是组织与公众之间的关系，人际关系仅仅是个人与个人之间的关系，为此，两者之间考虑和研究问题的出发点、具体交往的方式、追求的最终目标等方面都存在差异。公共关系不等于人际关系，人际关系的概念较小。对于个人来说，公共关系就是人际关系的建立。对于企业来说，人际交往只是公共关系的一个手段。比如，宝洁公司想把自己的产品要很好地销售出去，不可能和每个消费者都建立关系。两者的侧重点是不一样的，公关要协调、组织和公众的关系，他们可以通过广告、新闻等方式建立一个组织的形象，让公众对他们的产品产生信任感，并且重复的购买等，人际关系仅侧重于人与人之间的关系。两者都是很重要的，对企业的前景影响巨大。

二、公共关系与广告

一般情况下，人们提到的广告大都指商业广告，即广告主为了扩大销售、获取赢利，以付钱的方式利用各种传播手段向目标市场的广大公众传播商品或服务的经济活动。开展公共关系无疑要运用广告这种重要的传播形式，但广告不等于公共关系，它们之间既有联系又有区别。其联系主要是二者都具有依靠传播媒介传播信息的特征。因此，从某种意义来说，广告在不同程度上起着扩大组织影响、树立组织形象的作用。

公共关系与广告的区别主要有以下几点。

1. 传播目标不同

公共关系的目标是赢得公众的信赖、好感、合作与支持，树立良好的整体形象——"让别人喜欢我"；广告的目标是激发人们的购买欲望，对产品产生好感——"让别人买我"。

2. 传播原则不同

广告的信息传播原则是引人注目。只有引人注目的广告，才能使企业的产品和服务广为人知，激发人们的购买欲望，最终达到扩大销售和服务的目的。公共关系传播的首先原则是真实可信，其传播的信息都应当是真实的、可信的，绝不能有任何虚假。当然，公共关系信息传播也要讲究引人注目，但"引人注目"是从属于真实性，是为真实性服务的。

3. 传播方式不同

广告为了引人注目，可以采用各种传播方式，包括新闻的、文学的以及艺术的传播方式，可以采用虚构的乃至神话的夸张手法，以激起人们的兴趣，加速人们的购买欲望。但公共关系的传播方式，最重要的是靠事实说话，其信息传播手段主要是新闻传播的手段，如新闻稿、新闻发布会、报纸、杂志等。这些传播手段的特点是：靠信息的真实性、客观性及其内在的新闻价值说话，认为成功的关键不在于当事人运用哗众取宠、耸人听闻的表现手法，而在于善于选择适当的时机、采用适当的形式，通过适当的媒介，把适当的信息及时、准确地传递给目标公众。

4. 传播周期不同

通常来说，广告的传播周期是短暂的，短则十天半月，长则数月一年，一般不会太长。相对来说，公共关系的传播周期则是长期的，其任务主要是树立整个企业的信誉和形象，急功近利的方式是很难奏效的。

5. 所处地位不同

一般来说，广告在经营管理的全局中所处的地位是局部性的，其成败、好坏，对全局没有决定性的影响。但公共关系工作却不同，它在经营管理中处于全局性的地位，贯穿于经营管理的全过程。公共关系工作的好坏，决定着整个企业的信誉、形象，决定着整个企业的生死存亡。

6. 效果不同

一般来说，广告的效果是直接的、可测的，其经济效果是显而易见的，对某项广告而言，其效果也往往是局部的，只影响到某个产品或某项服务的销路。因此，广告的效果又是局部性的、战术性的。而公共关系的效果则是战略性的、全局性的。一旦确立了正确的公共关系思想，并开展了成功的公共关系工作，企业就能在外界建立起良好的信誉和形象，使组织受益无穷，而且社会各界也会因此受益不浅。成功的公共关系所取得的效益，应该是包括政治、经济、社会等各方面效益的社会整体效益。一般来说，这样的整体效益是难以通过利润的尺度来直接衡量的。

三、公共关系与市场营销

公共关系与市场营销的关系是紧密的。但它们之间的区别也是明显的。公共关系工作在企业中，几乎与市场营销融合在一起。换言之，企业的公共关系工作几乎完全为市场营销活动服务。正如英国公关专家弗兰克·杰夫金斯所说："销售中的每一个因素都需要公关人员来加强、完善。"因此，公共关系可以涉及市场营销的各个角落。它们的联系主要在：共同的产生条件——商品生产的高度发展；共同的指导思想——用户第一，社会效益第一；相似的传播媒介——大众传播媒介；市场营销把公共关系作为组成部分。

公共关系与市场营销的区别主要表现在以下几个方面。

1. 范围不同

市场营销仅限于企业生产流通领域，最多不过是经济领域内，但公共关系所涉及的是社会任何一种组织与公众的关系。除企业外，公共关系还涉及政府、学校、医院等各种组织，远远超过了经济领域。公共关系比市场营销有更广泛的社会性，学科应用范围也更为广阔。

2. 目的不同

市场营销的直接目的是销售产品，从而进一步扩大赢利，产生企业效益；公共关系的目的是树立组织形象，产生良好的公众信誉，从而使组织获得长足的发展。

3. 手段不同

市场营销所采用的手段是价格、推销、广告、包装、商标、产品设计、分销等。这些手段都是紧紧地围绕着产品销售的目的。而公共关系所采用的手段是宣传资料、各种专题活动，如记者招待会、社会赞助、典礼仪式、危机处理等活动。

4. 目标不同

市场营销是在一个长期的基础上，吸引和满足顾客，以便达成一个组织的经济目标，其基本责任是建立和维护一个组织的产品或服务市场；公共关系通过长期努力，赢得组织的良好形象，而并非仅仅是经济利益，还包括社会方面的利益，其基本责任则是建立和维护组织与公众之间的互惠互利的关系。

5. 聚焦不同

市场营销主要聚焦于顾客的交换关系，其基本过程是通过交换既满足顾客需要又赢得经济利益；而公共关系涉及范围广泛的各类公众，包括顾客公众和非顾客公众，如雇员、投资者、政府、特殊利益集团。

6. 两者互有助益

有效的公共关系通过维护和谐的社会关系和政治环境促进市场营销工作；而成功的市场营销同样有助于建立和维护组织与公众之间的良好关系。

四、公共关系与庸俗关系

从表面上看，庸俗关系与公共关系的协调沟通是一致的，目的都是为解决问题或获取利益。因此，有人一听说公共关系就联想到这种不正当的庸俗关系，认为公共关系就是教人花言巧语，搞不正之风。其实这是一种极大的误解，在很多时候败坏了公共关系的名声。公共关系与庸俗关系有着本质上的区别，它主要表现在以下几个方面。

1. 两者产生的基础不同

公共关系是商品经济高度发达、现代民主制度不断发展、信息手段十分先进的产物（详见项目1中部分内容）；庸俗关系则是在封闭落后的经济条件下，生产力不发达、市场经济发育不完善、物质供应不充足的产物，带有浓厚的血缘、地缘的色彩。

2. 两者的理论依据不同

公共关系以现代科学理论为指导，按照正确的目标、科学的方式、规范的组织形式、严格的工作程序和道德准则来进行；庸俗关系则建立在市侩经验的基础上，其方法是险恶的权术，奉行的是"人不为己，天诛地灭"的信条。

3. 两者的活动方式不同

公共关系是社会组织与社会公众之间的正当联系，主要是通过正式渠道，采取大众传播或人际传播等手段，公开地进行活动，其活动是正大光明的。而庸俗关系是个人与个人之间的不正当联系，是私人之间相互利用的一种不正当的活动。其参与者尽量掩盖其所作所为，进行幕后交易，如通过奉承拍马、内外勾结、营私舞弊、行贿受贿等庸俗手段，进行暗中拉关系、谋私利的活动。这些活动不能在公众场合下公开进行，只能在暗地里偷偷地进行。

4. 两者所要达到的目的不同

公共关系以建立良好的组织形象、提高知名度与美誉度、维护组织与公众双方的合理利益为目标，恪守公正诚实、信誉至上的原则，从而使组织获取较好的社会效益与经济效益；庸俗关系则是通过各种卑劣手段，来达到个人私利的目的，如搞些紧俏商品、买些便宜货、谋个好职务以及在竞标中搞到竞标项目等。前者为公共利益而奋斗，后者只是为个人的私利而投机钻营。

5. 两者产生的效果不同

公共关系是通过有计划地进行一系列活动，使社会组织在与社会整体利益一致的前提下不断发展，其结果是组织、社会、国家和公众都受惠，为社会创造一种以诚相见、讲求信誉、提高声望的良好风气；有利于形成和谐、友善、正常、健康的人际关系；有利于提高社会文明程度，促进社会的发展。庸俗关系则是将人际交往商品化，使人们变得唯利是图、目光短浅，整个社会充满市侩气，个人中饱私囊，而国家和公众的利益却遭到损害。

五、公共关系与宣传

公共关系与宣传的联系主要表现在：二者性质上都是一种传播过程，并具有一些共同的活动特点；二者的工作内容有时也是相同的，如每个组织都有团结内部成员，增强群体凝聚力、向心力、荣誉感等方面的任务，这既是组织内部宣传工作的内容，也是组织内部公共关系工作的目标。但是公共关系与宣传是有区别的，其区别表现在以下几个方面。

1. 工作性质不同

传统的宣传工作属于政治思想工作范畴，是政治思想工作的手段和工具。宣传的目的主要是为了改变和强化人们心理状态和精神状态，获取人们对某种主张或信仰的支持。其主要内容是国家的方针、政策、社会道德、伦理、法制等方面的教育。公共关系作为一种特殊的管理职能，其目的是塑造组织形象，建立组织与公众的良好关系，除了宣传、鼓动以外，其工作的主要内容是信息交流、协调沟通、决策咨询、危机处理等。

2. 工作方式不同

宣传工作是单向传播过程（组织→公众），带有灌输性和强制性；其目的有时是隐秘的，并不为公众所知晓；工作重点往往是以组织既定的目标来控制公众的心理；有时为了获取目标对象的支持，宣传容易出现夸张渲染的片面效应。公共关系工作是一种双向传播过程（组织⇌公众）；公共关系必须尊重事实，及时、准确、有效地向公众传递组织信息，以真诚换取公众对组织的理解和信任；公共关系除了向公众解释、说服工作外，很重要的职能在于向组织的决策层提供信息和咨询；其目的、动机是公开的，应努力使公众了解，让公众知晓；公共关系工作是说与做的统一，不仅要求组织做好本身工作，还要求把自己做好的工作告诉公众。

任务训练

案例分析

视觉中国事件

2019年4月，因为一张黑洞照片的版权问题，视觉中国处于舆论风暴中。在网友质疑黑洞照片的版权问题后，视觉中国发布了一则模棱两可的声明，随即被所谓的"合作伙伴"

打脸。紧接着，以共青团中央为首的党媒质疑视觉中国平台其他照片的版权问题，事件持续发酵，最终视觉中国以整改的名义暂时关闭网站。

在此次事件中，视觉中国发表的声明试图把第一责任推给供稿人，并没有意识到企业自身的错误，也没有及时承担责任、积极寻找处理危机公关的正确办法，最终导致事态恶化。

思考与讨论：
1. 视觉中国在危机到来之时，为什么会犯错误？违背了艾维·李的什么思想？
2. 面对这样的危机事件的发生，企业应该怎样处理更合适？

回顾总结

本任务主要辨析了公共关系与人际关系、市场营销、广告、庸俗关系、宣传之间的区别与联系。

课后实践

一、判断题
1. 公共关系是由于商品经济发展到一定程度才产生的。（   ）
2. 社会组织有开展公共关系时往往要会借助庸俗关系。（   ）
3. 公共关系是市场营销的重要组成部分。（   ）
4. 开展公共关系活动时往往需要使用广告与宣传。（   ）

二、简答题
1. 简述公共关系与市场营销之间的关系。
2. 简述公共关系与广告之间的关系。

蓄力职场

通过辨析公共关系与人际关系、市场营销、广告、庸俗关系以及宣传之间的区别与联系，有助于公关人员较为准确地把握好公共关系工作。

2.3 公共关系基本职能

一、何谓公共关系的基本职能

职能指事物或机构具有的职责、能力和作用，探讨公共关系的职能，就是探讨公共关系这一社会组织管理活动的职责、能力和作用。基本职能则由事物的基本性质决定的，作为以塑造组织形象为目标的组织传播活动，公共关系的本质是传播行为，公共关系具有一般传播行为具有的职能。哈罗德·拉斯韦尔最早从政治学的角度出发研究传播行为功能。他在《传播在社会中的结构与功能》一文中指出，传播拥有三个明显的功能：一是守望监察生活环境；二是协调社会内部各种力量以应付并适应环境；三是通过教导传递文化传统等社会遗产。社会学家查尔斯·赖特又从社会学角度出发研究传播的功能，补充了传播的第四个功能——娱乐。赖特关注传播的娱乐功能是为了提醒人们注意传播的娱乐作用，也是电视媒介兴起后的传播理论的新发展。

近年来，不少学者认为传播行为中还存在着"图利"这第五个基本功能。他们认为，传播信息能赚钱也可能蚀本，传播使信息、意见、知识发生流动和扩散，信息变化会导致权力、金钱的转移和再分配。传播对效益的影响，在政治、经济领域中表现得较为突出。

了解传播的五大基本功能，能指导我们探讨、研究公共关系的基本功能。公共关系的五大基本功能的具体包括如下几项。

（1）公共关系具有对社会组织环境的监察守望功能。

（2）公共关系具有对社会组织内外公众关系的协调功能。

（3）公共关系具有普及传播社会及社会组织的文化传统、科学技术、管理思想等社会遗产的教育功能。

（4）公共关系具有使公众得到游戏、消遣、愉悦和享受的娱乐功能。

（5）公共关系具有使社会和社会组织得以增进收益的效益功能。

以上只是理论上概略探讨公共关系的基本功能，公共关系的功能并不只是理论问题，公共关系的功能要由公共关系活动产生的结果来体现。功能的实现，需要健全的职业来保证，离开了这些具体职责，公共关系的功能会成为虚无的东西。具体探讨公共关系的各项功能时，不能不把注意力放在具体职责以及职责与功能的关系上。

二、公共关系的五大基本职能

对于上述公共关系的基本职能的看法众说纷纭，笔者从公共关系目标以及实际工作情况出发，认为公共关系具备五大基本职能。

（一）收集信息、预测环境的职能

科学技术迅速发展，社会政治、经济和文化的变革也在加速，未来的组织要适应的环境更加复杂多变，掌握足够的社会环境信息至关重要。

信息是组织的重要资料，在很大程度上决定组织生产力、竞争力的水平，是组织生存和发展的关键因素。信息被组织传播学者和组织管理学者称为"组织机体运动存续的血液"。公共关系研究这些"血液"的运动规律，开发利用这些"血液"来协调组织与环境的关系。从事公共关系工作首先要掌握变化运动的环境信息，这样才能洞悉组织内部、外部环境及其变化趋势。从事公共关系活动先要搜集信息、监察环境。斯科特·卡特李普（Scott M.Cuttlip）说，公共关系最重要的是发现"天边出现的淡淡乌云"并反映给上级，在收集信息、掌握资料上要比别人快。

1. 收集信息的具体范围

一切影响组织内外环境的信息都要收集，包括具体的工作环境信息、一般社会环境信息。细分有以下四大方面的信息。

（1）有关本组织的各种信息。如，本组织形象、产品、服务等信息，评估本组织的经营状况、科技开发、人事政策以及发展规模、愿景等有关的一切信息。

（2）有关本组织的竞争或协作对象的各种信息。如，竞争或协作对象的产品、服务以及竞争策略或协作形式的信息，竞争或协作对象的经营状况、发展前景、社会形象等各种有关的信息。

（3）有关本组织的各类公众的信息。如，本组织的职工、股东、消费者、政府、社区、新闻媒介、经销商以及有关的各社会团体各方面的信息。

（4）有关本组织的社会环境信息。如，与本组织生存发展有关的政治的、经济、法律、人口、科技、自然环境、文化风俗、教育、社会舆论等方面的状况、变化、发展趋势的信息。

收集、检查这四方面信息时应注意区分哪些是直接构成公共关系工作环境的信息，哪些是一般社会环境信息，这两种信息对制定短期和长期公关政策、策略以及目标上的意义和作用是不同的。

2. 建立、健全信息收集制度

环境变化迅速，信息也相应地体现出庞杂、混乱等特点。公共关系部门要建立、健全信息收集制度来保证及时、完整地收集信息。不同组织可根据自身的需要和特点选择合适的制度。

（1）建立、健全信访制度。建立起相对完善的信访制度首先要建立合理的信件、来访的接收或接待、问题处理、信息反馈制度。

（2）建立与有关组织的信息交流制度。如，建立与业务主管部门、政府部门、新闻媒介、协作对象、竞争对手、社会团体等较为稳固的、经常性的信息交流关系。

（3）建立对大众传播媒介的监测制度。定时监测与本组织的业务、经营活动等关系最为密切的几种主要媒介，收集其发布的有关资料。

（4）建立公共关系的调研制度。定期自查和调研组织各类公众的利益、产品服务、经营管理、环境保护、政府关系、媒介关系。结合开展公共关系活动、制订公共关系计划的需要，不定期深入调研组织的舆论环境、组织形象、产品形象、领导人形象、公关活动效果等。

（5）建立公共关系预测制度。定期或不定期地预测影响组织生存和发展的政治、经济、文化、科技、风尚等因素的变化，预测组织的发展，公众态度的变化等。

（6）建立、健全科学的档案制度。收集来的各类信息资料应进行科学分类和科学使用，为顺利开展公关活动提供依据，为组织领导决定提供咨询建议，为后续公关工作提供经验教训。

3. 收集信息应遵循的原则

收集信息时应注意信息的价值，应尽量满足公共关系所需信息的特征。

（1）准确性原则。信息应真实反映组织环境的实际情况，信息准确才能为组织领导决策提供正确的决策依据。

（2）时效性原则。信息是有时效的，滞后的信息一文不值，不掌握充分的信息，应对时就会束手无策。环境的迅速变化给及时收集信息带来巨大障碍，对变化较慢的社会环境信息和对变化较快的工作环境信息的时效性要求不同，后者的相对时效价值更高，收集时更要注意及时。

（3）适应性原则。信息是为决策服务的，应根据组织的不同时期的具体需要，有的放矢地、集中力量收集对决策有重大参考价值的信息。

（4）经济性原则。收集信息要耗费巨大的人力、物力，公关投资相对有限，所以应该以最低廉的价格获取高价值的信息。

（二）传播沟通、影响舆论的职能

1. 传播沟通

作为组织管理功能，公共关系的目标导向十分明显，为了树立组织的最优形象，收集信息时还应围绕组织的目标主动开展传播沟通活动。通过传播沟通来增进组织与公众的相互了解，进而影响舆论，为组织发展创新和谐的社会环境。传播沟通是公共关系协调赖以实现的最重要的手段。具体要做好以下工作。

（1）了解报纸、杂志、电视、电影等大众传播媒介的特点，能围绕各媒介不同时期的报道中心、社会舆论的趋势、媒介需要的内容及时提供与本组织有关的口头的、文字的、图像的消息、资料或广告。

（2）掌握社会组织对内外的新闻发布和特别两项的传播活动的原则、程序和技术。

（3）根据社会组织的条件（人力、物力、财力）创办自己的传播媒介，如，社会组织的公关手册、杂志、厂报、广播站、电视录像节目以及学术刊物等。

（4）掌握运用特别开放日、演讲、学术会议、展览、文化体育活动等各种传播手段，掌握对特定环境中的特定对象进行传播沟通的原则、程序和技术。

（5）掌握人际传播手段，扩大社会交往。充分利用日常接待、游说、走访、联谊活动、公共关系专题活动等各种机会广交朋友、联络感情，通过与更广泛的公众进行直接交流，加深双方的了解和友谊。

2. 影响舆论

传播沟通中要特别注意社会舆论。作为权利和义务的统一体，组织既是舆论的主体又是舆论的客体。作为舆论的主体，组织对各种社会问题发表看法，起舆论监督作用。作为舆论客体，组织要受到社会舆论的监督，组织有利在众时，就会受到舆论的赞扬，损害了公众利益时，就要受到舆论的谴责。作业组织与公众交流的中介，公共关系在这种双向相互监督的交流中起着重要的作用，对外要推广组织形象，为争取良好的公关环境而奔波，对内则要反映公众舆论，这样才能保证组织与公众的双向传播关系的平衡，全面发挥公关的功能，建立真正有利于组织的公众关系。

（三）咨询建议、参与决策的职能

社会组织决策专门化，整体决策目标常常被分解为各个职能部门的决策目标，职能部门将注意力集中于本部门的目标，常常不站在全局和社会角度考虑决策可能导致的后果。因此，公共关系部门应站在公众和社会的角度来评价这些决策，依据公众利益和社会价值来修正可能造成不良好后果的决策。使组织的决策不仅能反映组织发展的需求，也反映公众的需求。咨询建议、参与决策就是要求公共关系部门向决策职能部门提供公关方面的情况和意见，履行决策参谋的职责。咨询建议、参与决策是协调决策与公众关系的工作，是实现公共关系参谋功能的重要方面。公关的咨询建议能在多大程度上影响领导者的决策，直接关系到公关工作的参谋功能是否能实现、能实现到何种程度。

公共关系的咨询建议、参与决策的职责主要体现在两个方面：向领导决策层提供全面决策的公关咨询服务；向社会组织中其他管理部门提供部门决策的公关咨询服务。

（四）塑造形象、重视信誉的职能

1. 珍视信誉，美化形象

珍视信誉是实现良好公共关系的基础，美化形象是公共关系的任务和目标。公共关系活动执意追求良好的公共关系状态，而这种良好的公共关系状态又具体表现为一个企业机构在社会公众心目中享有良好的信誉和形象。不珍视信誉，就难以美化形象。美好的社会形象是企业无形的资产，有了良好的社会形象就会赢得理想的社会舆论，为社会各界的了解、信任、好感与合作打下基础。企业在社会公众中信誉卓著，形象美好，就能因此而吸引更多的公众，增大企业的凝聚力，增强员工的向心力、归属感和自豪感，能较容易地吸引股东投资和争取各种渠道的资金以及得到优质、可靠的原材料供应，使产品在市场上有竞争力，甚至成为所在社区的中坚力量，受到居民的爱戴和拥护，使企业在激烈的社会竞争中兴旺发达，立于不败之地。

2. 加强双向沟通，实现内外结合

随着改革开放的不断深入，信息沟通在现代企业领导中由单向转为双向，既有信息的传播，也有信息的搜集和反馈，由此形成信息的无限循环。这就要求一方面应尽量迅速、准确地收集来自各方面公众的信息，了解社情民意以调节和改善自身；另一方面，还应及时、准确、有效地将企业本身的信息传给有关公众，以求公众对企业的了解、同情和支持。双向沟通，内外结合，是建立良好公共关系的客观基础。一个现代化企业，只有确立了双向沟通、内外结合的公关思想，才能有效地监测和适应本企业赖以生存和发展的环境；才能实现企业上下、内外的信息交流，准确地预测未来，防患于未然。

3. 平等相待，互利互惠

公共关系不是以血缘、地域为基础的，而是以一定的利益关系为基础的业务关系。任何一个企业的公众对象，都无非是对该企业的目标和发展具有一定利益关系或影响力与制约力的个人、群体和企业。这种以一定利益关系为纽带的双方关系，特别需要平等相待，互利互惠。因此，在设计企业形象、确立公关方案时，一定要兼顾双方利益，恰当地选取企业利益和公众利益的相交点，取得企业利益和社会公众利益的平衡与融合，为自身发展创造条件。

4. 建设企业文化，参与公益活动

塑造企业形象的本质功能应该是建设企业文化，因为企业文化的核心是企业精神，而企业精神又是企业形象的精髓、灵魂。一个企业要保持长久不衰的旺盛生命力、稳定、富有进取的发展以及强大的凝聚力，就要建设自己的企业文化，培育企业精神。企业也正是在这个过程中塑造自己的形象。企业文化是企业物质文化和精神文化的集合，以精神文明为主导和核心，以人为出发点。只有通过建设企业文化去培育职工朝气蓬勃的创造精神、进步的价值观念、高尚的道德情操，把企业的共同信心化为职工的积极行动，更好地完成企业的经营目标和经营方针，企业才能有良好的形象。企业应当通过在职工心目中塑造一个受他们欢迎的企业形象来调动他们的积极性。职工会对自己所在的企业产生认同感、自豪感、愉快感，自觉维护企业形象，增加对企业的向心力，提高企业的进取意识，从而将企业精神发扬光大，推动企业文化建设。

（五）科学预警、处理危机的职能

社会组织的各类活动中，难免会发生一些突发事件或各种事故。对处于动态环境之中的社会组织来讲，危机是不可避免的，可以说任何组织都蕴藏着爆发危机的可能性。一旦处于危机事件之中，若处理不当同，就会给社会组织造成不同程度的损害，如果处理得当，则可以转危为安，甚至化害为利。所以，进行科学预警、有效处理危机是公共关系的重要职能。

1. 建立科学预警机制

公关预警管理实现了企业公共关系职能的高度系统化。社会组织公共关系预警管理就是运用公共关系的基本职能，对企业内部、外部公共关系工作进行检测、识别、诊断、评价，对所存在的程度不一的公关危机进行预警和预控，旨在维护企业良好形象和信誉，保障企业的生产经营活动处于一种安全可靠的运行状态。

2. 危机管理

良好的公共关系有助于化解企业危机，有助于维护企业或品牌的社会声誉和良好形象。这种情况下所采取的公共关系措施我们都称之为危机公关。危机公关管理作为一种特殊形态的公共关系处理，从本质上说，是一门对人关系处理的学问，而所针对的对象，一般观念上

会基于公关管理塑造企业形象的主要功能而被定位为公众,殊不知,选择用情感化解危机,使用得当往往能起到事半功倍的作用。

任务训练

案例分析

2019年淘宝的危机公关

今年两会期间,全国人大代表、广东唯美陶瓷有限公司(马可波罗瓷砖)董事长黄建平公开表示,他此次打算提交的议案资料总结下来就一句话:"互联网虚拟经济破坏实体经济,网店假冒伪劣产品居多"。

黄建平还点名淘宝,称"目前淘宝网上搜索关键词'马可波罗瓷砖''马可波罗卫浴',搜索结果居然足足有三百多家,但是其中经过集团授权的经销商才两家。"

全国两会代表委员的建言献策,尤其是被媒体放大之后,如果涉及某些品牌,会造成极大的"杀伤力",并不比315弱。

对此,淘宝迅速在双微上回应《对马可波罗瓷砖董事长黄建平代表三点议题的商榷》。内容显得谦逊有礼,条理清晰,用数据作证据的回应度过"一劫"。

《对马可波罗瓷砖董事长黄建平代表三点议题的商榷》总结:

(1)承担责任,但也需要品牌的管理配合。(打假的责任我们承担,但是管理好自己的渠道也要品牌方来承担。)

(2)抓住致命伤,纠正概念。(淘宝网是百分之一百的实体经济,实体经济搞得好有我们的"功劳"。)

(3)摆正态度,数据说话,表明面对打假我们一直在做事。(打假实干难于作秀,让我们一起呼吁像打击酒驾一样严打假货。)

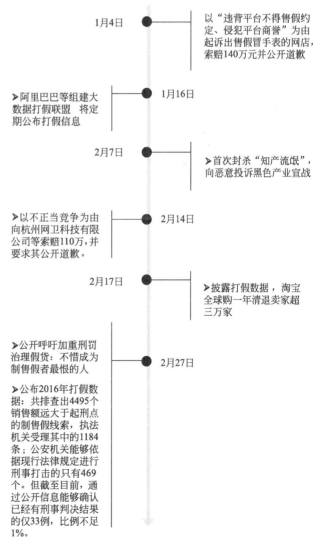

思考与讨论:

1. 此案例体现了公共关系的哪一项基本职能?淘宝在执行此项职能时

表现得怎么样？

2. 面对这样的危机事件的发生，企业应该怎样处理更合适？

回顾总结

本任务主要学习了公共关系的五大职能，即收集信息、预测环境的职能，传播沟通、影响舆论的职能，咨询建议、参与决策的职能，塑造形象、重视信誉的职能，科学预警、处理危机的职能。

课后实践

一、判断题

1. 公共关系具有咨询建议、作出决策的职能。（ ）
2. 收集信息、预测环境是公共关系首要职能。（ ）

二、简答题

简述公共关系的五大职能。

蓄力职场

理解、运用公共关系五大职能，使公共工作更加具有针对性和实效性。

2.4 公共关系基本原则

公共关系基本原则，指的是开展公共关系活动所必须遵守的准则，或者称之为行动的科学指南。作为一种全新的传播管理活动，公共关系是一个涉及面广、社会关注度高、工作难度大、既要诚恳又非常需要技巧的工作。国内外无数的实践证明，遵守这些准则，往往会事半功倍。组织要想少走弯路，真正做好公共关系，就必须严格遵守公共关系的原则，这既是公共关系活动成功与否的前提，也是区别真假公共关系最主要的依据。

一、诚信透明原则

古人云"人无信而不立"，对一个组织而言也是如此。融洽的人际关系需要双方诚恳待人，建立良好的公共关系的前提是组织要实事求是地向公众传播信息（公众也有权利要求组织这样做），既报喜也报忧。让公众及时、全面地了解组织的现状、发展趋势、存在的问题以及采取或将要采取的应对措施。公共关系这一新型工作的问世就是一定社会事实的产物，先有事实，后有公共关系。诚实是公共关系工作必须坚持的第一个原则，无论是形象塑造还是关系协调都应如此。《美国公共关系协会会员守则》明文规定："本会会员不可以故意散布虚假或误导的信息，并尽量防止这种虚假或误导信息的发展。"一定要以全面客观的事实为基础，实事求是地传播信息。

必须注意，公共关系工作要在公关活动的全过程恪守"诚实透明"原则，即使是传播不利于组织的信息也要坚持说实话。当然，在具体操作时，是否全部说出实情可能需要相机处理。出于某些原因可以对部分信息暂时有所保留（但需要对公众做解释工作），而传播出来的信息一定要全部真实可信。同时，也可以在不违背真实性原则的前提下使用一定的技巧和方法，使得本来不利于组织的信息朝着有利于组织的方向发展。一般情况下，组织的这种做法应该能得到公众的谅解。相反，那种建立在愚弄、欺骗公众基础上的关系是不健康的，也是不能持久的。公众会原谅组织的错误，但不会原谅一个组织为错误说谎。路遥知马力，日久见人心，为错误而说谎的组织最终必然会被社会公众所唾弃。同样，一个缺乏透明度、什么都想保密的组织必然会引起公众对宇的种种猜测，进而产生怀疑。因为在公众看来，必要的保密可以理解，但如果把那些不该保密的东西也加以保密，那只能说明组织心里"有鬼"，必有问题。长此以往，组织必然会失去公众对其的信任，其形象就会被全部摧毁，其负面效应将是巨大甚至是难以挽回的。

组织不仅要真实传递组织的信息，更重要的是还要付诸行动，做到言行一致。此外还要注意"少说多做"，用行动来证明自己。只有这样才能让公众体会到组织的善意，从而获得公众的信任，并有可能从公众那里获得改善组织工作的意见和建议。

二、双向沟通原则

公共关系本质上是组织与公众的一种传播活动。这种传播活动与一般不重视反馈的、单向传播为主的大众传播不同，它的基本要求是双向的交流。即：一方面组织把相关信息传递给目标公众；另一方面，公众也把自己对组织的意见和看法反馈给组织。依据传播学的相关研究结论，对于文化程度较高、信息接受渠道多的现代人，双向传播效果最好，而公共关系传播所面对的正是这样的公众。

现代组织要想获得良好的生存环境，必须秉承"公众至上"的理念，与此相适应，公共关系也必须以公众的需求为出发点。正如居延安博士所言，公共关系要使对象——人（公众）在信息传播中产生合作行为，那就必须把满足人的需求作为一个基本准则。这就是说，组织的公关人员要深入研究公众，听取、了解甚至服从公众的意见，满足公众的喜好，必须注意到公众的需求、喜好是不断变化的，公关人员要随时掌握这些变化信息。这种信息反馈可以让组织找到组织所存在的问题的症结所在，并据此修改完善组织所发出的信息并改善组织的相关行为。当然，这并不是说公众的意见都是正确的、合理的，比如有时公众反映的问题并非由组织的行为所引起，但公众却要求组织"认账"或改变原来的立场，这个时候组织实际上是在与公众进行谈判和协商。如果组织能从战略合作的角度，与公众保持善意的、对等的沟通，既倾听又引导，必要时作适度妥协，最终总会与公众达到一致。公众也就会更乐于接纳组织。有了这种相互理解、相互支持的氛围，组织与公众的关系就会进入到良性循环的轨道，形成长期合作共赢的局面。

三、互惠互利原则

世界上没有无缘无故的爱，也没有无缘无故的恨。公众对于某个组织的偏爱或者厌恶都是有原因的。公共关系总是以一定的利益关系为基础的，在组织与公众的关系中，组织要想得到公众的支持和喜爱，必须要让公众能够感受到组织可以给他们带来某些好处，也就是物质或精神利益。有付出才可能有收获，利益都是相互的。组织给了公众利益，才能实现自身价值，组织的存在才有社会意义。这样公众自然会对组织有所回报。公共关系工作通过沟通，促使双方建立一种情感交融的相互理解和与合作的关系，进而协调双方的利益，甚至最大限度地谋取组织与公众双方的利益，这样就会形成"双赢"、长期"赢"的局面。组织在追求效益的时候，要正确处理眼前利益和长远利益的关系，既要立足于长远利益，又要注意近期利益，即两者要兼顾，平时要多同目标公众进行有效沟通，多做有益于公众的事，这样才能使公关工作有长效。

四、全员公关原则

所谓全员公关，就是组织从强化整体的公共关系配合与协调的角度，通过对全体员工进行公共关系教育与培训，让他们意识到公关的重要意义，并牢固树立公共关系观念，提高做好公共关系的自觉性，在日常行为中处处体现公共关系意识，把公共关系工作当作自己的责任和义务，从而使组织内部上下形成浓厚的公共关系氛围并融入到组织的文化中，如此对内可以增强员工对组织的凝聚力，增强员工对组织的认同感和归属感；对外可以树立和维护组织的良好形象。简言之，全员公关就是让组织的每一个成员都是公共关系人员。它包括三个方面。

1. 领导的公关意识

公共关系的动力在组织的上层，公共关系业务的特殊性在于，它渗透到组织的日常行政、业务工作的各个环节，因此必须从全局和战略的角度加以协调管理。在现代社会，一个组织的领导是否有公关意识，能否胜任公关角色，在某种程度上甚至关系到一个组织的兴衰。组织的领导公共关系状态如何，与领导的公关意识和公关素养密切相关。因此，一个组织的领导，必须对自己组织的声誉和形象承担直接责任，应该具备强烈的公关意识，在经营管理中提出公共关系方面的要求，时刻关注组织的公共关系状况，积极支持、指导、协调组织的公关工作。

2. 全体员工的公共关系配合

组织形象是需要所有员工都要构建和精心维护的，公共关系工作绝不仅仅是公关部门及其人员的"份内之事"，而是要求全体员工的积极参与合作，增强公关意识和责任感，并让他们了解组织的公关目标、策略，把公关工作与他们的日常工作结合起来，各职能部门和单位在自己的工作范围内作决策、订计划都应该自觉地配合组织公共关系的目标。公共关系的好坏，也成为对各部门业务工作进行评价考核的一项标准，相应地，应该在有关规章制度中明确每一部门或岗位对公共关系应负的责任。实践证明，组织如果经常在员工中进行公共关系的教育与培训，开展公共关系方面的评比和奖励，就会取得预期的效果。

3. 组织内部浓郁的公共关系氛围

全员公共关系不是凭主观想象就能做到的，它有赖于在组织内部形成一种浓厚的公关风气、公关氛围，为此必须在组织部门普及公共关系教育，从而使全体员工充分认识到，良好的形象使一个组织所拥有的实物资产增值，恶劣的形象会使一个组织的有形资产贬值。

当然，全员公关不是意味着全体员工都去进行技术性的公关工作，而是要求他们时刻具备一种公关意识。

五、开拓创新原则

公共关系学不仅是一门科学，同时也是一门艺术。在公共关系科学理论的指导下，各类社会组织在不同的历史时期的公共关系实践中，摸索出了不少具体操作方法，创造出了可观的经典案例。这些案例虽然来自不同的国家和地区，但都有共同的特点，那就是巧妙、新颖、独特，正因为如此，这些公关活动才获得了巨大的成功。由此可知，公共关系工作必须遵循不断创新的原则。

公关工作要创新，主要是考虑到同行竞争、经济技术环境和社会心理因素等问题。第一，目前社会组织繁多，公共关系的实际运用已非常普遍，如果一个组织按部就班、千篇一律地开展公共关系活动，很可能与其他组织已做的或正在做的活动类似，那么就很难引起公众的特别关注。第二，当今世界进入互联网时代，公众接受信息的方式、速度都不可同日而语了，网络成为公众获取信息的一个新的重要途径，甚至有部分替代传统媒体的趋势。如何通过网络传递组织的相关信息，或者说如何开展网络公关，是公关人员面临的一个新课题。第三，喜新厌旧是人们的一般心理特征。在互联网时代，人们每天接触的信息数不胜数，人们的兴趣也变得"朝三暮四"，如果一个组织不了解和迎合公众的心理，其所举办的公关活动在形式和内容上还是墨守成规，没有吸引公众眼球的新东西，那就很难引起公众的兴趣和重视，更不用说产生社会反响了。

那么如何创新公共关系工作呢？其实最关键的就是要有创造性思维。一般来说主要包括以下三个方面。

第一，公共关系观念创新。开展公共关系活动一定要有战略眼光和开阔的视野，适应历史发展潮流，跟随社会经济文化的发展变化趋势，分析新情况，研究新方法，解决新问题，创新公共关系观念。

第二，公共关系传播内容创新。公关工作，用通俗的说法来解释，就是讨好社会公众，因此组织要根据公众不断变化的兴趣与需要设计传播内容，不断推陈出新、移植再造等。

第三，公共关系方法创新。比如转换角度、逆向思维、排列组合、以旧翻新等方法，大胆设计创新公共关系活动形式。

必须注意，创新不是天马行空，要遵循法律和道德规范、市场规律和公众心理，创新是有尺度的。

任务训练

案例分析

顾客争座时，肯德基怎么办？

2000年8月，江西第一家肯德基餐厅落户南昌，开张数周，一直人如蜂拥，非常火爆。不想一月未到，即有顾客因争座被殴打而向报社投诉肯德基，造成一场不小的风波。

事件经过大致如下：一位女顾客用所携带物品占座位后去排队购买套餐时，座位被一位男顾客坐住而发生争执。先是两位顾客因争座发生口角，尽管已引起其他顾客的注意，但都未太在意，此时餐厅的员工未能及时平息两人的争端。接着两人争吵上升到大声争吵，店内所有顾客则都开始关注事态，邻座的顾客则停止用餐，离座回避，带小孩的家长担心事态危险和小孩受到粗话影响，开始领着小孩离店。最后二人争吵上升到斗殴，男顾客大打出手，殴伤女顾客后离店，别的顾客也纷纷离座外逃和远远地看热闹。女顾客非常气愤，当即要求肯德基餐厅对此事负责，并加以赔偿。到此时，其影响面还局限于人际范围，如果餐厅经理能满足顾客的要求，女顾客就不至于向报社投诉。但餐厅经理表示"这是顾客之间的事情，肯德基不应该负责"，拒绝了女顾客的要求。女顾客马上打电话向《南昌晚报》和《江西都市报》两报投诉。两报立即派出记者到场采访。女顾客陈述了事件的经过并坚持自己的要求，而餐厅经理在接受采访时对女顾客被殴表示同情和遗憾，但是认为餐厅没有责任，不能做出道歉和赔偿。两报很快对此事作了报道，结果引起众多市民的议论和有关法律专家的关注。事后，根据消费者权益保护法，肯德基被认为对此事负有部分责任，向女顾客公开道歉，并赔偿了部分医药费，两报对此也都作了后续报道。

思考与讨论：
1. 从公共关系角度来看，顾客争座，肯德基到底该不该管？
2. 通过这一事件，我们应该汲取哪些教训？

回顾总结

本任务主要学习了公共关系五大基本原则，即诚信透明原则、双向沟通原则、互惠互利原则、全员公关原则、开拓创新原则。

课后实践

一、判断题
1. 诚信透明原则要求社会组织必须实事求是的开展各种公关活动。（ ）
2. 全员公关原则要求组织所有成员都来参与公共关系工作。（ ）
3. 领导的公关意识非常重要，直接关系到公共关系工作的实际成效。（ ）
4. 开展公关工作既满足社会和公众的利益，同时又要符合社会组织的利益。（ ）

二、简答题
简述公共关系五大基本原则，并举例说明。

蓄力职场

理解、运用公共关系五大基本原则，在开展公关工作遵循五大基本原则是每一位公关人员的职责与义务，更是公关职业素养的具体体现。

项目 3

公共关系三要素

学有所获

通过完成本项目，学生应该掌握如下知识点：
1. 了解公共关系的起源。
2. 掌握公共关系不同发展阶段的代表人物及思想。
3. 了解公共关系的中国的发展现状及未来发展趋势。

案例导入

宝洁公司的绿色公关

宝洁公司（P&G）是一家拥有众多优质品牌的全球知名公司，产品范围广泛，从美容、时尚到健康、家居，以优质超值的产品和服务，美化全球消费者的生活。170年来，可持续发展的承诺一直是宝洁公司企业核心价值观的重要组成部分，除了开发可持续创新产品、改善运营的环境状况之外，P&G还通过各种企业社会责任活动来提高人们的生活质量、关爱地球环境。有调研显示，当代消费者的消费趋势越来越"绿色化"。绿色消费，也称可持续消费，不仅仅是一种时尚潮流，更演变成一种生活方式，深入到生活的每个细节。

2009年夏天，宝洁公司将可持续发展的企业责任、多品牌产品的卖点和"绿色"生活方式紧密结合在一起，使消费者在了解"绿色、环保"理念的同时提升其对宝洁公司系列产品和品牌的关注度和美誉度。宝洁公司以"环保"为主题进行新一季的多品牌整合营销推广，将旗下各品牌包装环保以及使用天然成分为配方的产品进行整合销售，对于消费者来说，可以有更多的选择，对于经销商来说，也会有更多的商机，是个多赢的销售模式。不过，本该是项目优势的丰富产品线很可能会成为项目的劣势，由于产品线复杂，难以清晰传递信息。而且在中国，绿色、环保话题虽然受到全民重视，但是冠以"绿色"的各种主题活动五花八门，一方面，公众越来越关注环保，积极响应环保号召，但另一方面，如何让"绿动中国"活动能更具权威性、更有新意以及更受到消费者的广泛关注与参与成为项目成功的关键。

宝洁公司充分借用"中国环保女王"周迅与联合国开发计划署的权威号召力，实现最大化的媒体传播计划，并设计线上、线下的消费者活动，实现传播的多元化，以此调动公众的参与和关注。在传播策略上，生动讲述了"宝洁公司绿色赠品回报绿色自然"的故事。除了为消费者提供绿色产品外，宝洁公司还制作了6大类绿色赠品，涉及方便饭盒、刻度水壶、脏衣篮等品类；500万件绿色赠品的发放，可为改善绿色环境作出贡献。此外，宝洁公司在第一时间建立了"绿动中国"主题网站（ibeauty.pg.com.cn）。该网站以"绿动中国，没你不行"为主题，借用周迅的影响力，由她亲自发出绿色邀约，并设立"24小时绿色行动"，鼓励消费者每天记录所做的环保小事，同时还重点推出"普通人的绿动环保梦想"栏目，征集创意环保方案，颁发"环保梦想奖金"，用以实现环保梦想。

宝洁公司在经营消费者精致生活的同时，更注重经营人与人之间的情感。共同的环保理念使得宝洁公司联合联合国开发计划署与周迅所代言的"OUR PART 我们的贡献"这一环保项目携手，共同发起历时 4 个月的"绿动中国"大型环保活动。这次活动也是周迅的环保项目"OUR PART 我们的贡献"第一次与世界 500 强公司在全国范围内发起的大规模深入合作。2009 年 7 月 13 日，在广州沃尔玛总部举行的"绿动中国"活动启动仪式上，宝洁公司、沃尔玛、联合国开发计划署、周迅分别提交自己的绿色成绩单，承诺在"绿动中国"活动中将实现的环保举措，并共同启动"绿动中国"活动。以宝洁公司为例，自 2009 年 6 月 15 日起在宝洁办公区将不再提供一次性纸杯，一年共少使用 40 万个纸杯。所有参与的合作方均作出各自的承诺。

2009 年 9 月 4 日，在上海 TESCO 乐购的"绿动中国"启动倒计时仪式上，宝洁公司、乐购、周迅分别以数字直观介绍在过去的 2 个月的活动当中所取得的绿色成绩。周迅的绿色成绩为"960&3"，960 这个数字代表的是从 2008 年 5 月到 2009 年 9 月，一共 16 个月的时间，按照每月 30 天，每天节约 2 双筷子计算，她一共节约了 960 双一次性筷子。3 这个数字代表的是每次洗澡前节约用水的量。放洗澡水的时候，周迅都会用水桶把冷水接起来，每天节约 3 升水，1 个月就是 90 多升。她的真实分享，进一步强化了主题，并吸引更多人关注身边的环保小事。

在"绿动中国"官网上线 2 个月后，即有超过 2192242 人积极参与。其中有很多人热情参与了"普通人的环保梦想"竞赛活动。上海地面活动，再次邀请了 3 名积极参与者，现场分享了他们的环保创意方案。此外，周迅与宝洁公司及 TESCO 乐购高层，为当天在签名背板前书写下"环保感言"的消费者，颁发"绿动中国"纪念徽章，鼓励更多人积极加入，最终实现超过 500 万的普通消费者加入"绿动中国"活动，坚持生活中随手可做的环保小事，为改善绿色环境而努力。美誉、销量双收获在两次地面活动中，都充分利用不同的信息传播渠道，整合了多种信息传播模式，特别是充分利用官网平台，开展系列丰富的活动，再配合传统电视媒体、平面媒体的积极报道，使核心信息得以持续性传播，使"绿动中国"活动成为在全国范围内关注的热点活动。

专家点评：

宝洁公司"绿动中国"环保活动，不仅是一个整合策略传播的成功案例，更是一个战略型公关的经典案例。从宏观上讲，开展公共关系的过程，实质上就是一个组织不断扩大自我认同的过程，是从"个体自我"发展为"社会自我"，乃至"生态自我"的过程。公共关系是对组织—公众—环境的关系生态管理。在这个案例中，宝洁公司将可持续发展的企业责任、多品牌产品的卖点和"绿色"生活方式紧密结合在一起，使消费者在了解"绿色、环保"理念的同时提升其对宝洁公司系列产品和品牌的关注度和美誉度。这正体现了"公共关系生态管理"所提倡的大公关理念。它生动地向我们证明了，一个成功的公共关系活动，应该同时在组织的宏观、中观和微观三个层次上，真正为社会、组织和消费者创造价值。

【思考－讨论－训练】

1. 宝洁公司的绿色公关给你带来怎样的启示？
2. 请指出案例中谁在开展公关活动？对谁在开展公关活动？通过传播什么手段来开展公关活动？

知识导航

3.1 公共关系主体——社会组织

在人类社会早期阶段,整个社会发展水平极为低下,人们共同活动的群体形式最初是以血缘关系为纽带的原始群、血缘家庭和物理学习集合,以及出现的以地缘关系为纽带的村社等。它们都是人类物理发展的初级社会群体形式。随着社会分工的发展,阶级的出现,人们之间的社会关系以及人们的社会活动日趋复杂,社会组织适应物理及社会成员的需要逐渐形成并发挥作用。但这时人们的社会关系和共同活动的形式还是以初级社会群体为主。人类社会从进入工业社会一直到21世纪,社会生产力飞速发展,社会分工越来越细,社会生活和物理关系越来越复杂,初级社会群体在很多方面已无法适应社会发展和社会活动的需要。因此,完成特定物理目标和承担特定物理学史的社会组织的大发展就成为近、现代社会发展的必然趋势。

一、社会组织的定义

社会组织(Social Organization)在社会科学中有广义、狭义之分。广义的社会组织是指人们从事共同活动的所有群体形式,包括氏族、家庭、秘密团体、政府、军队和学校等。狭义的社会组织是为了实现特定的目标而有意识地组合起来的社会群体,如企业、政府、学校、医院、社会团体和一种新型的社会组织形式——个人媒体群等。它只是指人类的组织形式中的一部分,是人们为了特定目的而组建的稳定的合作形式。公共关系的主体社会组织主要指狭义的组织。

在公共关系学中,社会组织是指人们为了实现特定的社会目标,按照一定的宗旨、制度、系统建立起来的共同活动集体。社会组织是公共关系的第一构成要素,是公共关系工作的策动者、承担者和发起者,决定了公共关系的状态、活动和发展的方向。社会一般有清楚的界限、明确的目标,内部实行明确的分工并确立了旨在协调成员活动的正式关系结构,比如政党、政府、企业、商店、工厂、公司、学校等。

二、社会组织的构成要素

社会组织一般由四个方面的要素构成。

1. 规范

规范是指稳定的规则与规章制度,它是社会运行的基础,是社会关系及其功能价值的具体表现。它要求个体或团体应如何思考、感觉与信仰,在各种情况与关系当中应如何行动。规范的目的是使社会生活中的互动行为标准化。

2. 地位

地位是指个体或团系在社会关系空间中所处的位置。现代社会中,个体之间的互动基本上是地位之间的互动,社会组织的互动也是经由地位而建立的。社会地位包括归属地位和成就地位两种形式,其中后者处主要位置。

3. 角色

角色是指按照一定社会规范表现的特定社会地位的行为模式。角色是地位的动态表现,地位则是角色的静态描述。社会组织就是由一组互相依存、相互联系的角色构成的。

4. 权威

权威是指一种合法化的权力，是维持组织运行的必要手段，它使成员在组织内受到约束和限制。

三、社会组织的主要特征

1. 特定的组织目标

组织目标一般是明确的、具体的，表明某一组织的性质与功能，人们围绕某一特定的目标才形成从事共同活动的社会组织。组织目标是组织活动的灵魂，它可以是单一的，也可以是具有内在联系的目标体系。

2. 一定数量的固定成员

社会组织是由至少两个个体或两个以上的个体组成的系统。组织成员是相对固定的，成员明确地意识到自己属于某一组织；社会组织如无固定的成员就失去了自身存在的实体基础，进入或退出一个组织必须按照一定的程序进行，特别是组织成员资格的取得一般都要经过组织的考核与审查。

3. 制度化的组织结构

为了实现特定的目标并提高活动效益，社会组织一般都具有根据功能和分工而制度化的职位分层与部门分工结构。只有通过不同职位的权力结构体系，协调各个职能部门或个体的活动，才能顺利开展组织活动并达到组织目标。

4. 普遍化的行动规范

它一般是以章程的形式出现，并作为组织成员进行活动的依据。组织的行动规范是每个成员必须遵守的，它通过辅助的奖惩制度制约组织成员的活动，以维护组织活动的统一性。

5. 社会组织是一个开放的系统

就每一个社会组织来说，它不仅自身要与周围环境进行物质、成员、信息的交换，而且还根据与其他组织的关系，组成不同的组织体系，在更大的范围内和更高的水平上与外界环境进行各种形式的交换。一个组织如果绝对地自我封闭，组织的生命也就停止了。社会生活中实际存在的工厂、机关、医院、学校、商店等都是社会组织的具体形式及一种群体。

四、社会组织的类型

由于公共关系研究的是组织形象塑造问题，因此，对组织进行分类将有利于我们更好地把握公共关系。社会组织的存在纷繁复杂、形式各异，我们可以根据不同的标准对其进行不同的分类。但鉴于组织类型对公共关系行为影响较大的因素主要是营利和竞争，我们这里主要根据组织是否营利和是否具有竞争性为标准，将组织分为以下四类。

1. 竞争性营利组织

这类组织一般包括生产型组织、商业组织、服务型组织等。它们为了自己的经济利益，为了在市场竞争中争取顾客，一般都会比较主动地争取公众的支持，树立良好的组织形象，但比较容易偏重与市场活动直接相关的公众，其公关行为的营利性较为明显。

2. 竞争性非营利组织

这类组织一般包括各类专业学术团体等。它们没有营利动机，但由于需要在竞争中赢得舆论的理解和公众的支持，因此，也十分重视公共关系，会尽可能广泛地去建立和发展自己的公众关系。

3. 独占性营利组织

这类组织是指在市场竞争中居独占性地位的组织。由于其产品或服务具有独占性，其他组织无法与其竞争，这类组织很容易产生违背公众利益的行为，从而使自己陷入不利舆论的困境。我国改革开放发展到今天，这类组织不多。

4. 独占性非营利性组织

这类组织主要包括国家机关和军队等。由于利益驱动及压力竞争的缺乏，这类组织往往容易忽略自己的公众，甚至脱离公众，公关意识比较薄弱，公关行为相对滞后。

任务训练

案例分析

IBM 公司的"金环庆典"活动

美国 IBM 公司每年都要举行一次规模隆重的庆功会，对那些在一年中作出过突出贡献的销售人员进行表彰。这种活动常常是在风光旖旎的地方，如百慕大或马霍卡岛等地进行。对 3% 的作出了突出贡献的人所进行的表彰，被称作"金环庆典"。在庆典中，IBM 公司的最高层管理人员始终在场，并主持盛大、庄重的颁奖酒宴，然后放映由公司自己制作的表现那些作出了突出贡献的销售人员工作情况、家庭生活，乃至业务爱好的影片。在被邀请参加庆典的人中，不仅有股东代表、工人代表、社会名流，还有那些作出了突出贡献的销售人员的家属和亲友。整个庆典活动，自始至终都被录制成电视（或电影）片，然后被拿到 IBM 公司的每一个单位去放映。

IBM 公司每年一度的"金环庆典"活动，一方面是为了表彰有功人员，另一方面也是同企业员工联络感情、增进友情的一种手段。在这种庆典活动中，公司的主管同那些常年忙碌、难得一见的销售人员聚集在一起，彼此毫无拘束地谈天说地，在交流中，无形地加深了心灵的沟通，尤其是公司主管那些表示关心的语言，常常能使那些在第一线工作的销售人员"受宠若惊"。正是在这个过程中，销售人员更增强了对企业的"亲密感"和责任感。

思考与讨论：

IBM 公司的庆功会在公司内部究竟都有哪些重大意义？这种活动对其他公司有何借鉴呢？

回顾总结

本任务主要学习了公共关系主体——社会组织的定义、构成要素、主要特征及分类。

课后实践

一、判断题

1. 公关组织、公关人员和受众是公共关系的主体。（   ）
2. 社会组织是公共关系的第一要素。（   ）
3. 社会组织是公关活动的发策动者、承担者和发起者。（   ）

二、名词解释

社会组织

三、多项选择题

1. 社会组织的构成要素有（　　）。
   A. 规范　　　　B. 地位　　　　C. 角色　　　　D. 权威
2. 按照是否营利和是否具有竞争性为标准，社会组织可以分为（　　）。
   A. 竞争性营利组织　B. 竞争性非营利组织
   C. 独占性营利组织　D. 独占性非营利组织

四、简答题

如何加强对非正式组织的管理？

蓄力职场

理解社会组织的相关概述，有利于公关人员在开展公关活动时摆正公关主体地位，找准定位，更好、更快、更高效地开展公关活动。

3.2 公共关系的客体——公众

公众是公共关系的对象，在现代社会，任何组织的生存与发展都需要公众的支持与信任，所以，研究了解公众是组织开展公共关系的首要环节。因为只有在充分掌握了目标公众的特征、规模、构成以及基本心理和行为倾向，才能有针对性地制定对策，顺利开展公共关系工作。

一、公众的定义

公众是指与公共关系主体——社会组织发生相互联系、作用，其成员面临共同问题、共同利益和共同要求的社会群体。

而对于营利性社会组织而言，公众指对企业完成其营销目标的能力有着实际或潜在利益关系和影响力的群体或个人，主要包括金融公众、媒介公众、政府公众、社团公众、社区公众和内部公众。公众对企业的态度会对企业的营销活动产生巨大的影响。

1. 定义理解

第一，公众是社会群体，这种社会群体具有明显的类别性，既包含了个人、群体，也指其他社会组织。如作为一所学校，公众既可以是学生、学生家长，也可以是其他学校、商店、政府等社会组织。需要指出的是，这里的个人不是指单个的人，而是指公众群体中的某个人，或群体、组织的负责人、代言人、代表等。

第二，作为公众的社会群体必须与公关主体——社会组织发生相互联系、作用。也就是说并不是所有的人、群体或其他社会组织都可以成为特定社会组织的公众，只有那些与该组织发生的直接、间接相互联系、作用的人、群体、社会组织才成为该组织的公众。如某家商场，只有已经去购物的顾客才可能成为它的公众，而其他顾客就不是它的公众。

第三，成员间面临共同问题、共同利益和共同要求，因而才形成某种公众群体。假如有100人到某家商场购买电器，回去使用后发现电器有质量问题，这100人便成了这家商场的一类公众群体。他们面临的问题都是电器质量不行，他们的利益是购买到货真价实的电器，他们的要求是希望解决电器质量问题，或实在无法解决时进行退货或退款处理。

2. 公众与大众、群众的区别

公众很容易被理解成"社会上的多数人"。实际生活中不少人则更把公众与大众、群众同样看待。这些从公关的角度上看是不准确的。作为公共关系客体的公众，与大众、群众最主要的区别在以下方面。

（1）参照物不同。公众相对于社会组织而言，大众相对于政府、法律而言，群众相对于干部、领导而言。公众与社会组织始终是平等的，信息交流采取双向沟通的形式，而大众与政府之间，群众与领导之间在具体职能的行使中是不相同的，信息沟通也主要采取单向灌输的形式。

（2）产生消失的原因不同。公众因为共同问题而产生，又因共同问题的解决而消失。而大众、群众不是如此，只要有政府、法律存在，只要有领导、干部存在，大众、群众总是存在的，不会消失。

（3）性质不同。公众具有同质性，一个问题形成一个公众群体，而大众、群众具有异质性，大众中存在各种各样问题，群众中也如此。

因此，作为某个具体的人在大众、群众的归属中往往是稳定的、单一的。如作为中国一份子、某个社会组织的成员，一般情况下不会同时又是别国大众一分子、另一个社会组织的成员。而作为公众一员就不一定了，主要看他面临多少问题，如他同时遇到住房紧张、评职称难、孩子无处入托、工作不安全等问题，那么他就可能与遇到上述问题的人们一起同时成为几类公众群体成员。

二、公众的特征

1. 整体性

整体性是指公众的总体特征。公众是公关工作对象的总称，从概念上讲，它是指与某一组织运行有关的整体环境。这个环境是一个松散的整体，各个要素构成之间或多或少是自由的和分散的。比如顾客和供应商之间、新闻界和社区之间没有必然的联系，相关性较小或无相关性，但它们又共同构成了组织必须面对的公众环境。

2. 同质性

同质性是指公众的性质特征。即构成同类公众的成员都面临共同问题、共同利益和共同要求。也正是因他们在面临的问题、利益和要求上的共同性，因而彼此之间很容易产生互动和共鸣，具有天然的一致性，甚至形成心理上、情感上的默契和一致，从而表现出明显的合群意识。

3. 多样性

多样性是指公众的构成特征。公众的构成形式是丰富多彩、复杂多样的，具体地说，公众的构成可以分为以下三种存在形式。

（1）个体。个体是公众构成最基本的细胞，最常见的存在形式。在某一特定时期的特定条件下，公关对象往往表现为某一个具体的人，公关活动因此常常以交际活动的形式出现，带有强烈的人际交往色彩，这也是人们将公关混同于交际的主要原因。个体公众往往是不稳定的、变动的。

（2）群体。群体是公众构成的中间层次，也是相对重要的存在形式。它包括初级社会群体（指成员之间有亲密的关系，如家庭、邻里、老乡、朋友等）和人群集合体（指因临时性、偶然性的因素而聚集在一起的人们，如商店的顾客、餐馆的食客等）。初级社会群体相对稳定和持久，而人群集合体则变幻莫测。

（3）组织。两个组织之间可以互为公众。比如，两个同等企业之间、两个政府机构之间、两所同类大学之间都可以互为公关对象。组织公众比较固定。

4. 变化性

变化性是指公众的动态特征。这是指不仅公众群体的产生、解体是可变的，而且还指随着时间的推移，公众群体的构成、态度和作用也是变化的。如某家商店出售一批摩托车，不到一个月顾客纷纷要求退换或退赔。商店了解后马上与厂家联系解决了这个问题，顾客满意而去。这个因摩托车质量问题而形成的公众群体很快便因这个问题的解决而消失了。假如这个问题不及时解决，这个公众群体的态度就可能会变得强烈，甚至可能上告有关部门或在其他顾客中散布不满言论、情绪，对商店自然会造成不良影响。其人数、性别、年龄等构成也会因时间的推移而发生种种变化。

5. 相关性

相关性是指公众的个性特征。公众虽然广泛存在，但不是各组织通用的抽象概念，而是与某一社会组织特定相关的。各社会组织都会因其自身的性质、地位、环境、形象而与某些特定的公众对象发生利益关系，从而形成自身特有的公众形象。比如同样是酒店业，五星级酒店的公众与个体小店的公众就不大相同；同样是五星级酒店，广州中国大酒店的公众也不同于北京长城饭店的公众。公众的相关性特点就是组织与公众形成公共关系的关键所在，具有多面性。

三、公众的分类

根据公关传播的实际需要，公众分类可以有多种角度和标准。下面介绍七种常见的分类方法。

1. 公众的横向分类

（1）内部公众。

员工公众：领导、职工、勤杂工等。

股东公众：股民、董事会、股票经纪人。

（2）外部公众。

社区公众：员工家属、附近居民、当地政府。

财务公众：当地银行、金融机构。

经销商公众：批发商、零售商、代理商、进出口商。

消费者公众：顾客、用户。

竞争者公众：同行、替代品行业。

舆论界公众：新闻界、社会名流、专家权威。

政府公众：纵向政府机构、横向政府机构。

横向分类法是一种平面分类法。它有助于全面了解公众的分布情况，从总体上把握公众的数量和类型。

2. 公众的纵向分类

所谓纵向分类，即把公众作为一个动态发展过程来分类。按照公众的一般发展过程，把公众分为非公众、潜在公众、知晓公众和行动公众4类。

（1）非公众。非公众是公共关系学中的一个特殊概念，即不和人和组织发生任何联系和影响的群体和个人。例如，在一般条件下，美容店是家电公司的非公众，服装店是机床厂的非公众。把"非公众"排除在组织的公共关系范围之外，有利于减少盲目性，增强针对性，避免不必要的浪费。

但要注意，非公众虽然不是公关的实际对象，但是从发展的眼光来看，非公众也有可能发展为潜在公众。在确定公众时，要预留界限，适当超前。

（2）潜在公众。潜在公众指由于潜在的公共关系问题而形成的潜伏公众或未来公众。比如，某航空公司的空难事件发生后，遇难者的家属还不知道他们的亲人已经遇难，这时，他们就是航空公司的潜在公众。从公众发展的全过程来看，潜在公众是由非公众发展而来的，处于公众发展的第一阶段。

（3）知晓公众。知晓公众是指那些已经意识到问题的存在，但还没有付诸实际行动的公众。比如，遇难者家属得知亲人遇难后，开始沉浸在悲痛之中，还没有采取任何行动。这时，潜在公众已发展成知晓公众。

（4）行动公众。行动公众指那些不仅意识到问题的存在，而且已经采取种种实际行动的公众。行动公众由知晓公众发展而来，是公众发展的最后阶段。当知晓公众意识到的问题没有及时得到解决时，公众就开始采取行动了，如诉诸大众传媒、政府有关部门，甚至诉诸法律等。

从非公众发展到行动公众的过程，是公众影响力不断增强的过程，也是一个双向互动的过程，在这个发展变化过程中，公关的重点应该放在知晓公众和行动公众身上。

3. 按关系重要程度分类

按公众对组织的重要性分类，可以把公众分为首要公众、次要公众和边缘公众。

（1）首要公众。首要公众指对组织的生死存亡有重大影响，起决定作用的那部分公众，如企业的员工、股东、商店的顾客、工厂的用户等。首要公众是组织生存和发展的基础，是最为重要的一类公众。

（2）次要公众。次要公众指对组织的生死存亡有影响，但不起决定作用的公众，比如社区公众、新闻界公众。

（3）边缘公众。边缘公众指与组织有一定的联系，但不影响组织正常运转的公众。如竞争对手。

4. 按公众对组织的态度分类

按公众对组织的态度分类，分为顺意公众、逆意公众和独立公众。

（1）顺意公众。顺意公众指那些对组织的政策、行为、产品持赞成支持态度的公众。如企业的业务合作伙伴、产品或服务的使用者和消费者。

（2）逆意公众。逆意公众指那些对组织的政策、行为、产品持否定、反对态度的公众。比如企业的恶性竞争者、怀有敌意的记者、消费者等。

（3）独立公众。独立公众指那些对组织持中间态度，观点和意向不明朗的公众。如对企业和产品漠不关心的社会大众。

5. 按组织对公众的态度分类

按组织对公众的态度分类，也可以把公众分为三类：受欢迎公众、被追求公众和不受欢迎公众。

（1）受欢迎公众。受欢迎公众指那些和组织两相情愿的公众。如股东、赞助者、捐赠者等，主动对组织表示兴趣，而组织也非常欢迎和重视他们。这种关系双方均处于积极主动的态势。

（2）被追求公众。被追求公众指组织对其一厢情愿的公众。如新闻媒介、社会名流是任何组织都积极追求的公众。

（3）不受欢迎公众。不受欢迎公众指那些对组织一厢情愿的追求，而组织又力图躲避的公众。如一味索取赞助的团体或个人、持不友好态度的记者等。

6. 按公众的稳定程度分类

按稳定程度可以把公众分为三类：临时公众、周期公众和稳定公众。

（1）临时公众。临时公众指因某一临时性、偶然性因素聚集在一起的公众。如专题活动的来宾、展览会的观众、促销现场的围观者等。这类公众不仅是公关对象，而且是传播公关活动的活媒介。在公关工作中不可忽视这类公众。

（2）周期公众。周期公众指按一定规律和周期出现的公众。比如节假日的游客、竞选时的选民等。周期公众的规律性比较强，对于季节性比较强的行业来说，周期公众的确定非常重要，公关人员可事先精心准备、周密策划，以使周期公众转化为稳定公众。

（3）稳定公众。稳定公众指具有稳定结构和稳定关系的公众。比如长期合作的伙伴、老主顾、社区中人等。稳定公众是组织最忠实的公众，也是需要特别对待的公众。比如特别的优惠、特别的政策、特别的产品等。

7. 按人口学结构分类

将公众按人口学结构分类是指按性别、职业、经济状况、教育程度、政治或宗教信仰、种族和民族背景等标准分类。这是最基本的分类方法，对任何公众都适用，便于积累基本的统计资料。

四、社会组织——企业面临公众

企业所面临的公众主要有以下几种。

1. 融资公众（Financial Publics）

融资公众是指影响企业融资能力的金融机构，如银行、投资公司、证券经纪公司、保险公司等。

2. 媒介公众

媒介公众是指报纸、杂志社、广播电台、电视台等大众传播媒介，它们对企业的形象及声誉的建立具有举足轻重的作用。

3. 政府公众

政府公众是指负责管理企业营销活动的有关政府机构。企业在制订营销计划时，应充分考虑政府的政策，研究政府颁布的有关法规和条例。

4. 社团公众

社团公众是指保护消费者权益的组织、环保组织及其他群众团体等。企业营销活动关系到社会各方面的切身利益，必须密切注意并及时处理来自社团公众的批评和意见。

5. 社区公众

社区公众是指企业所在地附近的居民和社区组织。

6. 一般公众

一般公众是指上述各种公众之外的社会公众。一般公众虽然不会有组织地对企业采取行动，但企业形象会影响他们的惠顾。

7. 内部公众

内部公众是指企业内部的公众，包括董事会、经理、企业职工。

所有这些公众，均对企业的营销活动有着直接或间接的影响，处理好与广大公众的关系，是企业营销管理的一项极其重要的任务。

五、公众心理及行为分析

公共关系是由社会组织与公众之间的互动关系构成的，公众心理是在此互动过程中形成的。在公关过程中应该了解公众心理的发生与发展规律，才能使社会组织的公关活动做到有的放矢，通过影响和改变公众心理，从而使两者之间的关系向有利于社会组织的方向发展。

（一）公众的需要和动机分析

公众是由众多的个体组成的，公众心理是由千差万别的个体心理现象组成的，所以相当复杂。分析公众心理必须从个体心理入手，研究它们的转化及发展，从而理解公众的态度取向。

1. 需要

（1）需要的概述。需要是人缺乏某种必需的东西时（这种东西可以是物质的，也可以是精神的），在内在心理上从产生的一种紧张感的主观状态。需要的产生取决于两个条件：一是个体感到某方面的缺乏；二是个体对此缺乏期望获得满足。

一般来说，当人们由于来自外部或内部的刺激而引起某种需要时，机体内部便出现不平衡现象，表现为一种紧张的心理状态，这时的心理活动便自然指向满足需要的具体目标。当目标找到后，就开始有满足需要的活动，在此活动中，需要逐渐减弱；当需要得到满足、行为结束，人的紧张心理便得到消除；之后又将有新的需要发生，再引起第二个行为。可以说，需要是人类行为的动力基础和源泉。

（2）人的需要具有的基本特征。首先，需要具有对象性。人的需要总是对某种客观对象的需求，这种对象可以是某种物质产品，也可以是某种精神产品；可以是有形的、具体的，也可以是无形的、抽象的。对某一种需要而言，对象可以是单一的，也可以是多样的。例如，某人需要一杯水，那此杯水就是此时需要的对象，对象是单一的；而对于一个处于饥饿状态的人来说，米饭、馒头、烧饼、面包、水饺等都是可以用作充饥、可以作为满足的对象的。

其次，需要具有现实性与发展性。人的需要总是出于一定历史条件下，诱发需要的实际内容及其满足的方式都是该条件所决定的，地理环境、社会地位、阶级立场、职业身份、风俗习惯乃至个人经历、知识修养等诸多因素构成了复杂的综合体，决定着主体对需要的选择。当然，需要不是一成不变的，需要不仅在数量、质量和层次上会不断提高，而且在一定条件下，各层次需要的内容也会得丰富和升华。

再次，需要具有选择性。需要的选择性首先体现在对需要对象的选择上，尤其是当需要的对象不是单一的情况下。如前所述，饥饿状态的人选择米饭还是选择馒头，或者是其他食物，关键在于在既定的情境中，这些需要的对象对于需要主体来说，哪种是最合适的。如果此人是北方人，他可能选择馒头；如果他赶时间，就可能选择面包；如果他要和家人吃年夜饭，就很可能选择饺子。

（3）马斯洛的需要层次论。美国著名的人本主义心理学家马斯洛认为，人的一切行为都是由需要引起的，他在1943年出版的《调动人的积极性的理论》一书中提出了著名的需要层次论。马斯洛把人的多种多样的需要归纳为五大类，并按照它们发生的先后次序分为五个等级。

生理需要。这是人类最原始的也是最基本的需要，包括饥、渴、性和其他生理机能的需要，它是推动人们行为的最强大的动力。只有在生理需要基本满足之后，更高一级层次的需要才会相继产生。

安全需要。当一个人生理需要得到满足后,满足安全的需要就会产生。个人寻求生命、财产等个人生活方面免于威胁、孤独、侵犯并得到保障的心理就是安全的需要。

归属与爱的需要（也叫社交需要）。这是一种社会需要,包括同人往来,进行社会交际,获得伙伴之间、朋友之间的关系融洽或保持友谊和忠诚,人人都希望获得别人的爱,给予别人爱;并希望为团体与社会所接纳,成为其中的一员,得到相互支持与关照。

尊重的需要。尊重的需要包括受人尊重与自我尊重两方面：前者是希求别人的重视,获得名誉、地位;后者希求个人有价值,希望个人的能力、成就得到社会的承认。

自我实现的需要。自我实现的需要是指实现个人理想、抱负,最大限度地发挥个人的能力的需要,即获得精神层面的臻于真、善、美至高人生境界需要。

马斯洛认为：为满足自我实现的需要所采取的途径是因人而异的。有人希望成为一位理想的母亲,有人可以表现在体育上,还有人表现在绘画或发明创造上……简而言之,自我实现的需要是指最大限度地发挥一个人的潜能的需要。

人类的需要层次,马斯洛是按照三条原则加以安排的。第一,人类基本的需要必先得到满足,然后才会进一步追求较高层次需要满足。第二,人类需要与个体成长发展密切相关。人出生时,最主要是满足生理需要,然后逐渐考虑到安全、归属、尊重的需要,最后才追求自我实现的需要,因此,个人的需要结构的发展过程是波浪式的演进,各种需要的优势由一级演进至另一级。第三,人类需要的高低与个体生存有关。

马斯洛认为,一个理想的社会,除了应该满足人们的基本的生理需要外,还要使人们满足较高层次的需要,并鼓励个人去追求自我实现。

我们认为,一个人只有把个人的需要和国家的需要以及社会发展的需要联系起来,才能有永不衰竭的动力,才能充分发挥个人的潜能,达到最大限度的自我实现。

2. 动机

（1）动机的概念。动机是在心理强化之下给需要的方向以定位,并引起、推动、维持或抑制个体行为,使有机体朝着预期目标行动的内驱力。它不仅激发行为,还影响着行为的持续时间。动机的形成取决于两个基本条件,即需要和诱因。

需要是动机形成的内部刺激因素,当人的需要被意识到之后,他的能量将被动员起来,并有选择地指向可满足需要的外部对象,动机由此产生。

例如,一个人口渴难忍,这表明他有强烈的饮水需要,但是如果周围没有水,他就不会形成目的明确的动机并进而采取行动。如果此时他发现远处有一片绿洲,那么他就会向水源奔去。也就是说,个人的动机只有在内部刺激和外部刺激的共同作用下才会形成,这样能够引起个体动机形成的外部刺激（或情境）称为诱因。

（2）动机的特点。第一,动机具有多样性。在同一时期,驱使个体行为的动机有可能是多样并存。其中,强度最大的动机决定个体行为的性质和方向。这种在同时存在的许多不同性质的动机中决定个体行为并发挥实际作用的动机,成为主导动机或优势动机。

第二,动机具有指向性。由动机驱使的个体的社会行为总是指向一定的目标。行为目标可能是现实存在的、清晰的事物,也可能是人类精神活动的某一产物。动机不同,活动的方向和所追求的目标也不同。

第三,动机具有复杂性。首先,动机与行为之间不是简单的一一对应关系,同一动机可以表现为不同的外显行为,同一行为也可以隐含不同的动机。其次,个体内心存在的动机和他口头或书面表现出来的动机往往不是一致的,个体在内心实际起作用的动机与他本人意识到的动机也常常不同。

第四，动机具有强化性的特点。人类行为的不同后果会对人的动机有很大的影响：一个动机可能会因为有良好的行为效果而加强，使这一行为重复出现；同样，一个动机也会因为不良的行为后果而使行为减弱甚至消失。前者称只为正强化，它起着肯定行为、加强行为的作用；后者称之为负强化，它起着否定行为、抵消行为的作用。

（二）公众态度分析

我们在公关活动中有一项重要的内容就是了解公众对组织的态度，通过公关活动影响和改变公众的态度，使公众理解、认同社会组织所倡导的立场。了解公众的态度与特征、态度形成的机制，掌握影响和改变公众态度的方法和技巧，这是公关人员应具备的素质之一。

1. 关于态度的相关理论

（1）态度的概念和构成。心理学家 G.W. 奥尔波特指出："态度是根据经验组织起来的一种心理和神经中枢的准备状态，它对个人的反应具有指导性的或动力性的影响。"也就是说，态度是一种内部准备状态，是刺激（态度的对象）与反应（生理的、心理的、行为的反应）之间的中介变量。态度的主要特征是其评价性，即对一个对象积极或消极的反应倾向。

心理学家罗森伯格认为，态度是由以下三种要素构成的。

首先，认知。认知成分是指个体对态度对象所具有的知觉、理解、信念和评价。态度的认知成分常常是带有评价意味的陈述，即不只是个体对态度对象的认识和理解，同时还表示个体的评判，赞成或反对，如"吸烟有害健康，人不应该吸烟"。

其次，情感。情感成分是指个体对态度对象所持有的一种情绪体验，如尊敬和鄙视、喜欢和厌恶、同情和嘲讽。

第三，行为倾向。即个体对态度对象必须有所表示时，他将怎样做。

态度的三要素之间既是可以互相协调的，也可以是不协调的。例如，某人在观念上会认识到抽烟有害健康，但感情上并不厌恶抽烟，在行为上还继续抽烟。研究表明，情感和行为倾向的相关程度高于认知与情感或认知与行为倾向之间的相关程度。所以在态度三要素中，情感是至关重要的，是决定行为倾向的主要因素。

（2）态度的功能。态度一旦形成，就会对主体的认知和行为发生不同程度的影响，其功能主要有认知、适应、表达评价以及自卫四个方面。

第一，态度的认知功能。态度影响主体对外界刺激的判断和选择。态度形成后，便构成主体个性结构中的一部分，甚至组成世界观的基本成分。人们带着某种态度去感知和判断事物，其感知和判断事物必然会受到态度的影响。例如：当人们从广告中了解到某种商品的各种优点后，从而产生对该商品的好感，人们带着这种态度在市场上选购商品，便会对这种商品特别青睐，而对其他商品视而不见。因此，态度类似于认知结构中的一个筛选器，它对外界的各种刺激予以筛选处理，从而影响个体知觉的选择与判断。

第二，态度的适应功能。人的态度都是在适应环境中形成的，形成后起着更好的适应环境的作用。我们人是社会性的生物，一些人和群体对我们都是很重要的，适当的态度将使我们从重要的人物（双亲、老师、雇主及朋友）或群体那里获得认同、赞同、奖赏或与其打成一片。对不同的人就应该学会有不同的态度。所以，习得的态度是为适应社会生活的一种功能。

第三，态度的表达评价功能。态度影响人的价值表现。态度的表达评价功能表现为自我调节，使主体摆脱内部紧张，表现出自己的个性。人们有自我表现的心理需要，人们的喜恶态度往往表达了自己的价值观，反映了一定的价值标准和人生情趣。例如，人们在就业或升学志愿选择上、购买商品时采取的态度上等方面，都可以充分地反映自己的价值观。

第四，态度的自卫功能。态度促使主体自我防卫。自我防卫是在面临外界威胁的情况下，由于心理紧张不安和冲突而引起的，是力图抵抗威胁、保护自己的心理状态。自卫功能表现为促使个性内部冲突得到解决，并且往往是有利于自己的解决。

2. 态度的形成和改变

态度的形成和发展是一个由量变到质变的过程。心理学家凯尔曼指出了态度变化的三个阶段——服从阶段、同化阶段、内化阶段。

服从阶段：人们为了达到某种物质或精神的满足或为了避免惩罚而表现出来的行为称为服从；服从行为并非出于个体的内心意愿，并且是暂时性的。

同化阶段：是人们自愿地接受他人的观点、信念，使自己的态度与他人要求一致，此阶段是否顺利，取决于他人或团体的吸引力。

内化阶段：即把他人的观点、态度完全纳入自己的价值体系中，成为自己人格的一个组成部分。

态度改变只有进入内化阶段以后，个体就完全地从内心里相信并接受他人的观点，从而彻底改变自己的态度。一个人的态度只有到了这一阶段，才是稳固的。在态度变化过程的不同阶段，态度都是有可能发生改变的，公共关系活动的目的归根结底是为了对公众心理施加影响，从而巩固、改变和发展公众的某些态度和行为。在态度变化的过程中，劝导是影响公众态度（个体）的最主要、也是最直接的方式。

（三）公众心理定势分析

公众的心理定势是研究公众心理的重要内容。心理定势即心理上的"定向趋势"或"固定趋势"。它是人们在与特定对象发生认知、行为和各种社会关系时所存在的一种心理上的准备状态，这种心理状态对以后的感知、记忆、思维、感情等心理活动和行为活动起正向或反向的推动作用。心理定势使人不自觉地沿着一定的方向去感知事物、记忆事物、去思考问题和寻找解决问题的方法。它既是人心理活动的定向标，又是一种心理动力。

1. 心理定势的特性

第一，心理定势具有隐蔽性和自发性。心理定势我们是看不见、摸不着的，它具有极强的隐蔽性；同时这种心理活动有着自发性。

第二，心理定势具有固着性和变化性。心理定势的固着性也即习惯性，指两个方面：一是存在上的固着，它一经产生就在人的心理活动中占据一定的位置，不会轻易消失；二是指功能上的固着，只要它存在就要发挥作用。我国有类似的俗语揭示："一朝被蛇咬，十年怕井绳。"但公众的心理定势并非是固定不变的，当它受到情境特征、近期经验和时代潮流的影响后是会发生变化的。

第三，心理定势具有规范性。公众心理定势是人们对某一自然现象或社会事物的共同反应和原则，带有一定程度的规范性。比如：欢度春节的方式，是我国传统社会习俗所形成的心理定势，人们在这个时候总是要贴春联、吃饺子、合家团聚、拜年等。这种心理定势具有普遍的制约力、规范着人们的心理和行为。

第四，心理定势具有综合性。心理定势是认知、情感、行为倾向等心理过程中受到心理因素综合作用的合成，而不仅仅是认知领域中的独有现象。"一朝被蛇咬，十年怕井绳"既反映认知上的心理定势，又具有强烈的感情色彩，同时也反映了其"怕井绳"的行为倾向。

也正是因为心理定势具有综合性，所以它才不容易被改变，所以才会固执地驱导着人们的行为。

2. 公众心理定势公共关系的作用

在日常生活和公关活动中，心理定势主要通过以下三种方式对人的行为活动产生影响。

首先，它通过人的自觉习惯起作用。当人们遇到问题的时候，人们往往根据自己已有的记忆、感觉、知觉来判断目前事物，得出"这种事情想都不用想，肯定是……"，从而对当前问题作出反应。

其次，它以先入为主的观念影响人。即人们总是以一种习惯模式进行思考的时候，往往会不自觉地歪曲客观信息，发生认知偏差。比如，在2001年之前，商务通绝佳的品牌命名与密集的广告攻势给人们留下根深蒂固的印象，即"掌上电脑＝商务通"，买商务用掌上电脑时只会联想到商务通。后来，名人以降价冲击商务通，引发传媒排浪式报到，消费者这才明白有商务功能的掌上电脑除了商务通外其他品牌也会生产。

最后，心理定势通过情绪和心境来制约人的心理行为。特定的情绪和心境不仅仅使情绪主体产生特定的自我体验，而且还会通过它的心理活动和行为投射到其发生关系的人或事上。这种情绪和心境一旦与环境相适应，还会继续产生，从而使人的活动带上一种主观情绪色彩。

心理定势既是不可回避的，又是不可离开的，它是人们巩固和保持正常的生活、认识新问题和解决新问题的动力。由于心理定势是一种固定化的心理状态，公关活动必须顺应公众心理定势的指向并因势利导，才能便于公关活动的展开，并收到良好的效果。

3. 公众心理定势的基本形态

公众的心理定势是在其社会化的进程中形成的，公众心理定势的特征决定了公众心理定势不只是一种个体心理现象，也是一种群体的心理现象（比如男性群体的心理定势、女性群体的心理定势等）；它不仅表现为人的社会认知，而且还表现为人的认知、情感、意志、行为的综合统一。心理定势的几种基本形态如下。

（1）首因效应。首因即首次或最先的印象，即我们现实生活中所说的第一印象。在社会心理学中，首因效应指的是在社会认知的过程中，最先的印象对人的认知具有极其重要的影响。如某人在初次会面时给人留下了良好的印象；社会组织举开业庆典活动给公众留下美好的第一印象；企业新产品进入市场第一次亮相举行新品发布会等。这种印象就会在很长一段时间内影响人们对其以后的一系列心理与行为特征的解释。由于首因效应的存在，使得人们对他人的社会认知往往表现出以点概面、以偏概全的倾向，即当人们刚刚获取了有关他人很少量的信息，就力图对他人的另外一些特征进行推理和判断。

（2）近因效应。近因效应即最后的印象。近因效应指最后的印象对人的认知所具有的重要影响。在社会知觉中既存在首因效应，又存在近因效应。那么，如何解释这种似乎矛盾的现象？换言之，究竟何种情况下首因效应起作用，何种情况下近因效应起作用？社会心理学家进行了多种解释。具体说来有以下几种看法：在关于某人的两种信息连续被人感知时，人们往往对前一种印象较深，即此时起作用的是首因效应；而在关于某人的两种信息断续被人感知时，人们则往往相信后一种，并对之印象深刻，即此时起作用的是近因效应。认知者在与陌生人交往时，首因效应起较大作用；而认知者与熟人交往时，近因效应起较大作用。首因效应和近因效应究竟何者起作用，取决于认知主体的价值选择和价值评价。

（3）晕轮效应。晕轮效应又称"光环效应"，是指当认知者对对象的某种特征形成好的或坏的印象之后，人们还倾向于据此推论该对象其他方面的特征。就像是刮风天气之前，晚间月亮周围的晕轮是月光的扩大化或泛化一样，所以称之为晕轮效应。在对人的认知中，出于晕轮效应，一个人的优点一旦被光圈夸大，其缺点也就隐退到光的背后被遮挡住了。

（4）刻板印象。人们的社会认知偏差不仅发生在对个人的认知中，也发生在对一类人或一群人的认知中。社会刻板印象就是指对某个社会群体形成的一种概括而固定的看法，这种看法往往被用作判断和评价其人格的标准。一般来说，生活在同一地域或同一社会文化背景中的人，总会表现出许多心理与行为方面的相似性。如同一个民族和一个国家的人有大致相同的风俗习惯、性格特征和行为方式，职业、年龄、性别、党派一样的人，在思想、观念和行为等方面也较为接近。这些相似的人格特点被概括地反映到人们的认知当中，并被固定化，便产生社会刻板印象。人们的社会刻板印象一般经过两条途径形成。

其一是直接与某些人或某些群体接触，然后将某些人格特点加以概括化和固定化。

其二是依据间接的资料形成，即通过他人的介绍、大众传播媒介的描述而获得。大多数刻板印象是通过后一条途径形成的。

在现实生活中，刻板印象容易导致成见。性别歧视和种族主义就是分别从性别角色刻板印象和国民刻板印象发展而来的。比如，广告人常将我国台湾地区的"父亲节"广告列为广告艺术的精品。广告画面是三双鞋，一双是爸爸的，又厚又脏；一双是妈妈的，非常秀气，靠在爸爸的鞋上。其广告语是："挣钱的爸爸不能倒，父亲节祝爸爸健康。"但是，从女性意识来看这则广告，则是典型的女性刻板印象——依赖男性的角色。

由于社会刻板印象的固定化和功能的双面性，就公关活动来说，必须知道这种刻板印象的特点、作用和性质，并采取正确的态度对待它。

任务训练

案例分析

别克凯越征服公众心理的情景剧

在别克凯越的新品发布会，上海通用汽车有限公司（简称"上海通用"）以情景剧的手法将别克凯越从幕后开向了台前，使别克凯越新车从一上市就出尽风头，引人瞩目。情景剧按不同时代分为四幕，表现了一个反映人与车关系的故事：梦想买车；即将买车；暂不买车；最终买车。故事有抑有扬，有积累有爆发，从情节上就抓住了观众心理。

第一幕：1994年，当中国轿车开始逐步涉入寻常百姓家的时候，主人公丁锐刚刚参加工作，并且只是普通职员。但此时的丁锐非常梦想有自己的汽车，并对妻子许下买车的诺言。而当时，市场上可供选择的车型是很有限的。

第二幕：随着时间的推移，丁锐荣升为主管进而成为部门经理，而且也具备了一定的经济基础。此时丁锐买车的计划却搁浅了，原因是市场上并未出现与其身份地位相匹配的车型。

第三幕：2002年，中国汽车市场着实火了一把，但仍然没有什么汽车打动丁锐的心。

第四幕：直到别克凯越出现，丁锐重新燃起了购车热情。而此时的丁锐在公司中已经担任中层经理，事业稳步发展。

整个剧情的发展在前几部分并没有出现别克凯越，只是把不同阶段的丁锐对轿车的需求和渴望及认识表现了出来。丁锐在工作中不断向前发展，并得到了晋升机会，这本身就是一种前进动力的表现。这种借喻的手法其实暗示了别克凯越的品位，是永远追求向上的。

思考与讨论：

1. 请用马斯洛的需要层次理论分析别克凯越抓住了顾客丁锐的哪些心理，如何满足？
2. 在别克凯越的新品发布会，上海通用以情景剧的手法将别克凯越从幕后开向了台前，使别克凯越新车从一上市就出尽风头，引人瞩目。请问这是心理定势中哪一种效应？
3. 请谈谈公众心理分析的重要性。

回顾总结

本任务主要学习了公共关系客体——公众的概念、特征、类型以及公众心理及行为分析，重点掌握公众的类型与心理行为分析，提高公关活动针对性和高效性。

课后实践

一、判断题

1. 现在公众的形成时期是开展公共关系工作的最佳时机。（   ）
2. 组织所面对的公众是永远不变的。（   ）
3. 公众舆论在公共关系过程中是一个确定不变的因素。（   ）
4. 知晓公众是由行动公众发展而来。（   ）
5. 流言就是指导没有根据虚假的信息。（   ）
6. 边缘公众是对组织持中间态度或意向不明朗的公众群体。（   ）
7. 价值观决定了人们行为的方向和能达到的程度，即决定了人们向往什么、追求什么、喜欢什么、推崇什么。（   ）
8. 从众心理是指在社会团体的压力下，个人不愿意因为与众不同而感到孤立，从而放弃自己的意见，采取与团体中多数人相一致的行为，以获得安全感、认同感和归属感。（   ）

二、单项选择题

1. 在按照公众的态度对公众进行分类时，组织最希望（   ）的态度得到根本性的转变。
   A．顺意公众   B．逆意公众   C．边缘公众   D．独立公众
2. （   ）是知晓公众发展的结果。
   A．行动公众   B．内部公众   C．社区公众的认可和支持   D．潜在公众
3. 根据关系的稳定程度，可以把公众分为（   ）。
   A．首要公众和次要公众
   B．顺意公众、逆意公众和边缘公众
   C．受欢迎公众、不受欢迎公众和被追求公众
   D．临时公众、周期公众和稳定公众
4. 搞好（   ）是整个公共关系协调工作的基础和起点。
   A．外部公共关系   B．内部公共关系
   C．企业和政府关系   D．外部公众和企业的关系
5. （   ）是社会组织的细胞。
   A．政府   B．公众   C．干部   D．员工
6. （   ）是组织成功的源泉和内因。
   A．股东关系的协调   B．员工关系协调

C. 股东与员工关系的协调　　　　D. 组织与媒体的关系

三、多项选择题

1. 按公众的组织结构分类,可将公众分为（　　）。
   A. 个体公众　　　B. 组织公众　　　C. 内部公众　　　D. 外部公众
2. 根据公众发展过程不同阶段的特点分类,可以将公众分成（　　）。
   A. 非公众　　　　B. 潜在公众
   C. 知晓公众　　　D. 行动公众
3. 分析公众的心理主要从（　　）方面进行。
   A. 需要　　　　　B. 动机　　　　　C. 态度　　　　　D. 心理定势
   E. 流行　　　　　F. 流言　　　　　G. 舆论
4. 公众的心理定势主要包括（　　）。
   A. 首因效应　　　B. 近因效应　　　C. 晕轮效应　　　D. 刻板印象

蓄力职场

社会组织应重视公众,公关人员也应重视自己的工作对象,在开展公关活动时要及时分析目标公众的心理及行为,提高公关活动的针对性和实效性,为进一步提高公关的职业素养与专业能力,建立同学们阅读心理学方面的相关书籍。

3.3 公共关系手段——传播

离开了传播,公众无从了解组织,组织也无从了解公众。如果我们把社会组织看作公共关系工作的主体,把公众看作公共关系工作的客体,传播就是二者之间相互联系的纽带和桥梁。组织与公众的沟通,在很大程度上依靠信息传播,组织与公众之间的误解,也往往是由于信息不畅造成的。因此,一个社会组织不但要有明确的目标、符合公众利益的政策和措施,还要充分利用传播手段开展公关活动,赢得公众的好感和舆论的支持,获得良好的经济效益和社会效益。

一、公共关系传播的定义

公共关系传播,是指一个社会组织为了提高自身的认知度、美誉度、和谐度,树立组织良好的形象,借助报纸、广播、电视等大众传播媒介,辅之以人际传播的手段,向其内部及外部公众传递有关组织各方面信息的过程。公共关系本质上是一种传播活动。公共关系的过程是组织主体与公众客体之间的一种信息传播活动和信息交流的过程。这个定义至少包括三个方面的内容。

① 公共关系传播的主体是组织,不是专门的信息传播机构。
② 公共关系传播的客体由两部分组成:一部分是组织内部公众;另一部分是组织外部公众。
③ 公共关系传播以大众传播媒介作为主要手段,以人际传播作为辅助手段。

二、公共关系传播的基本要素

1. 公共关系传播者

公共关系传播者是组织信息的采集、发布者,是代表组织行使传播职能的人。在我国政治组织中，该角色一般由党和国家的新闻发布机构、新闻发布人以及各级党和政府的新闻、宣传部门担任（在其他一些国家还包括政府中的公共关系人员）；在各种福利组织和营利性组织中，该角色由组织内部的宣传部门、公共关系部门或宣传人员、公共关系人员担任。

公共关系传播者是公共关系的主体，因为它是构成传播过程的主导因素。在协调公众关系、改善周围环境的过程中，在树立自身形象、提高信誉的过程中，在沟通内外联系、谋求支持与合作的过程中，公共关系传播者都居于主导地位，起着控制者与组织者的作用。它的任务，是将外部的信息传达给组织内部公众，将有关组织的信息发布出去，传递到目标公众那里。

2. 公共关系传播内容

公共关系传播内容是指传播者发出的有关组织的所有信息。它大体上可以分为以下两类。

（1）告知性内容。即向公众介绍有关组织的情况，它的目标、宗旨、方针、经营思想、产品和服务质量等。在信息传播过程中，告知性内容往往以动态消息或专题报道的形式出现。前者是关于组织新近发生的某一事件的基本事实的描述，通常包括五个"W"，比如关于商店开业、展览会闭幕、新产品面世、超额完成产值等情况的报道；后者是对事件全景或某一侧面进行的放大式描述，它不但包含五个"W"，而且包括对基本事实具体情节的勾勒。例如介绍新产品的设计过程、制作工艺、用途、专家鉴定情况等。

（2）劝导性的内容。即号召公众响应一项决议，呼吁公众参与一项社会公益活动，或者劝说人们购买某一种牌子的商品。在利用大众传媒进行宣传的过程中，政党、政府及其他非营利性组织发布的劝导性的内容，往往以社论、评论、倡议书的形式出现，而营利性组织发布的此类内容，则多以商业广告的形式出现。

3. 公共关系传播渠道

所谓传播渠道，是指信息流通的载体，也称媒介或工具。人们通常把用于传播的工具统称为传播媒介，而把公共关系活动中使用的传播媒介称之为公共关系媒介。可供公关人员利用的传播媒介有两种：一种是大众传播媒介，另一种是人际传播手段。具体来说，公共关系传播媒介是各种各样、丰富多彩的。常见的有语言媒介，如演讲与报告、会议与会谈、谈判与对话、电话等；有文字媒介，如报纸与杂志、书籍与纪念刊、海报与传单、组织名片与函件等；有电子媒介，如广播、电视、录音、录像、幻灯和电影等；有图像标识，诸如摄影与图片、商标与徽记、门面与包装、代表色等；此外还有非语言传播媒介，如表情、体态、目光等。

我们也可以把公共关系媒介分为基本媒介和综合媒介两种。所谓基本媒介，主要包括人与人之间的传播、广播、电视、印刷品、摄影作品、电影等；综合媒介则包括与新闻界的联络、特别节目、展览、会议等。显然，所谓综合媒介是各种基本媒介的集大成。

4. 公共关系目标公众

目标公众（即组织外部公众）是指那些与组织有着某种利益关系的特定公众。它们是大众传播受传者中的一部分，是组织意欲影响的重点对象。这类公众的特点是：

第一，目标公众是有一定范围的，是具体的、可知的，也是相对稳定的，即每个组织都有自己的特定公众；

第二，公众是复杂的，尽管某些个人由于某种共同性构成了某一组织的公众，但他们之间还是有着明显的差异；

第三，公众趋向集合，党组织与公众之间的利益关系变得突出时，原来松散的公众集合体就会趋于集中，显示出它特有的集体力量；

第四，公众是变化的，党组织与公众之间的利益关系结束了，这一类公众就不复为该组织的公众。

5. 公共关系传播效果

公共关系传播效果，是指目标公众对信息传播的反应，也是公共关系人员对传播对象的影响程度。人们对传播效果的研究经历了半个多世纪的历程，先是提出"传播万能论"，继而提出"有限效果论"（以"两级传播"为主要内容），后来又由"两级传播模式"发展为"多极传播模式"。传播效果理论的演变告诉我们，大众传播媒介固然能够改变受众原有的观念，但其效果不是无限的。在实际工作中，公共关系人员不能把大众传播媒介作为唯一的手段；而应当将它与人际传播、组织传播等多种方式结合起来，以便收到更好的效果。同时，受众的被动地位是相对的，他们对信息的注意、理解和记忆都是有选择的。公共关系人员可以通过各种调查手段（如观察、访问、文献分析、抽样调查等）了解公众对信息的接受程度，因此才能做到知己知彼，百战不殆。此外，在信息传播过程中，还要重视专家、学者、社会名流等"意见领袖"的中转作用，设法通过他们影响公众。

任务训练

案例分析

"三高"为中国申奥放歌

2001年6月23日晚，昔日皇家禁苑中乐声翩翩、弦歌阵阵。世界著名三大男高音歌唱家（简称"三高"）在紫禁城午门广场联袂演出，在"6·23国际奥林匹克日"掀起北京申奥活动的高潮。国务院副总理李岚清和数万热情的中外观众一同欣赏了这一精彩的演出。

当晚三位"歌剧之王"身着黑色燕尾服，神采奕奕地站在紫梦城的古老红墙之间的舞台上。他们演唱了近三十首脍炙人口的歌剧选段或歌曲，从卡雷拉斯的《我知道这个花园》、多明戈的《星光灿烂》，到帕瓦罗蒂的《今夜无人入睡》，宏亮且有穿透力的歌声，赢得了在场三万名观众的热烈掌声。昔日这里钟鼓齐鸣，如今西方歌剧在这里唱响；昔日皇帝曾在这里议政，如今三位西方音乐大师在这里纵情高歌。东方建筑的神韵与西方艺术经典在这里得到了完美的交融，古老的紫禁城在一个充满激情的夜晚被唤醒，改革开放的中国以一场东西文化交融的音乐盛会，向世界展示他们积极走向世界的宽阔胸怀。紫禁城午门广场，"歌剧之王"帕瓦罗蒂、多明戈和卡雷拉斯倾情演绎音乐盛典，取得了空前的成功，音乐会电视可直接覆盖全球110多个国家和地区的33亿观众。

思考与讨论：

1. 案例中的"三高"是属于什么类型的公众？
2. 作为社会组织，如何利用这种类型的公众提高知名度和美誉度？

回顾总结

本任务主要学习了公共关系手段——传播的定义、构成要素、模式和基本类型，重点学习了大众传播媒介听主要类型，了解各类型的优缺点，为公关策划方案拟定媒介选择打下了良好的基础。

课后实践

一、单项选择题
1.（　　）已经成为人类使用最多、作用最大的一种传播形式。
A．自我传播　　　B．人际传播　　　C．组织传播　　　D．大众传播
2．四大电子媒介在公共关系传播中发挥作用最大的是（　　）。
A．电脑互联网　　B．电影与录像　　C．广播　　　　　D．电视

二、多项选择题
1．人类的传播可分为哪几种基本的类型（　　）。
A．自我传播　　　B．人际传播　　　C．组织传播　　　D．大众传播
2．公共关系传播的功能具体表现在（　　）。
A．引导公众行为的功能　　　　　　B．影响和改变公众态度的功能
C．反馈信息的功能　　　　　　　　D．传递信息的功能
3．从信息载体的物质形式来划分，我们可以将公共关系传播的媒介分为（　　）。
A．人体媒介　　　B．印刷媒介　　　C．电子媒介　　　D．实物媒介

三、简答题
1．简述公共关系传播的构成要素。
2．简述大众传播媒介的主要类型及每一类型的优缺点。

蓄力职场

身为公关人员应牢记"做好事要留名"，要及时将社会组织的一切好事（信息）通过大众传播媒介向内外部公众进行传播，让公众了解社会组织，增加社会组织的透明度，获得公众的信任。

项目 4
公共关系从业人员与组织机构

学有所获

通过完成本项目,学生应该掌握如下知识点:
1. 理解、掌握公共关系从业人员应具备的素质与能力;
2. 理解公关部的作用、设置类型及优缺点;
3. 理解公关公司的作用、类型及优缺点;
4. 了解公关社团的概念与作用。

案例导入

难伺候的客人

某家宾馆,一次来了几位美国客人,或许是不了解中国,或许是抱有偏见,他们对宾馆的客房设备和饭菜质量,都过于挑剔。在 5 天的住宿时间内,他们几乎每天都打电话给宾馆的公关部反映问题。开始该公关部的某接待人员还能够心平气和地倾听他们的意见,并给予回答和解释。可是在随后接二连三的电话和毫不客气的指责下,她终于耐不住性子了。当几位客人要离开宾馆回国时,他们又拿起了电话打给公关部,说:"我们这几天要求您解决的问题,您一件也没能解决,真是太遗憾了。"听了这话,这位接待人员反唇相讥:"倘若你们以后再来中国,请到别的宾馆试一试!"于是一场激烈的舌战在电话里爆发了。当美国客人离开宾馆后,客房服务员在他们住过的房间写字台上发现了一张纸条,上面用英文写着:"世界第一差"。

【思考-讨论-训练】
1. 美国客人的评价与公关人员的态度有什么关系?
2. 通过对于本案例的阅读,你认为公关人员必须具备哪些素质和能力?
3. 该事件发生后,宾馆应该如何做才能挽回影响,以利于企业进一步发展?(请制定方案,写出措施及实施步骤。)

知识导航

4.1 公共关系从业人员

公共关系人员,从狭义上讲,是指从事公共关系职业的专职人员。1999 年,我国劳动与社会保障部为公共关系人员下的定义是:专门从事组织机构公众信息传播、关系协调与形象管理事务的调查、咨询、策划和实施的人员。从广义上讲,凡从事公共关系理论研究、教学活动和公共关系实际工作的人员,都是公共关系人员。

一、公共关系从业人员基本素质

由于公共关系职业化的发展，公共关系活动自身对公共关系从业人员的基本素质提出了越来越高的要求，伴随着这种要求，如何培养和提高公共关系人员的职业素质也就成为一个重要的问题。加之公共关系工作涉及知识面广，公共关系行业竞争日益激烈，这就对公共关系从业的人员技能方面提出了更高的要求。素质是人的心理发展和生理条件的综合体。既有先天因素，也有后天因素。如人的心理、性格、才华学识、气质风度等都是基本素质。它在人的生活、工作及学习中会自觉或不自觉地起作用。

公共关系从业人员的素质，首先应该是一种现代人的全面发展的综合素质。如现代人的思维方式、现代人的知识结构、现代人的观念意识等。其次应该结合公共关系职业的特点，指以公共关系意识为核心，以良好的心理为基础，以综合的公共关系专业知识结构为表现形式的一种整体职业素质。我们从公关意识、心理素质、知识结构三方面论述公共关系从业人员的基本素质。

1. 公共关系从业人员的公关意识

所谓公共关系意识就是将公共关系原则内化为内在习惯和行为规范。它是一种现代经营管理思想、观念和原则，它是公共关系实践在人们思维中的反映。公共关系意识是公共关系人员应具备的基本素质的核心。公共关系意识主要包括以下几个方面的内容。

（1）形象意识。形象意识是公共关系意识中的核心意识。公共关系的所有目的和真谛就是树立组织的良好形象，为组织积聚无形资产。虽然国内外学者对公共关系的定义多种多样，但有一点是达成共识的，即公共关系就是塑造形象的艺术。只有具备形象意识的人，才能深刻认识到知名度与美誉度对自己组织和发展的价值。

（2）公众意识。公众是公共关系工作的对象，是公共关系的客体。为公众服务是组织的基本方针，组织因公众而存在，因公众而发展，离开了公众，组织也就失去了发展的基础。要自觉为公众服务，必须充分了解、理解和信任公众。同时必须抱着为公众负责的精神，并把它作为自己的主要职责。美国公关专家爱德华·伯纳斯早在1923年就指出：公共关系工作就是为了"赢得公众的赞同""公共关系应首先服务于公众利益"。

（3）沟通意识。任何一个社会组织要开展公共关系工作，都必须与公众互相沟通思想，交流信息。这种沟通是双向的，既有传播，又有反馈。沟通是架起组织与公众之间的桥梁。

（4）危机意识。危机意识是对组织的形象和社会公众关系能否保持和谐的忧患意识。在现代社会中，危机无处不在。引起危机的原因各种各样，使社会组织防不胜防。但大体可分为两大类：一类是由于不可控因素造成的危机，比如人为的破坏、天灾人祸、媒体的不实报道等；另一类是可控因素造成的危机，比如管理不当、法律意识淡漠、欺骗公众等。对前者，当"山雨欲来风满楼"时，应及时应变，将危机化解；对后者，应加强管理，防患于未然。

（5）创新意识。创新是公共关系活动的活力所在。公共关系工作从来就不是一成不变的，它要求勇于实践，勇于创新，要求公共关系人员具有一定的创新意识。创新意识集中反映和体现了公共关系的创造性这一本质特征。

2. 公共关系从业人员的心理素质

心理素质指的是健全的人格、良好的心态、健康的心理，这是公关人员做好公关工作的必要条件。心理素质是职业素质的基础，根据公关工作的特点，公关人员应该具有以下几个方面的心理素质。

（1）开放的心理。公共关系工作具有开放性的特点，因此要求公关人员以一种开放的心理适应这一工作特点。具有开放心理的人，往往具有旺盛的求知欲与好奇心，能不断接受新事物、新观念和新知识，敢于大胆创新；会以开放的意识，积极传播社会组织的相关信息，树立社会组织的良好形象；会经常主动与公众沟通，协调与公众的关系。

（2）自信的心理。自信就是相信自己。充满自信的公关人员，在工作中会敢于面对挑战，追求卓越。公关人员的自信心来自于自己的实力，在工作中表现出游刃有余。所以这就要求公关人员不断地学习、实践，提高自己的工作能力和综合素质。但自信是与自负有区别的：自信反映的是对困难的藐视，是一种进取的人生态度；而自负是一种盲目自大，对自己经常过高估计，表现出盛气凌人、目空一切。公关人员应该保持自信的心理，切不可盲目自负。

（3）热情的心理。公关工作是一项具有高度挑战性的工作，公关人员又要经常与各类公众打交道，因之，要求公关人员具有过硬的心理素质，要对工作充满热情，对公众充满热情，这样才能全身心地投入工作中去，在交往中赢得公众的喜爱。缺乏热情的人，对工作不冷不热，对公众冷冰冰，是很难被公众所接受的。

总之，公关人员最佳的心理表现为：乐于并善于与人交往，心气平和，充满自信而不自负，待人友善热情而不是天真，以魅力吸引公众，展示公关人员的良好形象，以利于公关工作的开展。

3. 公共关系人员的知识结构

公共关系工作头绪繁多，涉及面广，要求工作人员具有广博的知识，做一个"通才—专才"型人才和"杂家"。但现代社会科学技术突飞猛进，知识更新速度加快，一个人毕其一生，所学也极为有限，因此，具有怎样合理的知识结构，才能适应实际工作的需要，就成为重要的问题。公共关系人员的知识由以下几方面构成。

（1）专业知识。公共关系专业理论知识包括公共关系学、公关心理学、传播学、公共关系实务等。

（2）辅助知识。主要指写作、摄影、谈判、演讲、外语、礼仪、编辑等有关知识。

（3）相关学科知识。包括管理学、市场营销学、组织行为学、美学、心理学等。

二、公共关系从业人员的基本技能

知识是能力的基础，但不等于能力。能力是可以胜任某项工作的主观条件。公共关系是一项实际操作能力很强的工作。1999年，国家劳动与社会保障部提出公共关系的职业能力特征是：较强的口头与书面语言表达能力；协调沟通组织内外公众的能力；调查、咨询、策划和组织公关活动的能力。公共关系人员的基本能力，大致可以概括为以下五个方面的能力。

1. 表达能力

表达能力包括书面表达能力和口头表达能力，"能说会写"是公共关系从业人员的基本能力。公关人员担负着对内外传播的任务，要撰写新闻稿件、演讲稿、咨询方案、起草活动方案、编写刊物，这些都要求具有一定的文字功底。口头表达方式是最便捷的沟通手段，古人云："一人之辨，重于九鼎之宝，三寸之舌，强于百万之师。"从事公共关系工作，要与各类公众打交道，要求公关人员能清晰无误地传播信息，和公众进行言语沟通。

2. 交际能力

交际能力是指通过人际交往传递信息、增加了解、强化感情的能力。缺乏人际交往能力的人，往往在工作和生活中诸事不顺，困难重重。公共关系人员是社会组织的代言人，是组织形象的体现者，肩负着沟通公众、树立形象的重任，只有具备一定的社交能力，才能立于不败之地。社交能力是各方面能力的综合体现，如推销本组织的能力，与人相处的能力，吸引、改变、影响他人的能力，还包括通晓并遵守社交场合的礼仪规范能力。

3. 组织能力

组织能力是指有计划、有步骤、有目的地开展和完成某项具体活动的能力。一个活动的完成包括调查、策划、组织人力、物力以及进程把握等环节，这是对公共关系人员组织能力的检验。公共关系活动往往和组织活动分不开，如各类庆典活动、组织新闻发布会、新产品推广等。公关人员要自始至终合理统筹、合理安排，圆满完成组织活动的任务。

4. 应变能力

应变能力是指应付突发情况的能力。世界上任何事物都处在千变万化之中，公关工作莫不如此。公共关系人员会经常遇到一些突发事件，公关人员必须在突发事件中处乱不惊，具备紧急应变的能力，这就要求公关人员必须具有驾驭环境、坦然应变的能力。

5. 创新能力

创新能力是指公关人员在公共关系工作中具有创新的思维，工作内容创新，手段创新。任何一种公共关系工作都要求公关人员充分发挥思维创造能力，设计出具有新意的公共关系活动，以吸引公众，激发公众的兴趣，使公关工作富有新意。

三、公共关系从业人员的职业道德

道德是一种社会意识形态，是人们调整自身及相互关系的思想意识和行为准则。一个社会要有一个社会的基本道德，一个行业也要有一个行业的道德准则。公关工作也必须具有一定的职业道德，以约束公关人员的工作过程，规范其职业行为。

早在1923年，美国公共关系学专家爱德华·伯纳斯就在他的第一本公共关系著作中提出了公关从业人员的职业道德问题。此后，各国的公关协会、国际公关协会，制定了公共关系的职业道德和行为准则。在众多的职业准则中，以《国际公共关系道德准则》的影响最大。我国也制定了相关的职业道德准则。

1. 公共关系从业人员的道德

公关工作的性质决定了公关人员必须具备良好的道德品质，原因如下。一方面，公关工作是塑造良好形象的工作，这就要求塑造形象的人首先自己要有良好的形象。一个道德品质低下的人，是没有资格从事公关工作的。许多国家的公关协会，在各自的会章中都非常强调公关工作人员必须具有优良的品德。另一方面，公关工作的对象是公众，在和公众交往中难免受到不良的影响和金钱的侵蚀，这就要求公关人员自身要有良好的品德。

公关人员的"德"主要包括以下几个方面。①高度的社会责任感。即考虑问题时，不仅要重视所在组织的利益，而且还要重视公众利益，对整个社会负责。②公正。对于自己所服务的社会公众要一视同仁，平等相待，不能厚此薄彼。③与人为善，诚恳待人，守信用，不谋私利，作风正派。④埋头苦干，有奉献精神。公关人员在工作中，要不怕困难，知难而进，有为公关事业献身的精神，这样，才能克服工作中的重重困难，在公关事业上有所建树。⑤知法、守法、用法。公关人员要知法、守法，还要懂得运用法律保护组织的权益。除具有法律意识外，还应在遇到有违法乱纪的行为时，能勇敢地站出来予以揭露、控告或制止，决不能听之任之，更不能同流合污、知法犯法。

2. 公共关系职业准则

在所有的公关道德准则中，《国际公共关系道德准则》无疑是影响最大的。很多国家直接采用此准则,或以此为范本制定自己的职业道德准则。长期以来,国际公共关系协会致力推动各国公共关系工作职业化和规范化。该协会的第一个《国际公共关系道德准则》(即《雅典准则》)于 1965 年 5 月推出,其后多次进行修订,形成了现在的《国际公共关系道德准则》。

任务训练

测测你的公关能力

良好的公关能力是现代社会生活中人的重要素质之一。下面设计了各种环境中的对话,每种回答都标有不同的分值,做完后将总分值与结果对照,可以预知你的公关能力。

1. 在公共汽车站牌前,因人多而没有挤上去,你的朋友说:"等一会儿再上吧!"你回答:
   a. "老是这样,会一直乘不上车的!"
   b. "是的,再等等下一班车吧。"
   c. "高峰期总是这样,真讨厌!"
2. 在公共汽车上,由于人多互相拥挤,有人对你说:"不要挤!"你回答:
   a. "人多,没办法!请你向前靠些吧!"
   b. "对不起!"
   c. "真是的,我也不想挤!"
3. 与恋人约会时,恋人因来晚了而对你说:"哟,我来迟了。"你作何回答?
   a. "真不礼貌!稀里糊涂的。"
   b. "不必介意!不必介意!"
   c. "你是我喜爱的人嘛!"
4. 在家中,妈妈说:"你为什么混得这样差,是怎么回事?"你回答:
   a. "妈妈的孩子呗,没办法!"
   b. "对不起!我已做了努力。"
   c. "下次会让你高兴的。"
5. 在学校,当你和同学们一起议论另一个同学时,其中一位同学说:"他又碰钉子了。"你接着说:
   a. "那家伙差劲!真差劲!"
   b. "撒谎!是真的吗?"
   c. "真可怜!"

以上选择选 a 得 1 分,选 b 得 2 分,选 c 得 3 分。

0～3 分:公关能力很不理想。在公共场合,常常带有强烈的攻击性,碰到不顺心的事,就立即发怒。如果不加以改善,不适合群体性工作。

4～8 分:具有很强的公关意识和公关能力,遇事能够仔细考虑他人情绪和周围环境。即使讨厌的事情,如有必要,也能够控制住自己的感情去适应环境。需要防止的是:过于冷静,以致淡漠处世,丧失个性,失去自我发展的机会。

9～15 分:对自己的好恶不太外露,但在行动上给人以唯我独尊的印象,不太考虑别人的情绪，不善于理解别人的行动。因此，你要注意把自己放在大环境中去生活，并且适应环境。

回顾总结

本任务主要学习了公共关系从业人员的概念、基本素质与能力，还重点学习了公共关系从业人员应具备的职业道德内容，希望同学们通过自己的努力做一个优秀的公共关系从业人员。

课后实践

一、判断题

1．一个优秀的公共关系从业应该具备良好的心理素质与能力素质。（   ）
2．虽说国家取消了很多从业资格证的考试，但你仍然可以通过自己的努力考取公关从业资格证。（   ）

二、多项选择题

1．公共关系从业人员应具备（   ）公关意识。
  A．形象意识　　　B．公众意识　　　C．沟通意识
  D．危机意识　　　E．创新意识
2．公共关系从业人员应具备（   ）心理素质。
  A．开放的心理　　B．自信的心理　　C．热情的心理
3．公共关系从业人员应具备（   ）基本能力。
  A．表达能力　　　B．交际能力　　　C．组织能力
  D．应变能力　　　E．创新能力
4．公关人员的"德"主要包括（   ）。
  A．高度的社会责任感　　　　　　　B．公正
  C．与人为善，诚恳待人，守信用，不谋私利，作风正派
  D．埋头苦干，有奉献精神　　　　　E．知法、守法、用法

蓄力职场

公关工作人员应通过不断的公关活动实践提高自己的公关能力，同学们也可以通过业余学习考取初级公关员证书，多一个证书也许多一条就业出路。

4.2 公关部

从公共关系实践和发展来看，我们将公共关系组织机构分为三大类，即组织内部公共关系部、专门性的公共关系公司和各种公共关系社团。

一、公关部的概念

公共关系部是社会组织根据一定的组织目标，为贯彻本组织公共关系思想、开展公共关系活动而设立的专业职能机构。在我国，星级酒店一般都设有专门的公关部，一些企业也有类似的公关部门，只是在名称上有差异，如公关广告部、公关信息部、公共事务部等。组织的公关部同组织内部的其他部门一样，是一个重要的职能部门。公关部在组织内充当的角色

为信息情报部、整体形象策划部、决策参谋部、宣传部、外交部。

二、公关部的作用

1. 公关部能促进企业战略的实现

（1）确立企业的战略地位。要确立企业的战略地位，就必须明白现时社会环境的状况，社会环境会受到不同因素影响，对此需要调查和研究，这就是公关部应负的责任。

（2）增强企业员工的群体意识，提高企业员工的士气。士气就是员工的精神状态，高昂的士气对员工来说是很重要的，它能使员工每天的工作充满快乐。员工的高昂士气对企业来说也极为重要，因为高昂的士气会带来高质量的产品和令人满意的劳动生产率，良好的内部公关正是公关部的职责之一。

（3）提高员工素质。员工素质是企业决定性的因素，提高员工质素主要是靠教育，教育引导企业内部的全体成员建立公关策划意识，使全体员工将公关意识融入到日常的言行中，成为习惯和行为规范，这会直接影响到企业的形象和经济效益。教育职能是公关部的职能之一。

2. 公关部能为产品销售铺路架桥

产品销售是任何一个生产型或经营型的企业的经常性活动，在产品销售上，公关部的作用为：

（1）新产品投放市场时开展公关活动，使顾客了解基础上产生购买的欲望和行为；

（2）现有产品的销售也存在扩大市场的问题，扩大市场也离不开公关，它帮助提升品牌知名度和关注度，树立良好的企业形象，建立良好的公共关系，促进企业的长期发展。

3. 公关部能为企业决策起参谋作用

公关部是资料储存中心，搜集、储存和处理同企业密切相关的社会信息；公关部是信息发布中心，它是企业的喉舌，对外的信息就由它来发布。

公关负责人隶属于企业决策者，可以及时反映外界的信息、提供咨询和建议，准确地向外界和职工传递决策者的信息和意图，有效贯彻落实企业的公共关系思想和决策。

三、公关部的主要职责

企业的性质不同，公关部门的职责也不同。一般，公关部的职责体现在以下几点。

（1）代表企业接受顾客的投诉，建立企业和顾客间的相互了解、信任和支持的关系，树立良好的企业形象。

（2）加强信息传播工作，主动收集顾客的意见和反馈，及时向管理部门通报各种信息，协助管理部门制定经营决策，监督各业务部门的工作情况以及不断督促他们提高管理水平和服务质量。

（3）不断地向顾客传播"服务至上"的经营观念，组织开办有特色的服务项目和活动，积极联络社会各界公众，主动承办各类宣传活动。

（4）打造良好的商业环境，结合企业自身特点来规定公关活动的内容和做法，是企业成功开展公关活动的前提。

四、公关部设置的原则

一般说，公共关系部的设置应遵循如下原则。

1. 精简

所谓精简，一指人员要精干，人数不能过多；二指机构内部层次要少，不能因人设事，因人设职。最佳的机构，就是能完成所担负的任务而又最简单的机构。机构要精简，但不等于越简越好。人浮于事，互相牵制，固然影响工作效率，但过于精简，使人员负担过重，也难以完成任务。

2. 专业化

公共关系部是为实现组织公共关系目标而专门设置的工作机构，因此，要保持其专业性。它的专业性体现在：其一，工作内容的专业性。公共关系部门应集中精力努力实现组织的公共关系目标。其二，从业人员的专业化。公共关系人员必须要有强烈的公共关系意识，接受过专门的公共关系教育和培训，具备一定的专业水准和能力，具有良好的沟通能力、协调能力，积极开拓，锐意进取。

3. 服务性

公共关系部是为组织提供公共关系服务的职能机构，而不是权力机构或经济组织，所以，公共关系部门既不可变相地施行某种行政权力，也不能借某种名义从事各类经营活动。只有在思想上明确公共关系部的服务性质，才能使工作不偏离正确的轨道。

五、公关部的组织结构模式

公共关系部的组织结构模式是灵活多样的，常见的有以下几种。

1. 按工作方式分类

（1）按照公共关系工作过程设置公共关系部组织机构，如图 4-1 所示。

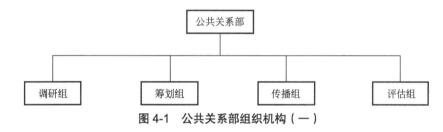

图 4-1　公共关系部组织机构（一）

（2）按照公共关系工作对象设置公共关系部组织机构，如图 4-2 所示。

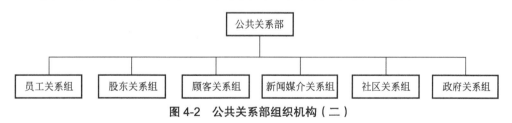

图 4-2　公共关系部组织机构（二）

（3）按照公共关系工作的工作区域设置公共关系部组织机构，如图 4-3 所示。

2. 按隶属关系分类

（1）总经理直接负责型。在这种组织结构模式中，公关经理直接向总经理报告工作，对总经理负责；也有的由最高领导（总经理）直接兼任公关经理。其组织结构如图 4-4 所示。

（2）部门并列型。在这种组织结构模式中，公共关系部是组织的一个二级职能部门，与人事部、生产部、财务部等业务部门处于并列地位，公关经理向其主管领导报告工作。其组织结构如图 4-5 所示。

（3）部门所属型。在这种组织结构模式中，公共关系部是组织的一个三级职能部门，由组织的一个二级部门领导。其组织结构如图4-6所示。

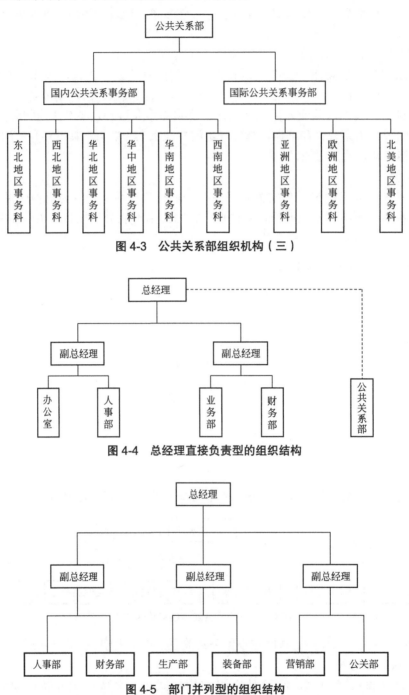

图4-3 公共关系部组织机构（三）

图4-4 总经理直接负责型的组织结构

图4-5 部门并列型的组织结构

（4）委员会型。在这种组织结构模式中，专门设置公共关系委员会，负责领导（公共关系委员会下再设置公共关系部，其地位与人事部、生产部、财务部等业务部门平等，公关经理向公共关系委员会报告工作）或直接处理（不再设置公共关系部）组织的公共关系事务。其组织结构如图4-7所示。

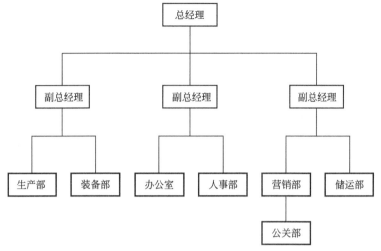

图 4-6 部门所属型的组织结构

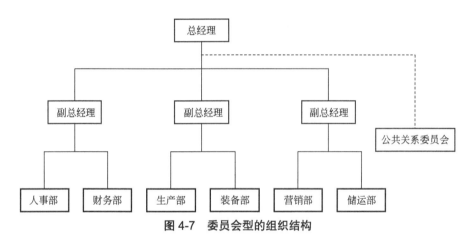

图 4-7 委员会型的组织结构

六、公关部的优势与劣势

1. 社会组织内设公关部的优势

（1）熟悉组织情况。公关部的工作人员都是组织成员，他们对组织内部的各种情况比较熟悉了解，尤其是对组织运营的特点和各种因素的相关程度了解得比较透彻，把握得比较准确。如：组织内各部门、各成员之间的关系及其在组织中所起的作用；谁是关键的人物；何处是关键性的环节；等等。同时，他们在组织内拥有良好的人际关系，能及时获取比较可靠的、新的信息。因此，在开展工作时，他们容易抓住存在问题的症结，可以对症下药，提高公关工作的有效性。

（2）能提供及时的公共关系服务。由于组织内的公关部对本单位情况比较了解，可以随时为组织的领导层提供业务咨询和建议。特别是在突发性的事件出现时，公关部就可以作出快速决定，并及时提出对策，发布新闻，协调关系。

（3）有利于保持公关工作的连续性和稳定性。公共关系工作是组织的一项长期而持久的工作，旧的矛盾解决了，新的矛盾又会产生。另外，为了使组织与公众之间的关系保持平衡与稳定状态，不断完善组织自身在公众心目中的良好的形象，创造有利于组织进一步发展的社会环境，仅开展一两项公关活动难以实现这个根本目标。而外请的或临时的公关人员，由于对组织或工作情况不熟悉，也很难保证工作的连续性和稳定性。

（4）有利于节约经费。在组织发展过程中，公关问题随处可见。有些重大的公关专项活动，组织可以委托公关公司或聘请公关专家来处理。但是，如果大量的、例行的事务性工作，都委托公司或专家解决，对组织来说将是一笔可观的开支，而公关部由于与所属组织在利益上的一致性，使其在开展各项活动与实施公关计划时，不仅要考虑公关工作的效果，同时还注意尽量节约经费，减少开支。

2. 社会组织内设公关部的劣势

（1）职责不明，负担过重。这是公关部最常见的不足之处。由于公关工作涉及面广，组织的领导很容易把许多"三不管"的问题交给公关部去办。有时还很容易把许多虽然属于公共关系范畴，但应由其他部门办的事情也交给公关部去办，影响正常工作的进行。

（2）看问题有时不够客观。公关部的人员在处理问题时，有时不够客观，容易受组织内的人际关系等因素的影响，如因人事、工资等方面受制于本单位，担心得罪领导，会违心地去迎合领导的意图，不如实报道情况；或出于对自己前途的考虑，可能掩盖问题的真相，不能客观地、实事求是地看待问题或处理问题。

（3）总费用可能比聘请公关公司多。这是因为公关部的工作人员都要占有一定的编制，组织除了需要长期支付工作人员的工资外，还需要购置大量的办公设备。

（4）有可能成为组织的一种负担。如果组织内公关部的建立不具备条件，而是为了赶时髦东拼西凑而成，或其工作人员缺少专业训练，难以胜任工作，或由于公关经理不具备领导素质，得不到领导部门的重视，难以开展工作。这样，公关部既占编制又浪费人力，就可能成为组织的一种负担。

任务训练

案例分析

公关在长城饭店

北京长城饭店是中国第一家中外合资的五星级饭店。这家饭店开业以来名声越来越响亮，尤其是在海外，知之者甚众。许多欧美客人来到北京指名要住长城饭店。它的生意兴旺除了得力于一流的设备和一流的服务外，还同它成功的公共关系活动密不可分。

一、这就是公共关系

长城饭店在成立之际就设立了公共关系部，招收和培训了一批高素质的公关人员，制定了一套公关活动流程和准则，把公关贯穿于饭店的各个环节。1984年初长城饭店试营业期间其公关部经理是美国的露西·布朗小姐。她为提高饭店的知名度可谓绞尽脑汁。当时人们对公关相当陌生，觉得很神秘。一次，有位服务员在打扫房间时，发现客人的床头摊放着一本书，她没有挪动书的位置，也没有信手把书合上，而是细心地在书摊开的地方夹进了一张小纸条以起书签作用。客人对服务员细致的服务倍加称赞，并将此事告诉了同来的几十名同事，告诉了她所认识的所有朋友。露西小姐以这件小事为例，告诉大家这就是公关活动。公关需要从细微处做起，所有饭店工作人员都应通过自己的一举一动体现公关意识，从各方面树立完美的形象。

二、里根总统的答谢宴会

1984年初,当获悉美国总统里根访华的消息后,长城饭店的经理和公关人员立即意识到这是一个难得的机会,美国总统如能光临长城饭店,将给后者带来极大的声誉,对饭店前途产生极大的影响。为了争取里根能在长城饭店举行答谢宴会,他们拟订了周密的计划并全力付诸实施。当时长城饭店还未全部竣工,服务设施不尽完善。公关部人员克服种种困难,夜以继日地做了大量准备工作。他们认为美国驻华使馆在这件事上无疑有极大的发言权,于是他们就邀请使馆官员到饭店作客,不厌其烦地带领美国驻华使馆的工作人员参观饭店,介绍设施与服务,听取他们对饭店设施、饮食、服务等方面的意见,并且抓紧时间一一改进。终于得到大使馆的支持,争取到了里根总统在长城饭店举行答谢宴会的机会。

里根总统访华时有400多位海外记者前来采访。长城饭店承揽了接待这些记者的工作并且努力为他们提供优质服务,使记者们对长城饭店拥有极好的印象。美国三大国家电视台CBS、NBC、ABC为及时发稿都在长城饭店选定了自己的直播地点。在同饭店谈判费用时,饭店提出只要在播映时说明是在长城饭店举行的现场转播,费用可以从优。由于这一要求同新闻必须具备的时间、地点、人、事、原因等五要素完全吻合,所以很容易达成协议。在接待外国记者的过程中,长城饭店为他们提供材料和通信设施,协助其采访,力争做到有求必应。

1984年4月28日,来自世界各地的500多名记者聚集在长城饭店,向世界各地发出了里根总统答谢宴会的消息。发表在世界各地的报纸、电视台的消息中无一不提到长城饭店。正是由于这次现场转播的报道以及世界各大通讯社、报纸的报道,全世界的电视观众和报纸读者在注意里根访华这个大事件的同时,也了解了北京长城饭店豪华的设施和一流的服务。于是长城饭店在全世界名声大噪。许多外国人产生了好奇心:"长城"是怎样一家饭店?为什么美国总统选择在这里举行宴会?后来许多外国来宾一下飞机就想到长城饭店住宿,饭店的生意格外兴隆。据统计,长城饭店开业的头两年,70%以上的客人来自美国,这不能不归功于那次组织的公关活动。到目前为止,这家饭店已接待过37位国家元首和政府首脑——他们选择长城饭店举行答谢宴会和记者招待会似乎已成为惯例。

三、盛大的集体婚礼

作为一家经常接待外国元首的豪华饭店,长城饭店有98%的客人是外宾。这在许多中国人心目中形成"长城是洋人出入的地方,中国人进不去"的误解。为了消除这种误解,公关部想出一个创意活动——举办一次集体婚礼。每个普通的北京市民都可以报名参加这次集体婚礼,还可以带上15名亲友。这条消息在《北京日报》登出广告后没有几天名额爆满。来电话者、登门询问者使得饭店公关人员应接不暇,忙得不亦乐乎。

当95对新婚夫妇和他们的1500名亲友步入长城饭店大厅时,通过中央电视台和北京电视台的转播,亿万中国人看到了这一盛况。新婚夫妇们为在这里举行婚礼而倍感荣幸。自此以后,许多中国企业、政府机构、社会团体也在这里举办各种活动。长城饭店在中国人心目中变得更亲近了。

思考与讨论:

1. 此案例体现了公关人员的哪些基本素质?
2. 里根总统入住长城饭店这一事件说明了哪些重要问题?

回顾总结

本任务主要学习了公关部的概念、作用、主要职责以及设置原则及类型,重点分析了社会组织内设公关部的优点和缺点。

课后实践

一、判断题

1. 社会组织内部设立了公关部就可以解决一切公关问题。(   )
2. 总经理直接负责型的公关部说明组织领导高度重视组织的公关工作。(   )
3. 公共关系工作要从细微之处做起。(   )

二、多项选择题

公关部在组织内充当了(   )角色。
A. 信息情报部   B. 整体形象策划部   C. 决策参谋部
D. 宣传部   E. 外交部

三、简答题

1. 组织设立公关部的作用有哪些?
2. 简述公关部的优缺点。

蓄力职场

公关部是社会组织非常重要的一个职能部门,内求团结,外求发展。作为公关工作人员,应练就一身过硬的本领,及时、高效地为社会组织开展公关工作。

4.3 公共关系公司

一、公共关系公司的概念

公共关系公司又称公共关系顾问公司或公共关系咨询公司,它是专门从事公共关系方面的有关咨询,或受政府、企事业单位委托为其开展公共关系工作提供设计方案、决策参考或直接为其策划、运作有关公共关系活动的社会服务机构。

公共关系公司涉及人际关系、公共传播、传播管理、组织行为、市场营销等诸多领域,并拥有自己独特的知识体系。因此,公关顾问需要掌握大量的知识,包括政治学、社会学、传播学、心理学、管理学等理论原理,又包括 RACE(Research,Action,Communication,Evatua-tion,即公共关系四步)工作法、项目管理、流程管理、MI 评估方法等技术方法,还包括媒介关系、公关调查等专业技能。一个成功的公关人员必须具备良好的耐性和警觉,表述能力要强并善于书写。处理好公共关系对于国家、企业、个人等都具有重要的作用。

二、公共关系公司的工作内容

公共关系公司的工作内容主要是为客户全面规划、实施公共关系工作。包括为客户提供全方位或单项服务;对客户的公共关系工作进行指导、监督,帮助客户进行公关策划或进行公共关系活动等。

例如,作为中国第一家本土专业公关公司,中国环球公共关系公司的服务项目包括长期客户服务、新闻发布会、新闻介绍会、新闻专访、媒介培训会、专业研讨会、新闻中心服务、大型晚宴、大型酒会、媒介联谊会、带媒介出访、组织媒介采访企业、新闻稿全国发布、专稿发布、剪报服务、新闻图片发稿、制作并发放企业通讯、制作专题节目等。由此可以看出，专业公共关系公司提供的公关服务的具体内容是全方位的。

三、公共关系公司的类型

按照不同的标准，可以将公共关系公司划分为不同的类型。常见的划分标准有服务对象、企业性质、企业规模等。

1. 按服务对象划分

依据服务对象可以划分为综合性公关公司和为特定行业服务的专业公司。综合性公关公司服务项目较多，有协调政府关系、媒介关系；有市场开拓、危机处理、公关调查、策划、实施、评估等。这类公司一般实力雄厚，服务水准有一定保证。专业公司只提供某专项服务，如为银行系统提供的金融服务。这类专业公司一般规模较小，专业化较强，可以为客户提供满意的服务。

2. 按企业性质划分

依据企业性质可分为外资、中外合资和中资（国营或者股份制）、民办等类型的公共关系公司。外资和中外合资公司一般实力雄厚，客户主要为国内外企业。中资公司一般规模稍小，客户来自国内外。民办公司一般规模较小，但经营方式灵活。

3. 按企业规模划分

依据企业规模，可以将公关公司划分为小型公共关系公司、大型公共关系公司。大与小是相对而言，随着公共关系企业的发展，水涨船高，大型公共关系公司的标准也会随之提高。

四、公共关系公司的收费方式

公共关系公司通过为客户提供服务，满足客户需求，取得一定的利润报酬。实际操作中，常见的收费方式有以下几种。

（1）项目收费。项目收费是将公共关系业务工作进行分解，分成不同的项目，并根据项目的内容及其开支状况确定其费用；最后，对各项费用进行汇总，算出总费用。

项目收费包括以下几项。①咨询服务费：包括项目实施期间工作人员的工资以及与项目有关的高级管理人员、专家和文秘人员的报酬。②行政管理费：包括在承揽项目期间所需的房租、水电费、取暖费、电话费等。③项目支出费：包括承担项目期间需要的印刷费、邮资、差旅费等。④公共关系活动经费：在项目完成过程中，一般需要进行各种各样的公共关系活动，按活动计划及各项活动的需要确定费用金额。

（2）计时收费。按照一定工资标准和所委托的公关活动项目难易程度，确定单位时间的收费标准，最后按项目完成所需的时间计费即为计时收费。计时收费的标准根据公司声誉、专家本人的声望、工作难易程度等确定。

（3）综合收费。公共关系公司与客户双方根据业务需要，协商确定费用的金额即为综合收费。

（4）项目结果分成。项目结果分成指公共关系公司和项目委托人共同承担风险，共同受益。一般由委托人负责项目的实际费用，公共关系公司负责项目的调查、计划、决策研究、公关活动等，最后形成项目成果。这种成果一般可长期受益，公关公司按成果每年收益的一定百分比享受分成。

五、选择公共关系公司的标准

社会组织在选择公共关系公司时,可以参照下列标准进行选择。

(1)信誉情况。可以通过调查其已有业绩和开展业务过程中的诚信度(如该公关公司以前获得成功的公关项目、以前客户的评价等)来分析其信誉情况。

(2)业务专长。有些公关公司具有良好的政府关系,有些公关公司擅长媒体关系处理,有些公关公司优势在于新产品推广等。因此,要根据自身业务的需要,选择相应的业务专长的公关公司。

(3)员工综合素质。员工综合素质决定着服务水准。在选择公关公司前,可以做些调查工作,如充分了解该公司从业人员的教育背景、公关工作经验、技术专长等。

(4)客户情况。可以事先调查该公关公司现有客户的规模、社会影响力情况,客户对其服务的满意度等。

(5)收费情况。"少花钱,多办事","花小钱,办大事",这是客户选择公关公司的共同要求。因此,那些服务水平高,收费合理的公关公司更易受到客户的青睐。

六、公关公司的优缺点

1. 专业公关公司的优点

(1)职业水准比较高。公关公司不仅向一般客户(包括已成立公关部的组织)提供服务,还承担培训公关人员的任务,因而其工作人员必须具有较高的职业水准。另外,公关公司面向社会,广泛网罗人才,因此,公司选择人员面比较广,通常都能选聘相当数量的各种专业的公关专家和人才。此外,公关公司承办的业务大多是各社会组织难以解决的,这类业务既复杂又难度大。在长期的与各种复杂难题打交道的工作实践中,公关公司的工作人员积累了丰富的工作经验,练就了较高的技术水平,形成了具备各方面专家的队伍。

(2)看问题比较客观。公关公司的专家和工作人员不是组织内成员,不受组织内各种人事关系的影响,也不必听命于客户的某位领导。俗话说:"旁观者清。"因此,他们看问题不带主观想象或感情色彩,能以客观、公正的态度,实事求是地分析问题和解决问题。

(3)社会关系广泛。公关公司活跃于整个社会,在长期的工作过程中,同社会各类组织及各类公众建立了密切广泛的联系,如与政府部门、财政部门、社会团体及社会各界知名人士都有良好的关系,特别是公关公司对大众传播媒介比组织的公关部更为熟悉。因此,它能广泛地反映公众的意见,联系工作也方便,有利于扩大和提高组织的知名度与美誉度。

(4)信息比较灵通。公关公司的第一项任务就是收集和提供信息,其所有的咨询工作都是在对信息分析的基础上进行的。因此,信息是公关公司的最大优势之一。人们评价公关公司质量的一个方法就是看它掌握信息的多少。

(5)机动性强。由于公关公司,尤其是大型公关公司拥有雄厚的人力、物力和财力,可以针对不同的公关任务和不同的客户,组织相对集中的人、财、物,打"歼灭战"。在接受紧急任务或遇到紧急情况时,可以临时抽调有关专业人员,组织专门的工作班子,集中力量解决问题。在没有任务时,可以回到专业部门去做业务准备,具有很强的机动性。

(6)建议容易为人们所重视。俗话说:"外来的和尚会念经"。与组织内的公关部相比,公关公司提出的建议更容易被组织的领导所接受。其原因:一方面是公关公司派出的专家,经验比较丰富,技术水平比较高,能提出有价值的建议和方案;另一方面,由于他们是组织专门聘请的，深受组织领导的信赖，在组织领导的心目中有良好的形象和较高的威望，因而他们提出的建议和方案更具有说服力和影响力，更容易引起重视，更易为组织采纳和实行。

（7）节约经费。这主要是针对中、小企事业单位而言的。这些组织要设置公关部，就必须增加人事编制和行政经费，如果组织内公共关系活动又较少，显然是不太合算的。

2. 专业公关公司的不足之处

（1）不太熟悉客户情况。由于公关公司是组织外的机构，因而对客户的情况了解不深，而客户有时也不便或不愿意把一些内部的有关情报透露给公司，这就增加了公关公司的人员了解情况的困难，特别是最初阶段，无法介入或参与最高决策，难免要影响工作进度和工作质量。

（2）工作缺乏连续性、持久性差。对于组织来说，只聘用公关公司的专家，难于使组织内部的公关工作持续化、稳定化。因为组织往往只是遇到公共关系问题时，才临时求助于公关公司的，公司为某一组织提供服务的时间一般不会太长，这样，就难于为客户制订和执行长期的公共关系计划。

（3）远离客户。由于大多数公关公司设在大城市，因而对于地处中小城市的客户来说，聘请公关公司的专家很不方便，不仅路遥费时，还要增加往返旅途的开支，使人感到得不偿失。特别是遇到紧急情况时，由于公司与客户距离较远，不利于及时开展公关工作。

任务训练

案例分析

蓝色光标"造假门"事件

一波刚平，一波又起，继"蓝色光标辞退门"之后，蓝色光标再次身陷"造假"公关危机。

2018年7月2日晚间，《名车志》前专题总监、汽车博主"橘子"在其微信公众号发文《蓝标，你就是这样服务你的客户BMW的吗？》怒怼蓝色光标。

事情起因在于作者参加由蓝色光标公关公司（以下简称"蓝色光标"）组织的新BMW2系旅行车丽江试驾活动。而针对整个活动，作者质疑两点：其一，质疑蓝色光标利用假网红刷流量骗钱；其二，质疑蓝色光标不尊重创业者。

很快蓝色光标就先后发出两篇文章给出了回应，一篇来自官方，一篇来自个人，分别是《蓝色光标：文章存在关键事实错误，保留维权权利》《一个受伤的蓝标妹子自白：清者自清》。蓝色光标回应虽然及时，但效果却不见得那么理想。究其原因，以下两点值得商榷：首先，蓝色光标对并未对造假质疑正面回应；其次，又暗指"橘子"碰瓷、蹭大牌。而这样的公关回应，恐怕很难取得公众的信任。此事件在较长时间里引起了巨大的反响，严重影响了蓝色光标的声誉和形象。

思考与讨论：

1. 请上网搜索此案例事件的后续相关信息。
2. 你如何评价蓝色光标对此事件的态度？

回顾总结

本任务主要学习了公关公司的概念、主要工作内容及类型，重点分析了公关公司的优缺点。

课后实践

一、判断题

1. 公共关系公司涉及人际关系、公共传播、传播管理、组织行为、市场营销等诸多领域，并拥有自己独特的知识体系，因此公关公司更专业。（　　）
2. 只有当社会组织公关部解决不了问题时才会考虑使用公关公司。（　　）

二、单项选择题

1. 公关公司常见的收费方式有（　　）。
   A．项目收费　　　B．计时收费　　　C．综合收费
2. 选择公共关系公司的标准有（　　）。
   A．信誉情况　　　B．业务专长　　　C．员工综合素质
   D．客户情况　　　E．收费情况

三、简答题

1. 按不同的标准，公关公司分为哪些类型？
2. 简述公关公司的优缺点。

蓄力职场

专业公关公司需要大量的高素质专业人才，如策划人员、编辑人员、各类设计人员等，同学们应将进入大型公关公司工作作为现阶段的人生目标。

4.4　公共关系社团

一、公共关系社团的定义

公共关系社团泛指社会上自发组织起来的、非营利性的从事公共关系理论研究和实务活动的群众组织或群众团体。主要包括公共关系协会、学会、研究会、俱乐部等组织。

二、公共关系社团的工作内容

1. 联络会员

公共关系社团的组成人员是分散于各地的，其组织上的松散性是相当明显的。因此，联络会员、发展会员，就成为公共关系社团的一项具体工作。

2. 制定行业规范

制定、宣传公共关系企业或从业人员行业规范以及职业道德准则、行为准则，并检查执行情况，是社团的主要工作。由公共关系社团制定的这些准则往往更具有权威性和约束性。世界各国的公共关系社团十分重视会员的道德行为，现代公共关系发展较为完善的美国、英国等国家的公共关系协会都制定了明确的公共关系人员职业道德准则。中国公共关系协会、中国国际公共关系协会等国内社团在制定规范方面也作出了重要贡献。中国国际公共关系协

会自 1991 年成立以来，制定了《中国国际公共关系协会会员行为准则》和《专业公关公司服务规范》等一系列行业规范。该协会于 2003 年 3 月正式开始《公关咨询业服务规范》的起草工作。2003 年 11 月 25 日，中国国际公共关系协会公关公司工作委员会 2003 年度第四次工作会议正式审议通过了《公关咨询业服务规范》（指导意见）；2004 年中国国际公共关系大会期间正式对外发表该规范，2004 年 7 月 1 日起正式生效。

3. 研究公共关系理论

研究探讨公共关系理论方面的一些问题，往往是公共关系社团所关注的一个重要方面，通过探讨研究推动公共关系学科的不断发展。2003 年中国国际公共关系协会学术工作委员会发布"十大公关研究课题"，促进了国内公关界研究公共关系理论问题的进一步深入。

4. 培训人才

培训公共关系人才，促使社会成员形成自觉的公共关系意识，具备一定的公共关系知识，是公共关系社团的一项经常性工作。公共关系社团在理论上和实践上都具有较高的水平，在公共关系专业教育培训方面也极具权威性，我国各级社团在这一方面做了许多的工作。

5. 投身社会实践

为了使公共关系对经济社会的协调发展发挥更重要的作用，为了在更广泛的领域推广公共关系理念，进入 21 世纪以来，中国国际公共关系协会组织公关界的专家和学者，先后参与了"北京申奥""中国入世""上海申博"等一系列重大活动；并由于在 2003 年抗击"非典"中发挥突出作用，协会被国家民政部授予全国先进单位。

三、公共关系社团的类型

20 世纪 80 年代以来，随着我国改革开放和市场经济的不断发展，出现了各类公共关系社团。大致可分为以下几类。

1. 综合型社团

综合性社团主要指不同地域的公共关系协会。1986 年 11 月，上海市公共关系协会成立，成为中国内地第一家公共关系协会。随后各省、自治区、直辖市陆续成立了公共关系协会。这种类型的社团多为自筹活动经费，有的是民办官助。其职能是八个字："服务、指导、监督、协调"。

2. 学术型社团

主要包括公共关系学会、研究会、研究所等学术团体。该类社团通过举办学术研讨会和交流会，总结、研究公共关系的理论问题，把握公共关系发展的趋势和方向，及时为公共关系从业人员提供理论信息，有效地为公共关系实践进行理论指导。

3. 行业型社团

行业型社团主要是指基于社会上各类行业背景而建立的公共关系组织。建立适应行业特点的公共关系组织，是国际上的一种趋势。如 1935 年美国成立的美国公立学校公共关系协会，1952 年成立的美国铁路公共关系协会等。目前，我国一些部门、行业也成立了类似的组织，如北京铁路分局公共关系协会、安徽省商业公共关系协会、浙江省新闻界公共关系协会等。

4. 联谊型社团

联谊型社团是一种组织比较松散的社团。其特征是没有固定的活动方式，没有严格的会员条例，甚至组织名称也不尽相同，如公共关系俱乐部、公关沙龙、公关联谊会等。其主要作用是沟通信息，联络感情，建立良好的个人关系。1986 年 1 月成立的广东地区公共关系俱乐部是我国内地第一个联谊型公共关系社团。

5. 媒介型社团

媒介型社团指通过报纸、杂志等传播媒介进行联络，并以此为依托组建公共关系社团。这种社团直接利用媒介，探讨公共关系理论，普及公共关系知识，交流公共关系经验，传播公共关系信息。

任务训练

案例分析

丑陋玩具风靡全美

美国艾士隆公司董事长布希耐有一次在效外散步，偶然看到几个儿童在玩一只肮脏并且极其丑陋的昆虫且爱不释手。布希耐突发奇想：市面上销售的玩具一般都是形象优美的，假若生产一些丑陋玩具，效果又将如何？于是，他让自己的公司研制一套"丑陋玩具"，并迅速推向市场。结果一炮打响，"丑陋玩具"给艾士隆公司带来了巨大收益，并使同行们受到了启发，于是"丑陋玩具"接连问世。如"疯球"就是一串小球上面，印上许多丑陋不堪的面孔。又如用橡皮做的"粗鲁陋夫"，长着枯黄的头发、绿色的皮肤和一双鼓胀且带血丝的眼睛，眨眼时发出非常难听的声音。这些丑陋玩具的售价虽然超过正常玩具，却一直畅销不衰，而且在美国掀起了一场行销"丑陋玩具"的热潮。

思考与讨论：
1. 此案例中艾士隆公司抓住了公众的什么心理？
2. 从此案例你获得了怎样的启示？

回顾总结

本任务主要学习了公共关系社团的定义、主要工作内容及类型。

课后实践

一、名词解释

公共关系社团

二、多项选择题

1. 公共关系社团的工作内容包括（　　）。
   A. 联络会员　　　B. 制定行业规范　　C. 研究公共关系理论
   D. 培训人才　　　E. 投身社会实践。
2. 公共关系社团的类型主要有（　　）。
   A. 综合型社团　　B. 学术型社团　　C. 行业型社团
   D. 联谊型社团　　E. 媒介型社团

蓄力职场

作为公关人员应多参与公共关系社团，通过社团的各类活动不断提升自身的专业素养。

项目 5

公共关系四步工作法

学有所获

通过完成本项目，学生应该掌握如下知识点：
1. 掌握公关调查的内容、方法和公关调查的步骤。
2. 掌握公关策划的内涵、原则和公关策划的程序。
3. 掌握公关实施内涵、程序。
4. 掌握公关评估的概念、作用、程序。

案例导入

北京喜来登长城饭店（简称"长城饭店"）是 1979 年 6 月由国务院批准的全国第三家中外合资合营企业。1983 年 12 月试营业，是北京 6 家五星级饭店中开业最早的饭店，是北京第一座玻璃大厦，北京 20 世纪 80 年代十大建筑之一。随着改革开放的深入发展，北京新建的大批高档饭店投入运营，饭店业竞争日益加剧。长城饭店之所以能在激烈的竞争中立于不败之地，成为京城饭店的佼佼者之一，除了出色的推销工作和优质服务外，饭店管理者认为公共关系工作在塑造饭店形象上发挥了重要的作用。长城饭店的大量公关工作，尤其是围绕为客人服务的日常公关工作，源于其周密、系统的调查研究。

长城饭店日常的调查研究通常由以下几个方面组成。

（一）日调查

1. 问卷调查

每天将问卷调查表放在客房内，表中的项目包括客人对饭店的总体评价、对十几个类别的服务质量评价、对服务员服务态度评价，以及是否加入喜来登俱乐部和客人的游历情况等。

2. 接待投诉

几位客务经理 24 小时轮班在大厅内接待客人反映情况，随时随地帮助客人处理困难、受理投诉、解答各种问题。

（二）月调查

1. 顾客态度调查

每天向客人发送喜来登集团在全球统一使用的调查问卷，每日收回，月底集中寄到喜来登集团总部，进行全球性综合分析，并在全球范围内进行季度评比。根据量化分析，对全球喜来登集团旗下最好饭店和进步最快饭店给予奖励。

2. 市场调查

前台经理与在京各大饭店的前台经理每月交流一次游客情况，互通情报，共同分析本地区的形势。

（三）半年调查

喜来登集团总部每半年召开一次世界范围内的全球旅游情况会，其所辖的各饭店的销售经理从世界各地带来大量的信息，相互交流、研究，使每个饭店都能了解世界旅游形势，站在全球的角度商议经营方针。

这种系统的全方位调研制度，宏观上可以使饭店决策者高瞻远瞩地了解全世界旅游业的形势，进而可以了解本地区的行情；微观上可以了解本店每个岗位、每项服务及每个员工工作的情况，从而使饭店高层管理者的决策有的放矢。

综合调查表明，任何一家饭店，光有较高的知名度是远远不够的，要想保持较高的"回头率"，主要是靠优质服务，使客人满意。怎样才能使客人满意呢？经过调查研究和策划，喜来登集团面对竞争提出了"宾至如归方案"。方案中提出，在3个月内对长城饭店上至总经理、下至一般服务员进行强化培训，不准请假，合格者发证上岗。在每人每年100美元培训费基础上另设奖金，奖励先进。其宗旨就是向宾客提供满意的服务，使他们有宾至如归的感觉。

随着这一方案的推行，饭店的服务水平又有了新的提高。

【思考-讨论-训练】
1. 长城饭店靠什么赢得了顾客，赢得了市场？
2. 长城饭店在公共关系调查方面对我们有何启示？
3. 如果你是一位总经理，你认为还应从哪些方面来做好日常的公共关系工作？

知识导航

5.1 公共关系调查

公共关系调查是指具体的社会组织根据公共关系管理的需要收集信息和处理信息，依据对信息的研究发现问题，确立公共关系目标并提出实现目标的措施这样一个完整的工作程序。公共关系调查也是一种社会实践活动，是公共关系业务的一项专门技术，它不仅是信息管理的基本手段，也是开展其他公共关系活动的必需前提，不论是组织的形象管理，还是协调、危机处理或具体公共关系举措的策划与运作，都离不开事先的公共关系调查。

一、公共关系调查的内容

公共关系调查是指公共关系工作人员对自己或所服务的组织的公共关系状态进行的情报搜集与研究工作。它是公共关系工作程序中的一项重要的基础工作，发挥的是公共关系情报功能的作用，是公共关系工作必须"以事实为依据"的体现，也是"知己知彼，百战不殆""运筹帷幄之中，决胜千里之外"的前提。公共关系调查的内容主要有以下几个方面。

1. 组织基本情况调查

该项调查主要是对组织内部情况的调查与了解。组织的公共关系人员必须对组织的历史与现状等各方面情况了如指掌。对企业而言，主要应调查分析组织的就业方针、管理政策、生产计划、财务制度、资金运转、营销状况、人员结构、人才培训、领导及管理人员素质、科研实力、无形资产等。

2. 公众意见调查

是社会公众对一个组织的认识和评价，即调查组织在公众中的知名度与美誉度。可以从这几个方面展开调查。

（1）公众对象分析。组织的公众处于不断变化之中。首先，应该明确组织的调查对象，获得准确信息，对本组织的公众范围、公众类别、目标公众等进行调查分析，确定调查对象和范围。其次，再进一步掌握所确定调查对象的自然状况，如年龄、性别、文化程度、经济收入、职业、家庭状况等；知晓度资料，对组织的基本情况的了解程度；态度资料，对组织的肯定、不置可否、否定等态度；行为资料，对组织的产品或服务等有接纳与否之类的行动。最后，对公众动机进行分析，查明公众对组织的认识与评价的主客观因素。

（2）形象地位测量。综合分析公众评价意见，根据知名度与美誉度两项指标，运用形象评估坐标图，测定组织的实际形象地位，如图5-1所示。

象限Ⅰ表示高知名度、高美誉度。这是组织比较理想的形象位置，也是组织公共关系所努力追求的目标。象限Ⅱ为低知名度与高美誉度。是"养在深闺人不识"。处于这样的形象地位，说明组织有良好的基础，公共关系活动的重点应该是提升知名度。象限Ⅲ为低知名度与低美誉度。组织形象不佳，公共关系工作需要从零做起，首先要完善自身，在传播方面低姿态。有了很好的基础再在提升知名度方面下功夫。象限Ⅳ为高知名度与低美誉度。所谓"臭名远扬"不为过。组织应从扭转坏名声方面做起，踏踏实实修炼内功，逐步提高信誉。

（3）形象差距与因素的比较分析。将组织的目标（自我期望的形象）与公众的意见（实际形象）进行比较，寻找两者间的"形象差距"。在哪一点上差距大？具体的因素又是什么？通过资料的对比分析，寻找差距与原因，这是制订公共关系计划的前提。

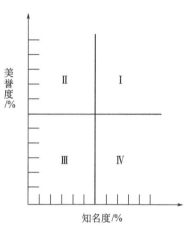

图5-1 形象评估坐标图

3. 社会环境调查

公共关系的社会环境是指与组织有关的各类公众和各类社会条件的总和。组织为了实现与社会环境的和谐一致，必须时刻关注环境的变化，收集环境信息，及时发现其中对自己有利或不利的方面。调查的主要内容有：①对社会背景的宏观调查，包括了解社会政治、经济、科技、文化等方面的走势，政府机构的政策，立法部门法令的制定和实施情况，媒介的传播效果；②对组织的微观环境的调查，包括与组织有关的各类公众信息，组织活动开展的场所、设备、交通等。

二、公共关系调查的方法

1. 文献调查法

企业在经营过程中常常需要了解市场行情、国民经济发展情况等信息，这些信息很难从消费者那里得到，文献调查法能很好地帮助企业获取这方面的信息。所谓文献调查法就是指通过寻找文献搜集有关市场信息的调查方法，它是一种间接的、非介入式的市场调查方法。

与其他收集信息的方法一样，文献调查法也需要建立严密的调查计划，并对将要利用的文献进行真实性、可用性的检查，这样才能保证调查的系统性和可靠性。但作为一种独立的调查方法，又有其自身固有的优点。比如文献调查超越了时间、空间限制，通过对古今中外文献进行调查可以研究极其广泛的社会情况；文献调查是一种非常方便、自由、安全的调查方法；文献调查受外界制约较少，只要找到了必要文献就可以随时随地进行研究；文献调查省时、省钱、效率高。文献调查是在前人和他人劳动成果基础上进行的调查，是获取知识的捷径。它不需要大量研究人员，不需要特殊设备，可以用比较少的人力、经费和时间，获得比其他调查方法更多的信息。因而，它是一种高效率的调查方法。

2. 问卷调查法

问卷调查法（简称"问卷法"）是目前国内外社会调查中较为广泛使用的一种方法。问卷是指为统计和调查所用的、以设问的方式表述问题的表格。问卷法就是研究者用这种控制式的测量对所研究的问题进行度量，从而搜集到可靠的资料的一种方法。问卷法大多用邮寄、个别发送或集体分发等多种方式发送问卷。由调查者按照表格所问的问题来填写答案。一般来讲，问卷较之访谈表要更详细、完整和易于控制。问卷法的主要优点在于标准化和成本低。因为问卷法是以设计好的问卷工具进行调查，问卷的设计要求规范化并可计量。

（1）种类

① 问卷调查：按照问卷填答者的不同，可分为自填式问卷调查和代填式问卷调查。

② 自填式问卷调查：按照问卷传递方式的不同，可分为报刊问卷调查、邮政问卷调查和送发问卷调查。

③ 代填式问卷调查：按照与被调查者交谈方式的不同，可分为访问问卷调查和电话问卷调查。

上述几种问卷调查方法的利弊，可简略概括如表 5-1 所示。

表 5-1　问卷调查方法一览

项目	自填式问卷调查			代填式问卷调查	
问卷形式	报刊问卷	邮政问卷	送发问卷	访问问卷	电话问卷
调查范围	很广	较广	窄	较窄	可广可窄
调查对象	难控制和选择，代表性差	有一定控制和选择，但回复问卷的代表性难以估计	可控制和选择，但过于集中	可控制和选择，代表性较强	可控制和选择，代表性较强
影响回答的因素	无法了解、控制和判断	难以了解、控制和判断	有一定了解、控制和判断	便于了解、控制和判断	不太好了解、控制和判断
回复率	很低	较低	高	高	较高
回答质量	较高	较高	较低	不稳定	很不稳定
投入人力	较少	较少	较少	多	较多
调查费用	较低	较高	较低	高	较高
调查时间	较长	较长	短	较短	较短

（2）问卷的结构。问卷一般由卷首语，问题与回答方式，编码和其他资料四个部分组成。

卷首语是问卷调查的自我介绍部分。卷首语的内容应该包括：调查的目的、意义和主要内容，选择被调查者的途径和方法，对被调查者的希望和要求，填写问卷的说明，回复问卷的方式和时间，调查的匿名和保密原则，以及调查者的名称等。为了能引起被调查者的重视和兴趣，争取他们的合作和支持，卷首语的语气要谦虚、诚恳、平易近人，文字要简明、通俗、有可读性。卷首语一般放在问卷第一页的上面，也可单独作为一封信放在问卷的前面。

例如，下面是百村调查访问问卷的卷首语。

村民同志：

您好！

我们是中国村情调查组成员，今天来调查了解您家2001年的生产和生活情况，目的是研究当前中国农村经济与社会发展中的成绩和问题，为党和政府制定政策提供依据。调查结果不记名、不涉及单个问卷的内容，只是用于全都资料的综合统计。因此，不会影响您家的救济和纳税，也不会给您家带来任何麻烦。谢谢合作！

中国社会科学院社会学研究所
××年××月

（3）问卷问题的种类

① 背景性问题：主要是被调查者个人的基本情况。

② 客观性问题：是指已经发生和正在发生的各种事实和行为。

③ 主观性问题：是指人们的思想、感情、态度、愿望等一切主观世界状况方面的问题。

④ 检验性问题：为检验回答是否真实、准确而设计的问题。

（4）设计问题的原则

① 客观性原则：即设计的问题必须符合客观实际情况。

② 必要性原则：即必须围绕调查课题和研究假设设计最必要的问题。

③ 可能性原则：即必须符合被调查者回答问题的能力。凡是超越被调查者理解能力、记忆能力、计算能力、回答能力的问题，都不应该提出。

④ 自愿性原则：即必须考虑被调查者是否自愿真实回答问题。凡被调查者不可能自愿真实回答的问题，都不应该正面提出。

（5）问题表述

① 表述问题的原则：具体性原则，即问题的内容要具体，不要提抽象、笼统的问题；单一性原则，即问题的内容要单一，不要把两个或两个以上的问题合在一起提；通俗性原则，即表述的语言要通俗，不要使用使被调查者感到陌生的语言，特别避免过于专业的术语；准确性原则，即表述问题的语言要准确，不要使用模棱两可、含混不清或容易产生歧义的语言或概念；简明性原则，即表述问题的语言应该尽可能简单明确，不要冗长和啰唆；客观性原则，即表述问题的态度要客观，不要有诱导性或倾向性语言；非否定性原则，即要避免使用否定句形式表述问题。

② 特殊问题的表述方式：释疑法，即在问题前面写一段消除疑虑的功能性文字；假定法，即用一个假定判断作为问题的前提，然后再询问被调查者的看法；转移法，即把回答问题的人转移到别人身上，然后再请被调查者对别人的回答作出评价；模糊法，即对某些敏感问题设计出一些比较模糊的答案，以便被调查者给出真实的回答。

3. 观察法

观察法是指研究者根据一定的研究目的、研究提纲或观察表，用自己的感官和辅助工具去直接观察被研究对象，从而获得资料的一种方法。科学的观察具有目的性和计划性、系统性和可重复性。常见的观察方法有：核对清单法；级别量表法；记叙性描述。观察一般利用眼睛、耳朵等感觉器官去感知观察对象。由于人的感觉器官具有一定的局限性，观察者往往要借助各种现代化的仪器和手段，如照相机、录音机、显微录像机等来辅助观察。

观察法的主要优点是：它能通过观察直接获得资料，不需其他中间环节。因此，观察的资料比较真实。在自然状态下的观察，能获得生动的资料。观察具有及时性的优点，它能捕捉到正在发生的现象。观察能搜集到一些无法言表的材料。

观察法的主要缺点是：受时间的限制，某些事件的发生是有一定时间限制的，过了这段时间就不会再发生。受观察对象限制。如研究青少年犯罪问题，有些秘密团伙一般不会让别人观察的。受观察者本身限制。一方面，人的感官都有生理限制，超出这个限度就很难直接观察。另一方面，观察结果也会受到主观意识的影响。观察者只能观察外表现象和某些物质结构，不能直接观察到事物的本质和人们的思想意识。观察法不适应于大面积调查。

4. 访谈法

访谈法（Interview）又称晤谈法，是指通过访员和受访人面对面地交谈来了解受访人的心理和行为的心理学基本研究方法。因研究问题的性质、目的或对象的不同，访谈法具有不同的形式。根据访谈进程的标准化程度，可将它分为结构型访谈和非结构型访谈。访谈法运用面广，能够简单直接地收集多方面的工作分析资料，因而深受人们的青睐。

（1）访谈的类型。访谈有正式的，也有非正式的；有逐一采访询问，即个别访谈，也可以开小型座谈会，进行团体访谈。在访谈过程中，尽管谈话者和听话者的角色经常在交换，但归根到底访员是听话者，受访人是谈话者。访谈以一人对一人为主，但也可以在集体中进行。

访谈法可分为结构型访谈和非结构型访谈。前者的特点是按定向的标准程序进行，通常是采用问卷或调查表；后者指没有定向标准化程序的自由交谈。

（2）访谈的注意事项

① 访谈邀请时：为了接近被访谈者，使访谈顺利进行，应该注意：穿着干净整洁，称呼恰如其分；自我介绍简洁明了，不卑不亢；发出邀请时应热情，语气应该肯定和正面；以适当方式消除被访者的紧张、戒备心理，有时应主动出示身份证等证件。

② 应对拒绝访谈时：应有耐心；不要轻易放弃；搞清被拒绝的原因，作相应的对策。

③ 在实施访谈时：使受访人有轻松愉快的心情（访员当然也应如此）；创设恰当的谈话情境；不使受访人感到有社会压力；应具备正确的预备知识；应具备细致的洞察力、耐心和责任感；不对受访人进行暗示和诱导；对相同的事情会从不同的角度提问；能如实准确地记录访谈资料，不曲解受访人的回答。

5. 实验法

实验法就是先进行一种营销方法的小规模实验，然后分析这种实验性的营销方法是否值得大规模推广的一种方法。其特点是在影响营销的诸多因素中抽出一两个因素，观察分析它们与营销活动的差异。例如，在调查商品价格对销售量的影响程度时，就可以在试销中采用逐步变动价格的办法来判定价格变动对销售量的影响。在调查商品包装对销售量影响的程度时，可以选定几家商店，分为甲、乙两组。前几周将有包装的商品交甲组商店推销，无包装商品交乙组商店出售，几星期后交替互换。实验期一到，就可统计出带包装商品的销量比无包装商品的销量的增加程度。

三、公共关系调查的步骤

调查是一个过程，它由相关的几个基本步骤构成。

（1）确定调查问题。组织在自身的运作中总会存在或大或小、或急或慢亟待解决的各种各样的问题，有的是长期存在，有的是因环境的变化而出现的急需解决的问题。解决问题的前提是确定问题。首先要对问题调查而掌握到的繁杂、众多的信息作一番去粗取精的工作，从这些复杂的问题中去掉那些非本质的、次要的东西，将精力集中于那些主要的和基本的问题，以及公众关注度高的问题；其次还需根据问题的重要程度将问题按次序排列。

（2）确定调查对象及范围。哪一类公众是调查的对象？不同的调查问题有着不同的调查对象及范围。

（3）确定调查方式。是采用直接调查法还是间接调查法？根据需要确定。

（4）调查资料的搜集和分析。访谈并记录、发放问卷并回收等，并对搜集所得的信息资料进行分析。数理统计在社会调查领域的广泛运用，以及更趋智能化、高速度的计算机的数据处理能力，使资料分析的手段日益多元化，效率、科学性得到了提高。

（5）调查结果的评价和应用。经过对调查资料的汇总统计分析，从中得出的结论就是调查的结果。调查结果的评价就是将调查结论对照调查的目标进行研究、比较和验证设想的情况是否出现或假设是否正确。

任务训练

案例分析

"先搞清这些问题"

有一家宾馆新设了公共关系部。开办伊始，该部就配备了豪华的办公室、漂亮迷人的公关小姐、现代化的通信设备……但该部部长却发现无事可做。后来，这个部长请来了一位公共关系顾问，向他请教"怎么办"。于是这位顾问一连问了以下几个问题：

"本地共有多少宾馆？总铺位有多少？"

"旅游旺季时，本地的外国游客每月有多少？港澳游客有多少？国内的外地游客有多少？"

"贵宾馆的'知名度'如何？在过去三年中，花在宣传上的经费共多少？"

"贵宾馆最大的竞争对手是谁？宾馆潜在的竞争对手将是谁？"

"去年一年中因服务不周引起房客不满的事件有多少起？服务不周的症结何在？"

对这样一些极其普通而又极为重要的问题，这位公共关系部部长竟张口结舌，无以对答。于是，那位被请来的公共关系顾问这样说道："先搞清这些问题，然后再开始你们的公共关系工作。"

思考与讨论：

1. 为什么要"先搞清这些问题"？论述公共调查对组织有何意义和作用。
2. 公关顾问的这五个问题体现了公关调查的哪些内容？

回顾总结

本任务主要学习了公共关系调查的内容、方法和步骤，公关调查是公关策划和实施的基础。

课后实践

一、判断题

1. 个人接触是掌握第一手的材料的最佳途径。（   ）
2. 民意测验是运用一定的技术和手段了解民众的态度和意见的一种社会调查方法。（   ）

二、选择题

1. 间接调查法具体方法有（　　）。
   A．媒介研究　　　B．民意测验　　　C．抽样调查　　　D．广告调研
2. 公共关系直接调查法包括（　　）。
   A．抽样统计　　　B．个人接触　　　C．深度访谈　　　D．公众座谈
3. 媒介研究的基本步骤有（　　）。
   A．搜集资料　　　B．分类检索　　　C．资料保存　　　D．资料分析

三、简答题

直接调查法的调查方法有哪些？各有何特点？

蓄力职场

调查研究是营销人员必须掌握的技能，公关调查也是如此。掌握公关调查的知识，为将来的工作，打下基础。

5.2 公共关系策划

一、公共关系策划内涵及原则

公共关系策划是策划人员为了实现组织目标，在充分进行调查研究的基础上，对总体公共关系战略、专门公共关系活动和具体公共关系操作进行谋略计划和设计的工作。完整的公共关系策划始于爱德华·伯纳斯时代，事实上，"策划"这个概念也是他首先使用的。他的最富创造性的策划应首推美国通用电气公司设计的"灯光50周年纪念"活动。公关策划活动的基本含义包括以下几个方面。

（1）公关策划的主体是特定的企业，不是个人，也不是职业性的信息传播机构。

（2）公关策划的受众是特定的目标公众。目标公众是一个构成复杂、分布广泛的群体。这个群体通常可以概括地分成两部分：一部分是企业的内部员工，另一部分是与企业构成某种特定联系的外部公众。

（3）公关策划的门道众多，媒介广泛。由于公众的构成复杂，形态各异，因此，公关策划要综合运用各种传播渠道和媒介，与自己的公众实现信息的交流。

（4）公关策划有其明确的目标。公关策划就是通过沟通企业与公众之间的信息联系来协调关系，树立良好的企业形象和声誉。尽管每一次具体的传播活动都有其直接目标，但说到底，公关的传播是服从于或服务于企业公关的总体目标。

（5）公关策划是一种双向传播。由于公众的理解、支持与合作是企业构成良好生存环境的前提，企业在公众心目中的形象如何，直接关系到企业的生存与发展。因此，公关策划十分重视公众对象的反馈作用，强调与公众对象平等的双向交流，这与单向地宣传、灌输是不同的。公关策划中不仅要真实、公正、准确地向公众传递信息，使公众了解企业，还要客观、及时、准确地从公众那里获得反馈信息，掌握自身的公司状态和形象状态，及时调整自己的政策与行为，以适应公众的愿望、需求，保持与环境的和谐及动态平衡。

（6）公关策划是带有明确目的性的传播。这一点在著名的弗兰克·杰夫金斯（英）的公关定义中也表述得很清楚：公关是一家企业为了达到与公众之间相互理解的特定目标，而有

计划地采用的对内、对外传播方面的总和。公关策划的总目标是树立、改善企业形象，形成有利的舆论环境，获得各界的支持。因此，在很大程度上，公关策划是一种宣传，其最终目的是要人们改变或建立某种意见或态度，是通过传播事实和观点，引导、影响人们思想认识的过程。在总目标指导下，公关策划的每一次具体活动、工作也要有具体的目的，如果目的不明确，随便进行企业传播活动，有时是花了钱没效果，有时反而会造成负面效果。所以目的明确是公关策划工作首要的原则。

公关策划的一般性目的，根据传播效果四层次理论，可以分为以下四种。

① 引起公众注意。在现实生活中，企业关注的焦点与公众所关心的问题往往是不一致的，公关策划的重要目的就是要使公众注意到企业。在此基础上，才有可能使公众对企业产生认同、肯定的积极态度与行为。引起公众注意要靠传播内容及方式的出奇、新鲜，或为公众所急需。

② 诱发公众兴趣。公关策划要充分利用传播的内容及方式使公众产生兴趣。成功诱发公众兴趣的根本一点在于了解公众兴趣所在，使公关策划的内容与方式同观众兴趣相结合。对公关人员来说，了解公众的兴趣、爱好以及他们的立场、观点，并据此开展企业自己的传播活动，是使公众对传播内容发生兴趣的首要条件。

③ 取得公众的肯定态度。公关策划不仅要使公众产生注意、发生兴趣，而且要使之产生肯定、认可的态度，或者是努力实现社会公众由负态度向正态度的转变。由于态度是人们在社会生活中的经验长期积累形成的。它与主体的情感、信念、立场、需要有关，并常以利益与势力为转移。态度是人们心理活动的内在动力，它一经形成便具有相对的稳定性。因此传播要想改变公众的态度，必须做长期、大量、深入、细致的工作。而在大多数情况下，公关策划要从公众的利益出发，照顾公众的需要，适应他们的已有态度，非在必要时，不要去做改变这些态度的努力。

④ 促发公众的支持行为。公众的支持行为就是让公众参与公关活动、购买宣传的产品、实施企业提倡的原则等。这是公关策划所能达到的最高目标，达到此目标，企业无疑就是非常成功的了。

二、公共关系策划的原则

在公共关系策划过程中，首先要依据公共关系调查中所确定的组织状况、公众意见和具体问题，进而提出组织制订公共关系总体计划的目的和要求，并据此设计公共关系活动的主题。公共关系策划需遵循的原则有以下几项。

第一，整体性与目的性的原则。公共关系策划要立足于全局，顾及组织其他部门，与组织的整体公共关系活动保持协调。通过分析组织的人、财、物的具体条件，提出若干可行的行动方案，最后择优选择，确定能够达到目标要求的、有效的行动方案。

第二，独创性与连续性的原则。公共关系策划的本质是创新，是在尊重科学的基础上，发挥创造性思维，求新求特，策划出与众不同的、具有新意的活动内容和方式。但组织的形象与问题并不是仅凭一两次成功的活动就能得到改善或解决的。因此，还应考虑到活动的阶段性和连续性，使独创性与连续性相统一，以实现首尾一贯的效应。

第三，计划性与灵活性的原则。一般而言，经过精心策划的方案，是不能轻易改变的。但由于客观环境的变动，因此行动的方案也要留有一定的余地，针对可能的变化，考虑灵活应变的对策，要具有灵活性。

第四，客观性和可行性的原则。客观性即策划时要以事实为准绳，不能无中生有，排除各种虚假因素的干扰，在充分掌握客观事实的基础上，策划出公众可接受的方案。可行性，即进行可行性研究，要权衡方案的利害得失、效益与风险；经济性和效益性相结合，用少的经济投入和最快的速度去实行公共关系策划目标，以及方案的科学性、合法性等。

三、公共关系策划的程序

公共关系策划的程序一般由以下几个方面组成。

（1）信息的分析。对调查所得的信息进行分析，经过去伪存真、去芜存精、由此及彼、由表及里的过程，再进行科学策划。

（2）目标的确定。对公共关系策划来说，一般将组织的目标分作战略目标和战术目标。战略目标的实现需要长期不懈的努力，如IBM围绕着"IBM意味着最佳服务"的这一理念所制订的公共关系计划，是战略目标。战术目标是为公共关系战略服务的，是阶段性的，如法国白兰地在美国的精彩亮相计划，是一次战术目标。

（3）公众的辨认。要了解策划是针对哪些公众的，了解他们的需求、特点、对组织的态度和行为等，这样的策划才有针对性，符合公众的利益需要，这是建立和谐关系的前提。

（4）主题的设计。主题是策划的灵魂，是公共关系活动的高度概括。法国白兰地在美国亮相活动策划的主题是"礼轻情意重，酒少情意浓"。以友谊情掩去了商业味，真是高明的策划主题。

（5）媒体的选择。要充分考虑各媒体的性质、活动的目标及经济性原则。

（6）计划的编制。对策划做总体构想，并可具操作性，将涉及活动的内容与步骤详细列出，如目标、对象、主题、时机、方式、地点、时间顺序、人员、经费等。

（7）经费的预算。必不可少的一项。对活动的花费要心中有数，比如，组织的实力能否保障各项支出？预算与活动效益之比是多少？同时也为下一步活动的开展提供参考依据。

（8）方案审定。由组织的决策层、专家及相关人员进行咨询、答辩、论证，并进一步完善。也可能被否决。

（9）策划书的形成。策划书是策划全过程最后形成的文案，是公共关系活动实施的依据。

任务训练

案例分析

一枚纽扣

2010年，湖北美尔雅公司总经理罗日炎先生收到一封来自美国纽约的投诉信，信中指责美尔雅西服质量差。总经理立即吩咐公司销售部给这位美国消费者回信，表示要调查原因，并且赔礼道歉。信发出一个多月，不见回音。总经理决心把问题搞清楚，他带一名推销员直飞纽约，几经周折，找到了这位消费者。当那位消费者得知美尔雅公司总经理特意来调查情况、赔偿经济损失时，感到十分感动，也显得有点尴尬地说："你们太认真了。"原来这位消费者花了400美元买了一套美尔雅高级西服，买回家后发现少了一枚扣子，于是一气之下写了这封投诉信。这位美国消费者深为美尔雅公司的认真态度感动，他当即以"读者来信"的形式给纽约《消费者时报》投稿，盛赞中国美尔雅公司讲究信誉的行为。来信刊登后，纽约的其他报刊也竞相转载，美尔雅一下轰动了纽约城。随后，仅在一个月的时间里，美尔雅就收到了5张来自纽约的订货单。

思考与讨论：
1. 从公共关系角度分析，美尔雅公司的这种做法为什么受到社会好评？
2. 该案例说明美尔雅公司的经营管理者具有哪些公共关系观念？
3. 此案例对你有什么启发？

回顾总结

本任务主要学习了公共关系策划的概念、作用、原则和程序，了解公关策划的实施对于公关活动的最终成功起到了巨大的作用。

课后实践

一、判断题
1. 调查所得的信息进行分析，经过去伪存真、去芜存菁、由此及彼、由表及里的过程，再进行科学策划。（　　）
2. 公共关系策划的本质是规划与重组。（　　）

二、选择题
1. 公共关系策划需遵循的原则有（　　）。
   A．整体性与目的性　　　　　　B．独创性与连续性
   C．计划性与灵活性　　　　　　D．客观性和可行性
2. 公共关系策划的目标有（　　）。
   A．引起公众注意　　　　　　　B．诱发公众兴趣
   C．取得公众的肯定态度　　　　D．促发公众的支持行为

三、简答题
怎样认识公关策划在公共关系活动中的必要性？

蓄力职场

掌握了解公关策划的内容、原则和程序，为将来从事公关活动奠定坚实的基础。

5.3 公共关系实施

公共关系实施（即"公关实施"）是将公关策划变为实际行动的过程，主要是对自己计划的检验和修正的过程。公共关系策划是公共关系工作过程的先导，而公共关系实施乃是整个公共关系活动的中心和关键环节。因为，策划是对未来行动的一种预见和设想，只有经过努力，将它转变为现实，才有实际意义，否则，只是一纸空文，因此，公关实施将更为重要。狭义的公关实施可以理解为企业组织为了宣传自身品牌或应对市场舆论而采取的一系列的营销行为。

一、公共关系信息传播活动的三个层次

公共关系作为一种信息传播活动，是社会组织与公众之间的信息交流。但面对社会公众传播的效果是不一的，这与公众和组织的关系程度有关联。为了获得良好的传播效果，对不同的公众要采取不同的传播方式。一般来说，传播活动可分为三个层次。

1. **知晓层次的传播**

这一层次的传播活动主要的传播对象是潜在公众和一部分可能与社会组织发生关系的非公众,通过把社会组织自身运行的情况、状态和趋势等信息用各种传播媒介公之于众的办法来取得效果,这是公共关系传播中最低层次的传播。由于这些公众对组织的了解度低,因而对组织的信息不太关注,因此对这一层次的传播,要注意信息的强度、对比度、重复率和新鲜度等信息的结构性因素。

2. **态度层次的传播**

这一层次的传播活动主要的传播对象是知晓公众,这类公众对组织已有一定的认知、情感和意向,有形成合作行动的态度的公众,也有形成敌对行动态度的公众。这是公共关系传播活动的中间层次,促使公众态度的转变是公共关系传播活动的重大任务,同时也是最复杂的传播活动。这一阶段主要针对这样三类公众通过不同的传播手段、传播内容实现传播目标:第一类是顺意公众,继续维护与其良好的关系,通过联谊活动、消费积分赠送等浓情厚谊的活动,进一步增进合作意向;第二类是独立公众,这一类公众往往是最多的一类,要充分发挥大众传播媒介的作用,有计划、有步骤地对他们产生潜移默化的作用,并最终成为组织的拥护者;第三类是逆意公众,首先调查产生逆意的原因,分析其合理的部分,尤其是共性之处,之后再有针对性地、有耐心地开展信息交流与沟通活动,遵循"多交朋友少树敌"的原则,尽量减少逆意公众的人数。

3. **行为层次的传播**

这一层次的传播活动主要的传播对象是行为公众,使公众产生消费行为,成为组织的产品或服务的选择者。态度层次的传播是基础,对具有合作态度的公众,要完整地传达出产品或服务的全部信息以及购买的时间、地点等信息,并注意时效性。这是公共关系传播活动中的最高层次。

二、公共关系信息传播的常用形式

1. **新闻发布会**

新闻发布会是政府、企业或其他社会组织及个人,用口语形式向大众传播媒介报告或发布某一信息,并接受记者提问的一种特殊的会议形式。这一形式,充分体现了"双向交流"的基本思想。新闻发布会的最大特点在于消息发布的形式比较正规、比较隆重,容易引起各类新闻传播媒介的重视,可以使主人的信息和观点通过媒介迅速、广泛地传播出去。

一般而言,新闻发布会的类型一种是主动型的,另一种是防御型的。主动型的是社会组织向社会公众通告组织的新的变动或发展业绩,如,转型、高层人事变动、新产品下线、收购、上市等,以此来提高公众的关注度,加强与公众的联系。防御型的则是组织为处理突发性的、有争议的事件而采取的行动,其目的是向公众说明原委、求得谅解或争取舆论支持。所谓"成也萧何,败也萧何",如果在活动开展的环节上有疏漏,准备不充分,发言人举止言行不稳妥,反而会直接影响组织声誉。

2. **宣传资料的制作**

自17世纪那次在"带着哈佛口音"的公关活动中使用了宣传小册子后,编写宣传资料已成为开展公共关系活动的必备科目。任何一个组织都应该有一套介绍自己、宣传自己的宣传资料,因为实际上它是组织的"名片"。除了广告之外,公众在接触组织生产的产品或服务之前,首先接触到的应该是组织的宣传资料。宣传资料的形式是多样的,既可以是印刷精美、图文并茂的册子,也可以是单页的组织产品、项目说明。一般来说,一份完整的组织的宣传资料包括以下几个部分。

第一部分是组织领导人的致辞。致辞应该排在宣传资料的首页或扉页，用语要亲切、诚挚，热情洋溢，既有客观的自我评价，又有对未来发展的规划。

第二部分是组织的历史和现状的概述。应该将组织的发展历程作一回顾，并对其现状作出完整的描述，使公众对组织的实力，如规模、品牌排行、技术优势、发展速度、竞争力等有一个清晰的认知，从而作出评价。

第三部分是组织的生产或业务特色的说明。组织参与市场竞争总有自己的"独门秘诀"，有自己的特色或拳头产品。对此宣传资料要集中加以说明，用彩色图片、数据、图表等手段进行描述，突出公众的关注点。当然也要避免使用过多的专业术语，尽量简洁明了。

3. 内部报刊编辑

组织内部刊物是组织内部信息沟通的渠道，编写内部报刊、员工手册、宣传栏是内部公共关系工作的主要内容，也可以通过它对员工进行全面教育，提高员工素质。

为使之发挥效用，在编辑的过程要注意以下几个方面。第一，要有明确的编辑方针，确定为全体内部员工服务的思想。及时将关系到员工切身利益的信息、组织重大决策、面临的困难等通报给员工，增加组织运作的透明度。第二，要发动员工积极参与办报，开辟信息反馈栏目。组织报刊的读者就是内部的员工，要调动广大员工办报、投稿、读报的热情，有针对性地选择员工意见予以发表。有疏有导，形成上下信息通畅的局面。既增强了员工主人翁意识，也使决策层能够直接了解到基层的意见，使它成为真正的员工之家。第三，提高业务水平，保证它的连续性。编辑人员要具有新闻实务技能，编辑的刊物信息量要大，具有行业特色，栏目丰富多彩，寓教于乐，能够吸引员工阅读。

4. 媒介事件

媒介事件是指社会组织为吸引新闻媒介报道并扩散自身所希望传播开去的信息而专门策划的活动。媒介事件是主动型的活动，它就是"制造新闻"。在众多的免费宣传的公共关系手段中，它是一种最主动、最有效的传播方式。巴纳姆是"新闻制造"的高手，但他的"制造"是建立在虚假信息的基础上的，公众是被愚弄的对象。媒介事件必须具备这样的几个条件。

第一，它是以社会组织充分认识新闻媒介及媒介受众的地位为前提的，如果对媒介的属性、受众缺乏足够的认识，就不可能具有新闻的敏感性，产生不了"制造新闻"的热情。

第二，要遵循"新、奇、好"的策划原则。"新"是新近发生的、鲜为人知的，甚至是独一无二的；"奇"是吸引公众注意的超常规做法；"好"的含义中，一是指事件本身具有一定的典型意义，二是指事件的报道，能够产生良好的社会效应。

第三，要把握新闻发布的时机。寻找能够发挥最大的新闻效应的时机，把握发布新闻的艺术性。

三、公关实施的内容

1. 公关实施的传播阶段

公共关系工作是一个有准备的工作，在公共关系实施前一定要做好前期的传播宣传工作，具体实施如下。

（1）如实的执行计划

一个公关计划从它的萌芽、产生，到研究、反复、成型，结束，都经历了一个过程。都有一定的科学性。所以，在执行公关计划时，一定要坚决，不能情况稍有变化，就动摇对计划的执行力度。

（2）准备应对忽然的变化

俗话说计划赶不上变化，所有的计划都会面临变化的形势，这时只要执行计划的决策者能够正常应对，应该都不会根本上改变计划的正确执行，并取得预定的成绩。最可怕的就是对形势不做变化的估计，盲目应对，从而给计划带来没有的负面效果。

2. 公关实施的反馈阶段

反馈阶段就是检验传播效果的阶段。反馈的结果直接体现了传播的效果，通过反馈可以掌握公关计划的具体实施情况，可以了解宣传传播效果，可以为公关评估提供具体的数据，为公关评估的准确性打下良好的基础，因此反馈阶段是公关实施过程中最关键、最重要的环节。同时，还必须注重反馈的及时性。

3. 公关实施的修正阶段

计划的修正阶段，也是实施过程的扫尾阶段。在第一时间得到了公众的反馈信息，也就为计划的成功实施扫清了障碍。修正阶段的主要任务如下。

（1）收集反馈信息

收集反馈信息的过程，也是一个自我检验的过程。任何一个计划在实施过程中都不可能完全实现，肯定会有成绩，也会有问题。所以，成功地将信息收集上来，是修正阶段的第一要务。收集反馈信息最重要的一条就是不能有好恶观。好消息喜上眉梢，坏消息气急败坏，计划的执行者肯定就会报喜不报忧，公关的效果就会大打折扣，会影响公关下一阶段的任务。因此，如果计划的制定者不能以开放的心态去看待公关活动，不能收集到有效的反馈，那么就不能为社会组织的决策者提供科学的、可行的、有效的决策依据。由此可见，收集反馈信息，正确的方法非常重要。

（2）计划的改进和反馈

计划实施阶段的改进和反馈，是对公关计划或方案的完善，体现了公关人员的应变能力和社会组织的公关能力。所以，要想公关计划完全成功，没有实施过程中的改进和反馈，肯定是不完美的，也是经不起实践考验的。改进了的计划就会更加贴近实际，更富有弹性，也更有利于执行者的执行。这个过程最重要的方法就是要敢于打破计划的束缚，勇于实践，让事实来说话，就会有好的实施结果。

任务训练

案例分析

联想咆哮式公关声明

5月24日，联想CFO在接受美国CNBC电视网采访时说，"若美国提高中国关税，联想就将生产线撤出中国"。"联想撤出中国"话题很快就上了热搜，一时间联想便成为舆论的众矢之的。

5月28日，联想在公众号上发表了文章，驳斥这个观点，然而舆论并没有因为这篇文章而反转。

这篇危机公关文章中，联想先是说转移部分产能≠撤出中国，咬文嚼字式叙述对于正处于怒火中的公众来说，几乎没有任何效果；紧接着又调转枪头，将矛头对准了媒体和大V，指责他们别有用心；随后又指责网友，说他们煽风点火，助长了这种趋势。对于这样的言论，网友自然是不能接受的，所以纷纷指责联想这则声明，在网络上搜索联想公众，出来的结果绝大部分也都是负面的。

"联想撤出中国"谣言诞生始末

上周五，一则联想CFO宣布"若美国提高中国关税，联想就将生产线撤出中国"的所谓新闻又成功地吸引了吃瓜群众的目光。

联想CFO说过"撤出中国吗"？答案是否定的。

事件起因是联想财报发布会后美国CNBC电视网对联想CFO的一次采访，CNBC的相关采访文章在正文之前，会有一个CNBC自行理解的KEY POINTS（关键点）：

KEY POINTS
- Lenovo said that it could shift production away from China if the U.S. slaps additional tariffs on Chinese products.

但联想CFO在采访中的实际回复则是：

"We have definitely the ability to shift some of the production ... from the impacted countries like China to the countries where we can continue to without, I think, without having the impact of the tariffs," he added.

即"如果发生这种情况，显然我们已做好充分准备，"联想首席财务官黄伟明在接受CNBC采访时表示。"我认为，我们完全有能力将部分生产能力从中国等受影响国家转移到其他不受关税影响的国家，继续生产"。

转移出部分产能=将生产线/产能撤出中国？当然是否定的，显然CNBC想多了。

思考与讨论：

1. 以上材料中违背了哪些公关思想（意识）？
2. 请你为联想解决此危机提供对策建议。

回顾总结

本任务主要学习了公共关系传播的层次、公关传播的形式和公关实施的阶段，对公关实施的要求和注意事项有了更深刻的了解。

课后实践

一、判断题

1. 公关实施的反馈阶段就是检验传播效果的阶段。（   ）
2. 行为层次的传播是传播的基础。（   ）

二、选择题

1. 公共关系信息传播的常用形式是（   ）。
   A．新闻发布会　　　B．宣传资料的制作
   C．内部报刊编辑　　D．媒介事件
2. 公共关系传播活动的三个层次是（   ）。
   A．知晓层次的传播　B．态度层次的传播
   C．行为层次的传播　D．意识层次的传播

三、简答题

公关实施的内容有哪些？

蓄力职场

熟悉公关实施的全过程，掌握其要点和注意事项，为实施公关传播活动打下基础。

5.4 公共关系评估

一、公共关系评估的三个阶段

公共关系评估指的是根据特定的标准，对公共关系的整体策划、传播（实施）及活动效果进行测量、检查、分析和评价的过程。而公共关系的效果评估，也是下一个阶段的公共关系的调查研究工作内容。随着信息技术日趋便捷与高效，以及公共关系评估研究的文献资料的迅速发展，信息技术为公共关系职业人员所掌握，这在很大程度上提高了人们对评估的兴趣与认识。越来越多的行政主管对缺少证据支持的结论持怀疑态度，越来越多的公共关系从业人员意识到评估研究的重要性，评估已成为公共关系实务活动中的四个环节之一。

如何开展评估研究，我们先解剖一下卡特利普等对公共关系评估研究所作的阶段划分，如图 5-2 所示。

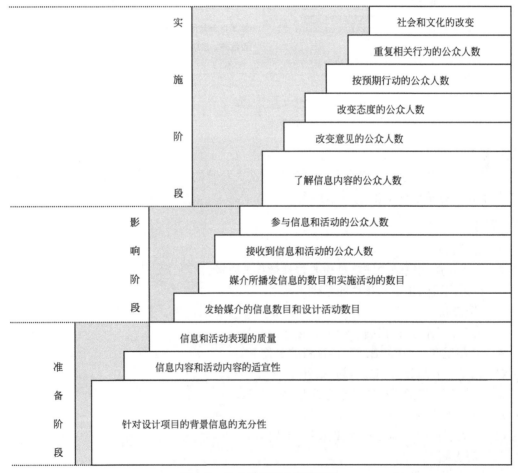

图 5-2　公共关系评估阶段划分

在准备阶段，所要考虑的是：背景材料是否充分？有没有遗漏的目标公众？提供给媒介的材料是否都准备好了？信息内容是否正确？信息表现形式是否恰当？在这一阶段，公共关系从业人员应该对资料的充分性、合理性和有效性有切合实际的把握与评估。

在影响阶段，评估研究体现了定量化的特点。需要统计发送信息的数量与信息的实际运用。如果这两个数据差距不大，说明信息内容的合适度、制作的质量还是较高的，反之在活动中被采用的少，就要对信息内容、编写与制作水平作客观分析。统计接收到信息的公众数据，可以了解信息传播和活动开展的影响面。再统计参与组织活动的公众数据，信息传播的实际影响面有多大，此时就显现出来了。

在实施阶段，首先对传播在知晓、态度、行为三个层次分别作定量化的统计。按预期的行动的公众数进行统计，了解有多少公众采取了我们所期望的行为。而重复相关行为的公众人数的统计，这是统计有多少公众的行为不是偶然的、心血来潮的、受他人影响的，而是真正认可并对组织有良好的评价，再次发生了组织所希望的行为。最后，对组织目标的实现与社会文化的发展是否相一致进行评估，也即，评估有没有获得良好的社会效益。有益于社会发展这是组织的最高境界。

二、公共关系评估的基本步骤

公共关系评估的基本步骤我们仍然参考卡特利普、森特和布鲁姆在《公共关系教程》一书中的概述，他们将公共关系评估的步骤分为以下10个步骤。

（1）设立统一的评估标准。如果目标不一致，不能形成共识，则会影响评估的效率与效果。

（2）确保组织对评估的承诺并使研究成为项目的基础。评估不是公共关系计划的附属或某一补救措施，而是公共关系计划的重要组成部分。

（3）在部门内取得对评估研究的共识。公共关系从业人员必须接受评估研究的概念，并在这一项工作中要有足够的工作时间扎扎实实地展开研究。

（4）用可以观察和可以测定的术语写出项目目标。在规划的过程中要做到明快和精确，特别是为目标公众撰写具体目标时更应如此。

（5）选择最适当的评估标准。

（6）确定获取证据的最佳途径。具体方法有：抽样调查、实地试验、案例研究或组织的记录等。方法的选择取决于：评估的问题和目的；评估的标准；调研成本。

（7）保持完整的计划实施记录。完整的文件材料能有助于确认哪些工作已完成、哪些未完成，有助于减少选择性理解和个人偏见的影响。

（8）评估结果的使用。公共关系活动的每一个周期都应比前一个周期表现出更大的影响力，这是因为运用前一个周期评估的结果对后一个周期进行了调整的缘故。

（9）向组织管理层报告评估结果。这样做一方面可以保证组织管理者及时掌握情况，有利于全面的协调；另一方面也可以说明公共关系活动在实现组织目标中的重要作用。

（10）丰富专业知识。公共关系的科学管理将导致人们对这一活动及其效果的深入理解；而效果评估的成果又进一步丰富了公共关系专业知识的内容。

公共关系评估的步骤与评估的内容会因公共关系工作类型、传播方式不一而有所区别。上面的10个步骤可作为我们学习和开展实务活动的参考。

任务训练

案例分析

麦当劳的消毒水事件

曾经有两位消费者到麦当劳用餐，点了两杯红茶后发现其中有极浓的消毒水味道。当时店面副经理解释，可能是由于店员前一天对店里烧开水的大壶进行消毒清洗后未把残余的消毒水排清所致。该副经理同时表示两位当事人可以提出赔偿要求，并在 7 时 15 分通知店长和地区督导赶到现场以妥善解决此事。但结果却是店长和督导两人直到 9 点多才相继出现，而在中间长达两个多小时的等待时间里，麦当劳的员工与两位当事人多次发生争执，工商部门的工作人员赶到现场进行调停近一个小时的努力也最终以破裂收场，从而导致当事人愤然报警。

两位当事人就此事向麦当劳提出要求，麦当劳应就此事件向消费者作出合理的解释、合理的答复和合理的赔偿。但麦当劳拒绝就此事作出调查和解释，只是决定向两人各赔偿 500 元，并承诺如两天内当事人身体不适可以到医院诊治，医药费给予报销。

麦当劳的行为引起了当事人的不满，两位当事人（他们的身份是记者）一怒之下，在媒体上将此"消毒水"事件曝了光。南方某媒体记者在事发两天后与广东三元麦当劳公司取得联系，想了解事情的相关情况，麦当劳公司表示此事仍在调查之中，不发表任何看法。

事隔一周之后，麦当劳公司发表了数百字的声明，描述了事件的过程并一再强调两位消费者是媒体记者，同时声明麦当劳一向严格遵守政府有关部门对食品安全的所有规定和要求，并保证麦当劳提供的每一项产品都是高质量的、安全的、有益健康的。整个声明没有提及自己的任何过失、该如何加强管理或向消费者表示歉意，更没有具体的解决事情的办法。

思考与讨论：
1. 你认为麦当劳在此次纠纷处理中的不当之处何在？
2. 如果请你为麦当劳拟写一份声明，你认为声明应该突出哪些内容？

回顾总结

本任务主要学习了公共关系评估的阶段和步骤，公共关系的效果评估，不仅对现阶段公关工作进行了总结，而且影响下阶段的公关的调查研究工作内容。

课后实践

一、判断题
1. 公共关系评估可以采用两套评估标准。（   ）
2. 评估控制着公关实践每个活动及环节。（   ）

二、选择题
1. 公关关系评估的阶段是（   ）。
   A．实施阶段   B．影响阶段   C．准备阶段   D．验证阶段
2. 公共关系评估是对公共关系的整体策划、传播（实施）及活动效果进行（   ）过程。
   A．测量   B．检查   C．分析   D．评价

三、简答题

公共关系评估的步骤有哪些?

蓄力职场

熟读公关评估的阶段和步骤,为将来可能的公关评估奠定基础。

项目 6
公共关系形象管理

学有所获
通过完成本项目，学生应该掌握如下知识点：
1. 掌握组织形象的定义和特征。
2. 了解组织形象的分类。
3. 掌握组织形象的塑造。

案例导入
日本在 20 世纪 50 年代中期从美国引入现代工业设计，在 70 年代实现了国民经济的起飞。在日本企业界，马自达公司是第一家设计开发和导入实施企业识别系统（Corporate Identity System,CIS）的企业。马自达公司原名为东洋工业公司，长期沿用以创始人松田重次朗命名的松田牌商标。商标是个圆环，中间为松田英语译名字首字母 m。m 的两根边线延伸，与圆环相接，常常使人误认为 hn。这就严重影响了企业及其产品的知名度和销售额。从 1975 年起，马自达公司公司决定逐步导入企业识别系统，实施企业形象战略。1984 年 5 月，企业员工和社会公众全面地认同了企业识别系统，也就是全面地认同了企业识别系统所展示的企业生产经营独特的发展战略、行为规范、运行实态。于是，东洋工业公司正式改名为马自达公司，并实行以下战略。第一，切实加强企业识别系统（即 CI 或 CIS）的开发和管理。马自达公司从一开始就专门成立了 CI 行动委员会，以总经理为主任，各部门和所属企业负责人为委员，决定和处理有关重大问题。行动委员会下设 9 人筹划小组，由行动委员会委员、企业策划部长为顾问和各类专业人员为成员组成，主持有关日常工作。CI 行动委员会授权委托一流水平的日本帕奥斯设计公司代理企业识别系统的设计和导入。马自达公司把规范编制的企业识别手册作为企业基本的规章制度和培训教材，并且通过全员培训，逐步地把企业识别系统推广和应用于企业经营的各个方面和整个过程之中。第二，精心地设计开发企业识别标志。企业识别标志的专用品牌标准名称为 MAZDA，不但明确地指称了企业，而且明确地指称了企业生产经营的所有产品，MAZDA 既是原商标名称松田的英语同音译名，又是西亚创造之神马自达公司的英语同音译名。马自达（MAZDA）的原义就是智慧。其中 M、Z、D 三个字母大写粗黑字体，两个 A 字母小写粗黑字体，Z 字母的上下两条横线同斜撇之间分开，体现了企业作为市场和客户的联系中介，必须提供优质产品、技术、服务的经营宗旨。整个字体图形的形象造型同马自达汽车的形象造型整体一致，无论稳定感、可靠感、依赖感还是立体感、动态感、速度感，都非常强烈有力，形象地表现和展示了企业及其产品设计领先、创造开拓的新面貌。企业识别标志的标准色彩为钴蓝色，不仅清新、明朗、轻快、舒畅，而且直观地表现和展示了企业及其产品的高新科学技术含量和现代审美文化内涵。20 世纪 70 年代，马自达公司重新制定和实施了企业生产经营的三大战略性主导原则："创造的进取性、高度的品质感、丰富的人本性"。企业识别系统正是通过企业名称、标志图形、标准色彩及其标准组合，把三大战略性主导原则具体地转化为既直观可感又亲切动人的企业识别形象。

【思考-讨论-训练】
1. 马自达公司的组织形象设计有何特点?
2. 本案例给你带来怎样的启发?

知识导航

6.1 组织形象概述

一、组织形象的定义和特点

1. 组织形象的定义

组织形象指社会公众和组织内部员工对组织整体的印象和评价,是社会公众对一个组织的完整信念。决定组织形象的因素,对组织内部而言,取决于组织的运行、管理情况和全体员工的精神风貌;对组织外部而言,取决于组织在公益事业中的表现。就企业而言,在"产品趋于相同"的情况下,其形象内容不仅仅限于产品的质量和价格,更重要的是企业整体所表现出来的正直、友善、活力、想象力、进取、能力等精神面貌。组织形象要通过公共关系活动来建立和调整。组织形象的优劣,直接影响组织目标的实现。对于企业来说,组织形象就是企业形象。

2. 组织形象的特点

(1)整体性。组织形象是一个有机的整体,形象是组织内部诸多因素共同作用的结果。以一个企业为例,企业形象包括:
① 企业历史、社会地位、经济效益、社会贡献等综合性因素;
② 员工的思想、文化、技术素质及服务方式、服务态度、服务质量等人员素质因素;
③ 产品质量、产品结构、经营方针、经营特色、基础管理、专业管理、综合管理等经营管理因素;
④ 技术实力、物质设备、地理位置等其他因素。

这些不同的因素形成不同的具体形象,但这些具体形象只是构成企业整体的基础,而完整的企业形象是各个形象要素所构成的具体要素的总和,这才是对组织具有决定性意义的宝贵财富。当然,对有些组织而言,可能会因某一方面的形象比较突出,进而掩盖其他方面的形象,导致组织形象片面性或不完整性。其实这也是正常的,因为组织宣传有侧重点,公众也不可能全面了解组织的所有情况,他们的印象大部分都是源于他们所能接触到的组织的一个或少数几个方面的情况,这就要求组织要认真对待每一个方面、每一个环节,从而在公众心目中形成良好的总体印象。

(2)主观性。组织形象是公众对组织的意见或看法,因而是一种主观性的东西。因为社会公众本身具有差异性,他们的社会地位、价值观念、思维方式、认识能力、审美标准、生活经历等各不相同,他们观察组织的角度、审视组织的时空维度也不相同,这样社会公众对同一企业及其行为的认识和评价就必定有所不同,"公说公有理,婆说婆有理"就是这个道理。此外,在形象塑造和传播过程中,必然要发挥组织员工的主观能动性,渗透企业员工的思想、观念和心理色彩,因此,组织形象是主观的。

(3)客观性。形象是一种观念,是人的主观意识,但观念的反映对象却是客观的,也就是说，组织形象所赖以形成的物质载体都是客观的，建筑物是实实在在的，产品是实实在在的，组织的员工也是具体的，组织的各种活动也是实实在在的。所以，组织形象作为客观事物的反映，是不以人的意志为转移的，不能在虚幻的基础上构筑组织形象。

（4）稳定性。当社会公众对组织产生一定的认识和看法以后，一般会保持一段时间，而不会轻易改变或消失，这就是组织形象的相对稳定性。要在公众心中留下一个印象并不容易，特别是在当今产品众多、广告泛滥的年代；然而，要改变一种产品或一个组织在公众心中的形象就更难了。比如说中国人到了国外，常会碰到一些令人啼笑皆非的提问，如凭票购物、统一服装甚至还有小脚女人之类的问题，反倒是中国近20年来发生的巨大变化在外国人（特别是没来过中国的外国人）心中并未留下什么印象。组织形象的这种相对稳定性可能会产生两种结果：其一是组织因良好形象被维持而受益；其二是组织因不良形象难以改变而受损。当然形象不是一成不变的，但要改变一种形象总是不容易的。

二、组织形象的分类

组织形象是多层次、多维度的，按照不同的角度，组织形象可以分为不同的类型。

1. 按照内容可以分为特殊形象和总体形象

特殊形象是某一或少数几个方面给公众留下的印象，或者组织在某些特殊公众心中形成的形象。如企业的良好服务使某些顾客形成了组织"优质服务企业"的形象，企业的某一次慈善捐款给公众留下了乐善好施、热心公益事业的形象。特殊形象对企业很重要，因为公众是不可能全方位、全面地了解组织的。组织在他们心中留下的往往就是这种特殊形象，而且某些公众就是因为组织在某些方面的独特形象而支持组织的，如歌迷之于演唱会、球迷之于球星等。因此，特殊形象是组织改善形象的突破口。

总体形象就是企业各种形象因素所形成的形象的总和，也是各种特殊形象的总和，但两者又不是简单的总和。一个比较极端的例子是：某个员工工作敬业、技术一流，人际关系也好，深得领导和同事的赞许；但不喜欢他的人们可能说，他没有个性或没有特长云云。对一个组织而言，就应该努力追求总体形象和特殊形象的统一和谐。

2. 按照组织形象真实程度可以分为真实形象和虚拟形象

真实形象是指组织留给公众的符合组织实际情况的形象，虚拟形象则是组织留给公众的不符合企业实际情况的形象。

虚拟形象形成的原因是多方面的，既有传播信息过程中的失真，也可能有公众评价的主观性、偏向性原因。需要说明的是，真实形象不一定就是好形象，而虚拟形象也未必等于坏形象，如企业经营伪劣产品被曝光在公众中形成的一个不好形象是真实形象，而一个骗子在被揭穿之前的公众楷模形象往往是虚拟形象。一些企业也通过虚假统计数据而在上级部门（官员）那里形成了一种好形象，但这肯定是虚拟的。对企业来说，当然应追求真实的良好形象，而避免虚假的、不好的形象。

3. 按照组织形象可见性可以分为有形形象和无形形象

有形形象是指那些可以通过公众的感觉器官直接感觉到的组织对象，包括产品形象（如产品质量性能、外观、包装、商标、价格等）、建筑物形象、员工精神面貌、实体形象（如市场形象、技术形象、社会形象等），它是通过组织的经营作风、经营成果、经济效益和社会贡献等形象因素体现出来的。

无形形象则是通过公众的抽象思维和逻辑思维而形成的观念形象，这些形象虽然看不见，但可能更接近企业形象的本质，是企业形象的最高层次。对企业而言，这种无形形象包括企业经营宗旨、经营方针、企业经营哲学、企业价值观、企业精神、企业信誉、企业风格、企业文化等。这些无形形象往往比有形形象有价值，如对麦当劳、可口可乐、索尼、劳斯莱斯等企业而言，他们的企业信誉等无形资产比那些机器设备和厂房要重要得多。

此外，还可以按形象的现实性，把组织形象分为实际形象和期望形象。

三、塑造组织形象的意义

市场经济的基本特征是竞争。竞争的最高层次就是组织形象的竞争。谁拥有了良好的组织形象，谁就能赢得公众的支持，谁就拥有了市场，并获得源源不断的利润，而且能使产品和组织在激烈的市场竞争中立于不败之地。塑造组织形象具有以下几种意义。

1. 组织形象是无形资产的重要组成部分

无形资产是组织资产的重要组成部分，它是不具有实物形态而以知识形态存在的重要经济资源。美国可口可乐公司的老板曾说过：如果公司在一夜之间被大火烧为灰烬，第二天各大银行就会主动上门来向公司提供贷款。因为公司还有360亿美元的无形资产。可见，无形资产的作用、价值远远超过有形资产。自然灾害可以损毁有形资产，但却不能减少无形资产的价值。世界上许多著名的组织，其无形资产都具有很高的价值。无形资产具有如此之大的魅力是因为它代表组织在公众心目中的良好形象，组织形象的好坏决定了无形资产价值的高低。因此，一个组织要不断地发展、维系自己的无形资产，就必须充分重视组织形象。

2. 组织形象是组织生存发展的精神资源

组织形象之所以能以精神资源作用于组织的生存发展，是因为组织形象具有以下功能。

（1）规范与导向功能。组织形象是把组织的价值观念和行为规范加以确立，为组织的生存与发展树立的一面旗帜，向全体职工发出的一种号召。这种号召一经广大员工所认可、接受和拥护，就会产生巨大的规范与导向作用。像日产公司强调的"品不良在于心不正"，德尔塔航空公司倡导的"亲和一家"等，都是在教育、引导、规范着员工的言行、态度，让他们在本职工作中尽力做到完美，注意把自己的形象与组织形象联系起来，使本组织成为世界一流的组织。

（2）凝聚与整合功能。组织因不同的人从事不同的工作，人的性格、爱好、追求又不一样，如果没有一种精神力量把他们"黏合"起来，组织就会成为一盘散沙。组织形象确立的共同价值观和信念，就像一种高度的理性黏合剂，将组织全体员工紧紧地凝聚在一起，形成"命运共同体"，产生"集体安全感""心往一处想，劲往一处使"，成为一个和谐、默契的高效率集体。

（3）激励功能。良好的组织形象可以使组织内部的员工产生一种骄傲与自豪感。这种感觉可以让员工保持一种士气高昂、奋发进取的精神态度。因为每个人都有尊重的需要，希望得到他人的尊重与羡慕。因此，当员工在与别人谈起"值得骄傲"的组织时，那种对组织的热爱与爱戴就不言而喻了。这种对组织的热爱会产生强烈的激励作用，诱导并刺激着员工的工作热情和积极性。

（4）辐射作用。组织形象的建立，不仅对内有着极大的凝聚、规范、号召、激励作用，而且能对外辐射、扩散，在一定范围内对其他组织乃至整个社会产生重大影响。像我国20世纪60年代的"铁人精神"以及在日本企业界经常听到的"松下人""丰田人"的说法，都是组织形象对外辐射的典型范例。

3. 组织形象是外在扩张的市场铺垫

在现代社会，公众对商品的购买，不仅是对产品的功能和价格的选择，同时也是对组织精神、经营管理作风、服务水准的全面选择。组织形象的优良与否，是公众选择的重要依据。良好的组织形象会使公众对产品产生"信得过"的购买心理与勇气，使公众能够在纷乱杂陈、眼花缭乱的商品世界中培养起组织的忠诚度，从而达到使组织争夺更大的市场份额、进行组织扩张的目的。德国大众汽车公司通过在北美和欧洲进行的调查发现，如果顾客的愿望在一家公司没有得到满足，那么他会疏远该公司的产品。该调查认为，一个厂家失去了顾客，只有30%是由于产品质量或价格的原因，60%的顾客转向其他产品是由于服务或售后服务不好，使他们没有受到礼貌的接待。大多数消费者会对组织的服务进行评价，并且会相互传播。这种口头传播的效力是十分惊人的。因此，树立良好的组织形象，就等于留住了顾客，就等于达到了组织扩张的目的。

任务训练

案例分析

新加坡东方大酒店就是利用"顾客至上、以人为本"的组织形象，为顾客在力所能及的范围内提供"超级服务"，一次，4位来东方大酒店咖啡厅的客人，因人多嘈杂，随口说了声"吵死了，听不清"。这话让一位服务员听到了，她马上为他们联系了免费客房供他们讨论问题。对此，4位客人十分惊讶、感动。两天后，4位客人给酒店送来了感谢信："感谢贵大酒店前天提供的服务，我们受宠若惊，并体会到什么是世界上最好的服务。我们4人是贵酒店的常客，从此，我们除了永远成为您的忠实顾客外，我们所属的公司以及海外来宾，亦将永远为您尽力宣传。"

良好的组织形象可以赢得社会舆论，铺垫潜在市场。社会各界的了解、信任、好感和合作，有利于改善组织的生存发展环境，便于组织的对外扩张。

思考与讨论：
1. 良好的企业形象对于企业经营发展有何帮助？
2. 酒店要如何树立良好的企业形象？

回顾总结

本任务主要学习了组织形象的概念和特点，组织形象的分类和塑造。良好的组织形象有利于增强企业的竞争力。

课后实践

一、判断题
1. 组织形象是多层次、单维度的。（　　）
2. 不同的时期，组织形象塑造的途径和方法会基本一致。（　　）
3. 竞争的最高层次就是组织形象的竞争。（　　）

二、选择题
1. 组织形象的特征是（　　）。
   A. 整体性　　　　B. 主观性　　　　C. 客观性　　　　D. 稳定性
2. 组织形象按照内容可以分为（　　）
   A. 特殊形象　　　B. 总体形象　　　C. 真实形象　　　D. 无形形象

三、简答题

塑造组织形象，对于企业发展有何意义？

蓄力职场

掌握组织形象的概念和特点，组织形象的分类和塑造。知道企业的竞争在某种程度上，就是组织形象的竞争，为将来的职场竞争奠定基础。

6.2 企业形象识别系统

一、企业形象识别系统概述

企业形象识别系统（Corporate Identity System，CIS），也可称为企业形象设计，是指企业有意识、有计划地将自己企业的各种特征向社会公众主动地展示与传播，使公众在市场环境中对某一个特定的企业有一个标准化、差别化的印象和认识，以便更好地识别并留下良好的印象。CIS 一般分为三个方面，即企业的理念识别（Mind Identity，MI），行为识别（Behavior Identity，BI）和视觉识别（Visual Identity，VI）。对于企业来说，组织形象就是企业形象。CIS 的核心目的是通过企业行为识别和企业视觉识别传达企业理念，树立企业形象。

理念识别（MI），是确立企业独具特色的经营理念，是企业生产经营过程中设计、科研、生产、营销、服务、管理等经营理念的识别系统，是企业对当前和未来一个时期的经营目标、经营思想、营销方式和营销形态所作的总体规划和界定。主要包括企业精神、企业价值观、企业信条、经营宗旨、经营方针、市场定位、产业构成、组织体制、社会责任和发展规划等。理念识别属于企业文化的意识形态范畴。

行为识别（BI），是企业实际经营理念与创造企业文化的准则对企业运作方式所作的统一规划而形成的动态识别形态。它是以经营理念为基本出发点，对内是建立完善的组织制度、管理规范、职员教育、行为规范和福利制度；对外则是开拓市场调查、进行产品开发，透过社会公益文化活动、公共关系、营销活动等方式来传达企业理念，以获得社会公众对企业识别认同的形式。

视觉识别（VI），是以企业标志、标准字体、标准色彩为核心展开的完整、体系的视觉传达体系，是将企业理念、文化特质、服务内容、企业规范等抽象语意转换为具体符号的概念，塑造出独特的企业形象。视觉识别（VI）在 CI 系统中最具有传播力和感染力，最容易被社会大众所接受，占有主导的地位。

二、企业形象识别系统（CIS）的内容

1. 理念识别（MI）

理念识别（Mind Identity）就是企业经营的观念，指导思想。它属于思想、意识的范畴。在发达的国家中，现在越来越多的企业日益重视企业的理念，并把它放在与技术革新同样重要的地位上，通过企业理念引发、调动全体员工的责任心，并以此来约束规范全体员工的行为。从 CIS 战略来理解识别包括两层含义。一是统一性，二是独立性。

理念识别是企业识别系统的核心。它不仅是企业经营的宗旨与方针，还包括一种鲜明的文化价值观。对外它是企业识别的尺度，对内它是企业内在的凝聚力。完整的企业识别系统

的建立，首先有赖于企业经营理念的确立。

对于理念识别而言，如果企业领导与员工对企业的使命、制度、价值观等理念不一，就是缺乏统一性。"独立性"，也就是使每个企业的理念区别于其他企业，只有独立性才能达到识别的目的。因此，每个企业在确定企业理念时，不能千篇一律，而应体现出企业的"个性"，让广大消费者通过这种有个性的企业理念来认识企业。通过上述分析，理念识别可以定义为得到社会普遍认同的、体现企业自身个性特征的、促使并保持企业正常运作以及长足发展而构建的反映整个企业明确的经营意识的价值体系。理念识别的概念应该永远是一个开放性的体系，它随CIS战略的导入，将会不断融入我国自身的文化精髓，并适应高速发展的经济形势，形成有中国特色的、有中国民族工业特点的企业信息传播的识别理念。

企业理念主要包括下面三个要素：企业存在的意义（企业使命）、企业的经营理念（经营战略）和企业的行为规范（员工的行为准则）。

（1）企业使命。企业使命是指企业依据什么样的使命在开展各种经营活动。企业使命是构成企业理念识别的出发点，也是企业行动的原动力。没有这个原动力，企业将处于瘫痪状态，企业即使在运营，也将是没有生气的、走向破产的边缘。对于企业而言，企业使命至少有两层含义。其一是功利性的、物质的要求。也就是说，企业为了自身的生存和发展，必然要以实现一定的经济效益为目的。如果企业丧失了这一使命，就失去了发展的动力，最后逐步萎缩下去直至破产。其二是企业对社会的责任。因为企业作为社会的一个构成、一个细胞、一个组成部分，它必须担负着社会赋予它的使命。企业如果只知道经济效益、追求利润，而逃避社会责任，必然遭到社会的报复，直至被社会所抛弃。

要使企业取得成功与成就，其领导人所具有的事业的理想、社会的责任感是十分重要的，企业的理念往往是这种理想和使命的延伸。仅仅靠发财的欲望是无法支撑一个真正成功的大企业的。

（2）经营理念。经营理念或经营战略是企业对外界的宣言，表明企业觉悟到应该如何去做，让外界真正了解经营者的价值观。如果说企业的存在意义（企业使命）还有一定的抽象性，那么，经营理念就无法停留在抽象的概念上。它具体包括以下内容。

① 企业的经营方向。企业形象的好坏在很大程度上取决于企业经营方向是否正确，以及对目标市场需求的满足程度。企业一定要依据自身的经营条件和能力选定目标市场，根据目标市场的需求状况变动趋势，生产经营适销对路的产品，不断调整产品结构，使顾客的需求得到最大限度的满足。

② 企业经营思想。即企业的经营战略，这是企业经营理念的最核心的部分。经营战略，简单地说，就是企业根据自己内部条件和外部环境，来确定企业的经营宗旨、目的、方针、发展方向近远期目标的规划，以及实现经营目标的途径。

③ 企业经营战略。是指导一个企业全部经营活动的根本方针和政策，是企业各方面工作的中心和主题。它规定企业的经营方向和业务活动范围，从而确定企业的性质和形象，规定企业的经营目标、长远发展目标和中短期目标，提出达到经营目标的战略方针、途径和重点，还决定具体的行动计划和实施方案。

企业经营战略的原则。企业经营战略的原则主要有：竞争原则、盈利原则、用户至上原则、质量原则、创新原则和服务原则。

（3）行为规范。理念识别的第三个要素就是行为规范。行为规范不仅指企业的行为规范，也包括企业每一个员工的行为准则。

企业理念识别的功能包括：导向功能、渗透功能和凝聚功能。

企业理念的类型包括创新型企业理念、人本型企业理念和顾客型企业理念。

创新型企业理念：这一类型的企业理念，其主要特色是提倡创新意识和冒险精神，鼓励员工不断试验，勇于革新，强化企业内部的公平竞争。

人本型企业理念：这一类型的企业理念的主要特色是人不是机器，而是有血有肉、有头脑有智慧的创造者。

顾客型企业理念：其主要特色是"顾客至上"，不仅仅只是服务态度和待客利益方面的"至上"，根本在于一切从顾客需求出发。

2. 行为识别（BI）

行为识别（Behavior Identity），直接反映企业理念的个性和特殊性，是企业实践经营理念与创造企业文化的准则，对企业运作方式所作的统一规划而形成的动态识别系统。包括对内的组织管理和教育，对外的公共关系、促销活动、资助社会性的文化活动等。通过一系列的实践活动将企业理念的精神实质推展到企业内部的每一个角落，汇集起员工的巨大精神力量。行为识别包括以下内容：对内，包括组织制度、管理规范、行为规范、干部教育、职工教育、工作环境、生产设备、福利制度等；对外，包括市场调查、公共关系、营销活动、流通对策、产品研发、公益性文化性活动等。

理念识别是行为识别的基础和原动力，它规划着企业内部的管理、教育以及企业对社会的一切活动。行为识别对内的活动包括干部教育、员工教育（这里又包括服务态度、服务技巧、礼貌用语和工作态度等）、工作环境等项目。对外活动包括市场调查、产品销售、公共关系、广告宣传、促销活动等。各企业积极参与社会事件和公益文化活动，也属于行为识别的范畴，其目的主要在于赢得参与活动的社会公众的认同。一切行为识别系统的活动，应该是从人出发，再回到人本位，使活动充满人情味，有关心人的亲和感。这对包括公关、促销等活动，是非常重要的。同时，应当让企业的宗旨、企业精神及形象设计渗入到生活领域中去，因为生活领域比销售领域更宽广，更有潜在影响力。企业形象识别系统（CIS）渗入到生活领域应当不是强制性的，而是让人们在不知不觉中接受的，默默地体味到企业的关怀，树立起良好的企业形象。例如福特汽车的关怀是这样向世人传达的：在汽车的斑马线上，一位白发苍苍的老人正准备过马路，但车水马龙，谁也不肯停下一会儿，这时画外音："人人都有老时"。这是一则成功的广告，虽未直接推销自己的产品，却给人留下了深深的思考，并留下了关心他人的福特汽车的企业形象。

3. 视觉识别（VI）

视觉识别（Visual Identity），是将企业形象识别（CI）的非可视内容转化为静态的视觉识别符号。设计到位、实施科学的视觉识别系统，是传播企业经营理念、建立企业知名度、塑造企业形象的快速便捷之途。企业通过 VI 设计，对内可以赢得员工的认同感、归属感，加强企业凝聚力，对外可以树立企业的整体形象，资源整合，有控制地将企业的信息传达给受众，通过视觉符码，不断地强化受众的意识，从而获得认同。

优秀的 VI 设计应其有强烈的视觉冲击力，且形式完美、装饰性强、创意独特，使人赏心悦目，让人们在愉悦中牢记其品牌含义。具有审美价值的 VI 设计，更能贴近人们的生活，有强烈的亲和力，让人们喜欢、耐看、易认、易记。VI 设计在品牌时代广泛应用于各种传播媒体，它能有效引导大众的审美观念，领导视觉艺术的时尚潮流。

VI 基本要素系统主要包括：企业名称、企业标志、标准字、标准色、象征图案、宣传口语、市场行销报告书等。

VI 应用系统主要包括：办公事务用品、生产设备、建筑环境、产品包装、广告媒体、交通工具、衣着制服、旗帜、招牌、标识牌、橱窗、陈列展示等。视觉识别（VI）在企业形象识别系统中最具有传播力和感染力，最容易被社会大众所接受，据有主导的地位。

任务训练

案例分析

小米公司的 CIS 系统

小米公司（全称北京小米科技有限责任公司）正式成立于 2010 年 4 月，创始人有雷军、林斌等七人，是一家专注于高端智能手机自主研发的移动公司，小米手机、MIUI、米聊是小米公司旗下三大核心业务。"为发烧而生"是小米的产品理念。小米公司首创了用互联网模式开发手机操作系统、发烧友参与开发改进的模式。近年来也涉及了家庭网络电器用品和数码产品等等。

一、理念识别系统（MI）

公司目标：使手机取代电脑，做顶级智能手机。具体经营目标是重新发明手机，经营理念是发烧而生，双方共赢。小米每周升级一次操作系统，是让用户觉得小米手机用起来是活的，让用户体会到小米是一个真正用心做产品的团队，从而带给他们更大的传播信心和动力。小米公司的企业精神是自由（Freedom）、创新（Creativity）、极客（Geek）、团队（Team）。小米员工们都富有激情，且有很强的极客精神；小米员工们虽来自多家 IT 公司，但内部团结友爱。小米没有森严的等级，每一位员工都是平等的，每一位同事都是自己的伙伴。小米崇尚创新、快速的互联网文化；讨厌冗长的会议和流程，在轻松的伙伴式工作氛围中发挥自己的创意；相信用户就是驱动力，坚持"为发烧而生"的产品理念。

二、行为识别系统（BI）

小米公司设置了 24 小时电话客服、小米之家、微博、米聊等一系列的服务方式，客户可以获得关于小米官方产品最全面的产品信息。无论是产品规格还是操作指导，甚至包括更深入的玩机技巧，小米员工都乐意为客户耐心地一一解答。当顾客的产品出现问题时，小米之家为顾客提供快速、省心、贴心的售后服务。顾客只需要提供凭证并告诉小米之家自己的需求，剩下的就由小米之家全面负责解决。

小米公司构建产业链生态体系，构建整个产业链的生态体系即是通过高产量与市场占有率在整个产业的上下游之间做到信息流、资金流、物流的全面掌控。在销售网络中掌控信息，使公司对于消费者需求迅速给出应对与反馈。

热衷于使用智能手机以及想要使用智能手机，但又考虑现有智能手机市场价格太贵的那部分消费者群体无疑是广泛的。独特的产品定位，独特的营销策略，不以盈利为目的的硬件承载了开拓市场的重任。作为市场的新进入者和挑战者，小米手机的一大战略就是"低价高配"电子商务平台销售，最大限度地省去中间环节，运营成本相比传统品牌能大大降低，从而最终降低终端的销售价格。

小米之家提供不仅仅是售后服务，这里更是一个让"米粉"自由分享沟通的流平台。小米会不定期举行各种互动活动，比如微博抽奖、小米同城会、小米设计大赛等来持续刺激客户，时刻给客户带来超值的体验。

三、视觉识别系统（VI）

小米的 LOGO 是一个"MI"形，是 Mobile Internet 的缩写，代表小米是一家移动互联网公司，其次是 Mission Impossible，小米要完成不可能完成的任务；另外，小米的 LOGO 倒过来是一个心字，少一个点，意味着小米要让我们的用户省一点心。企业标准色是橘色，同标识颜色，代表小米的活力、创造力、竞争力。

小米产品的包装盒采用环保材料，且坚固耐压，特点是简洁大方、经济环保。

"没有设计就是最好的设计"，这是雷军在小米手机发布会上介绍小米手机外观时的总结。小米手机的确没有任何多余的设计，它的外观崇尚简约，这也就使得它刚拿到手之时会让人觉得没有惊艳之感，同时也没有失望之情，但这样的设计却让它更为耐看。小米手机虽然外观中规中矩，但是在一些细节方面还是做到位了：机身背面采用了磨砂材质，其一不容易留下指纹，其二握持手感出色；此外，机身正面取消了国人不太常用的搜索按键，大大提升了整机的实用性。

思考与讨论：

1. 小米公司的 CIS 设计有何特点？
2. 小米公司的 CIS 系统对公司的发展有何帮助？

回顾总结

本任务主要学习企业形象识别系统（CIS）的概念和内容，了解了理念识别（MI）、行为识别（BI）、观念识别（VI）的内容及构成要素。

课后实践

一、判断题

1. 理念识别是企业识别系统的核心。（   ）
2. 在识别系统中，只有企业标志、标准字和企业造型。（   ）
3. 视觉基本要素系统是企业形象的重要部分。（   ）

二、选择题

1. 企业理念主要包括以下要素（   ）。
   A．企业使命　　　B．经营战略　　　C．员工的行为准则　　D．管理思想
2. 企业理念识别（MI）的功能包括（   ）。
   A．导向功能　　　B．渗透功能　　　C．凝聚功能　　　　　D．广告功能
3. 视觉识别（VI）的基本原则包括（   ）。
   A．统一性　　　　B．差异性　　　　C．有效性　　　　　　D．审美性

三、简答题

1. 经营理念包括哪些内容？
2. 视觉识别系统（VI）的设计有何要求？

蓄力职场

掌握理念识别（MI）、行为识别（BI）、观念识别（VI）的内容及构成要素。认识到企业的竞争是综合实力的竞争，MI、BI、VI 缺一不可，为将来的职场竞争奠定基础。

6.3 企业形象设计途径

一、企业理念识别（MI）的设计

1. 理念识别（MI）设计的内涵

（1）企业经营哲学。企业经营哲学是对企业全部经营行为的根本指导，它涉及的根本主体是企业中人与物、人与经济规律的关系问题。日本学者的观点是，为了确保在崭新的21世纪中能够享有崇高的声誉和激发企业动力，企业必须确立一种经营思想，就是在"人""文化"和"经济规律"之间寻求平衡，形成一套能行之有效地协调处理人与经济规律关系的固定的方式与方法。美国管理学界认为，企业哲学与企业经营的关系，就好比火车头和车厢，企业经营哲学是企业成功与进步的原动力。

（2）企业价值观。所谓价值观，即人们的信仰、价值、心态系统中可供评价的若干侧面具有价值和价值大小的总体看法和根本观点。企业价值观作为普遍存在于企业成员头脑中的价值观念，是从企业主体文化背景的主要部分的重大哲学问题中衍生出来的。它具有规范性的特征，它使员工知道什么是好的、什么是坏的，什么是正确的和错误的，什么是积极的和消极的，什么是员工应该努力为之奋斗的。企业价值观作为员工一种共同的、一致的价值取向，决定了每一个人的行为趋势。任何企业都必须形成强大的群体力量，才能保证企业立于不败之地。而这种凝聚力来自企业全体员工对本企业价值观的共同信仰，知而信之愈深，则行动必速必勇，则企业必将无往而不胜。

（3）企业精神。所谓企业精神是企业在长期的独立的生产经营活动中逐步形成和发展起来的共同信念。经营宗旨和价值观念，它为企业经营活动提供精神支柱和前进动力。企业精神是企业文化的重要组成部分。它是一种应用精神，它是在企业生产经营过程中形成的，反过来又为企业经营活动服务。

2. 理念识别设计的内涵

（1）理念识别应体现民族化、个性化和概括化原则。任何企业都是处在一个具体的民族环境中，而且这种民族感染力和熏陶对一个企业意义深远。因此，理念设计应以自身民族特点为根基，具备这种素质的企业才更具备发展潜力。

除了民族特征这个大环境，每个企业都有其自身的特点。市场中有数以万计的企业，他们都在努力唤起消费者注意。有人说，现在的市场经济是"注意力经济"，也称"眼球经济"，谁赢得了关注度，谁就赢得了市场，也就有更多的机会迅速成长起来，这就需要企业的理念设计要突出自身的特点。目前理念设计的通病就是千篇一律、缺乏个性，"团结、奋进、求实、创新"，凡此种种，俯拾皆是。理念设计本身就缺乏创新，又何谈引起顾客注意？

（2）企业理念设计应具备导向力、凝聚力、辐射力、稳定力等基本功能。良好的企业理念，可以使员工潜移默化地接受本企业共同的价值取向，使之为这一公认的方向而勤奋工作，而在这一奋斗的过程中，员工自然而然地凝聚在企业领导者周围，由此便形成一股强大的力量，从而得以在市场竞争中攻城拔寨。

一个企业的经营理念一旦确定，在其全体员工齐心协力的运作下，必将产生强大的辐射力，对同行业企业和同业市场起到很强的示范带头作用，如松下公司的企业理念诞生于日本却辐射到中国；亚细亚的经营理念产生于郑州却辐射到全中国，并且对全国的零售行业产生了巨大的冲击力。

企业理念还应具备一定的稳定性，因为企业理念是通过不同时期的全体员工的共同认可和内化而得以形成的，并非某个企业家的个人行为，它不会因某个领导者的离去或变更而有所改变。

（3）企业理念设计的过程应遵循务实、集思广益的原则。企业是处于社会、人文等大的环境之下，其经营活动及收益也取决于其适应环境的能力，因此，在设计MI时，必须本着务实、求真的态度，坚持调查研究。不光要调查外部环境，还应看重企业内部情况的调查，充分考虑到外部社会对企业的基本期望，同时兼顾本企业员工的共同愿望，通过这种途径确立的企业理念将更具有科学性和可操作性。

二、企业视觉识别（VI）的设计

视觉识别系统（VI），是CIS系统最具传播力和感染力的部分，是将CI的非可视内容转化为静态的视觉识别符号，以丰富、多样的应用形式，在最为广泛的层面上，进行最直接的传播。设计到位、实施科学的视觉识别系统，是传播企业经营理念、建立企业知名度、塑造企业形象的快速、便捷之途。

VI设计一般包括基础部分和应用部分两大内容。其中，基础部分一般包括企业名称、标志设计、标识、标准字体、标准色、辅助图形、标准印刷字体、禁用规则等；而应用部分则一般包括标牌旗帜、办公用品、公关用品、环境设计、办公服装、专用车辆等。

1. 视觉识别（VI）设计的作用

（1）在明显地将该企业与其他企业区分开来的同时，又确立该企业明显的行业特征或其他重要特征，确保该企业在经济活动当中的独立性和不可替代性；明确该企业的市场定位，属企业的无形资产的一个重要组成部分。

（2）传达该企业的经营理念和企业文化，以形象的视觉形式宣传企业。

（3）以自己特有的视觉符号系统吸引公众的注意力并产生记忆，使消费者对该企业所提供的产品或服务产生最高的品牌忠诚度。

（4）提高该企业员工对企业的认同感，提高企业士气。

在品牌营销的今天，没有VI设计对于一个现代化的企业来说，就意味着它的形象将淹没于商海之中，让人辨别不清；就意味着它是一个缺少灵魂的赚钱机器；就意味着它的产品或服务毫无个性，消费者对该企业的产品或服务无眷恋；就意味着团队的涣散和低落的士气。

2. 视觉识别（VI）的设计

实施VI战略是企业信息传播的系统工具。企业的视觉识别系统将企业理念、企业价值观，通过静态的、具体化的、视觉化的传播系统，有组织、有计划和正确、准确、快捷地传达出去，并贯穿在企业的经营行为之中，使企业的精神、思想、经营方针、经营策略等主体性的内容，通过视觉表达的方式得以外形化。是社会公众能一目了然地掌握企业的信息，产生认同感，进而达到企业识别的目的。

企业识别系统应以建立企业的理念识别为基础。换句话说，视觉识别的内容，必须反映企业的经营思想、经营方针、价值观念和文化特征，并应广泛在企业的经营活动和社会活动中进行统一的传播，与企业的行为相辅相成。因此，企业识别系统设计的首要问题是企业必须从识别和发展的角度，从社会和竞争的角度，对自己进行定位，并以此为依据，认真整理、分析、审视和确认自己的经营的理念、经营方针、企业使命、企业哲学、企业文化、运行机制、企业特点以及未来发展方向，使之演绎为视觉的符号或符号系统。其次，是将具有抽象特征的视觉符号或符号系统，设计成视觉传达的基本要素，统一地、有控制地应用在企业行为的方方面面，达到建立企业形象之目的。在设计开发过程中，从形象概念到设计概念，再从设计概念到视觉符号，是两个关键的阶段。这两个阶段把握好了，企业视觉传播的基础就具备了。

三、企业行为识别（BI）的设计

企业行为识别也称品牌商标形象战略的行为识别，简称 BI，是指在企业的经营理念、企业价值观、企业精神指导下的企业识别活动。它通过企业的经营管理活动以及社会公益活动等来传播企业的经营理念，使之得到企业内部员工的认可和支持后，更能进一步得到社会公众的接受，从而进一步强化其品牌形象，在市场创立的品牌中树立一种美誉度极高的企业形象，创造更加有利于企业深化发展的内外部环境。从这意义上讲，企业行为识别是以企业独特的经营理念为基本前提，这就决定 BI 也就具有某个个性化特点，它始终围绕着企业经营理念这个核心展开。

企业行为识别还兼具一贯性、策略性特征，它区别于企业的一般性经营活动，充分调动企业所能利用的各种媒体和传播工具，采用丰富多彩、不拘一格的活动，以最大限度地赢得内外环境的认同为己任。这里所说的一贯性，是指具有典型识别意义的企业活动，必须长久不懈地坚持下去，比如说企业定时、定期的集会活动、典礼和仪式以及具有企业识别意义的由员工亲自参加的经营活动甚至包括社会公益活动等。企业行为识别的策略性是指企业识别性活动的形式、内容、方式、时间、场合等都要根据企业理念识别作出策略性调整和应用，根据不同企业、不同阶段的企业目标以及不同时点、不同场合的受众情况，企业行为识别将会有各种各样的表现形式，所有的企业行为识别活动就是有计划、按步骤、分阶段来实施的。

1. 企业的内部行为识别

所谓企业内部行为识别即企业行为识别在企业内部对本企业员工的传播活动，其目的是使企业理念得到主体员工的认同，因此有人称其为企业的自我认同。

企业内部行为识别与企业经营管理紧密相连，企业经营管理活动是企业行为识别的重要内容，包括管理制度和管理方法，不仅是企业纯粹的管理行为，也是企业行为识别策划所制定的规则和章程，是全体员工都应遵守和执行的。企业应该卓有成效地将正确的经济效益观念、质量观念、市场观念、时间信息观念、企业文化观念等传达给员工。在组织机构的管理上，企业应根据自身特点，建立一套科学的、有快速反应能力的、能输出高效能的组织结构体系。组织结构的设置、部门的划分、岗位的增减调整、人员的配备均应以提高整体效能为目标。

2. 企业的外部行为识别

企业对外的识别活动，是指企业在市场调研和营销策划的基础上，通过一系列公共关系活动、社会公益活动等，向社会公众进行的信息传播活动，其目的是由此有计划、有步骤地传播企业文化和经营理念，以求得社会公众的认可，如企业的经营活动营造一个理想的外部环境。

企业外部行为识别主要应从以下两个方面进行设计。

（1）市场营销。市场营销是企业最主要的外部经营活动，它是企业从市场特点及消费者需求角度出发，将适销对路的产品通过有效的渠道、有力的促销、合理的策略以及完善的服务等传递到消费者的一整套经营管理行为。它不仅能给企业带来经济效益；更为重要的是，它塑造了企业及其产品的市场形象，这对于一个有长远发展战略的企业来讲十分重要。

在营销活动的设计上应该考虑以下几点。首先，企业营销活动在传达企业信息的层面上应具有统一性和整体性。市场营销本身是一套复杂的、成体系的工程，它在实施的过程中，肩负着传递信息的任务，各个层次、分阶段的营销活动之间在考虑自身的连贯性之外，还要兼顾信息传递的统一性。如果这一点做得不好，极易损害企业及产品的市场形象。其次，营销活动所传递信息必须具有识别性。这反映在营销活动的各个具体环节上。比如相较于同类竞争产品，自身产品的特色；相较于竞争对手，自身的销售渠道的特色及促销特色等，都要通过巧妙的构思，使其具有鲜明的识别性，否则弄巧成拙，反而为他人做嫁衣。

（2）公共关系。企业外部公共活动主要是针对消费者、社区大众以及政府和新闻媒体的，旨在通过全面的、一贯的、长期的信息传播活动，塑造良好的企业形象。

针对消费者传播。企业与消费者的良好关系首先是以满足其需要，维护其合法权益为基础的。健全的客户政策，树立真诚为消费者谋福利的观念是维持双方良好关系的前提。企业与消费者的信息传播途径很多，如通过销售渠道，展览展示直接与最终用户沟通和交流；通过大众媒体发布新闻、刊登广告。出版刊物、邮寄信函等；此外，还有举办产品知识培训、试用等。

针对社区公众的信息传播。除以上所提及的传播渠道外，企业还可通过座谈会、走访社区团体和部门、赞助文化、体育事业、参与社会公益事业，以取得社区公众的理解和认同，塑造良好的企业形象。

针对媒体的传播活动。媒体是影响和引导社会舆论最强有力的工具，良好的媒介关系是企业建立良好的公众形象的有力武器。企业应与媒体建立一种真诚互信的关系，企业向媒体提供的新闻信息必须保证真实可靠，以借助媒体营造气氛，扩大影响。其方式主要有召开新闻发布会、记者招待会、双方互访以及与媒体合作举办各种有影响力的社会活动等。

任务训练

案例分析

有一次，一位刚刚来到中国的外国平面设计师朋友问我们，是不是中国所有的银行都是联营的，因为他在中国见到的几家银行的标志中都有外圆内方的影子。我们在对这位国外同行对形象的敏感表示佩服的同时，也对我们的设计师的灵感匮乏而感到尴尬。好不容易中国的银行里出现了"广东发展银行"这样终于跳出了孔方的影子，可定睛一看，该银行的标准字体设计"广东发展银行"六个字居然没头没脑地使用了一般仅在正文排版时才使用的笔画细细的标准楷书。这不仅使得该标志设计中的标准字体设计与其左边的圆形标识的比例关系严重失衡，而且令银行应该持有的那种可靠、稳健、持重的形象荡然无存！"泰康人寿"的标志也存在类似的问题：把一个本来非常稳定的正方形旋转45°后"立"了起来，营造出这样不稳定的意向难道对该公司所从事保险业的行业特点有任何积极的视觉帮助吗？

如果就个案而言，"中国电信""中国移动"和"中国邮政"的标志都称得上是上乘之作。但是，它们在结构、字体，甚至颜色上的高度相似性使得它们同时丧失了VI设计中最宝贵的品质——个性。抄袭自我者有，抄袭他人者更是不乏：国内有一个小有名气的运动鞋品牌，其产品标志设计干脆就把Nike和Adidas两家的标志合二为一！

思考与讨论：

1. VI 设计为什么要强调个性化？
2. 举例几个成功和失败的 VI 设计，讨论失败的原因。

回顾总结

本任务主要学习了企业形象设计（CIS）的途径。MI、VI、BI 的设计的途径有所不同，要求灵活应用。

课后实践

一、判断题

1. 良好的媒介关系是企业建立良好的公众形象的有力武器。（　　）
2. 企业行为识别（BI）兼具一贯性、策略性特征。（　　）
3. 在设计开发过程中，从视觉符号到设计概念，再从设计概念到形象概念，是两个关键的阶段。（　　）

二、选择题

1. 企业外部行为识别主要应从以下两个方面进行设计（　　）。
   A. 市场营销　　　　B. 广告　　　　C. 公共关系　　　　D. 营业推广
2. 企业外部公共活动主要是针对（　　）。
   A. 消费者　　　　B. 社区大众　　　　C. 政府　　　　D. 新闻媒体

蓄力职场

掌握了解 MI、VI、BI 设计的途径和方法，能够利用市场营销和公共关系进行外部识别，在激烈的市场竞争中获得优势。

6.4　CIS 导入过程

CIS 导入是指结合企业的具体情况，开始推行或再次推行 CIS（对以前已实施的 CIS 进行修改和变动）的全过程。CIS 导入是实施 CIS 的关键阶段，它确定了本企业 CIS 的各项基本要素的内容，形成 CIS 执行的关键文件《CIS 手册》，以及全面实施 CIS 的计划。CIS 导入一般要求在一定的计划时间内，保质保量按期完成。

一、CIS 导入的内容和顺序

CIS 导入必须严格遵守这个顺序进行。但是，对于不同的企业由于其自身的特殊性，可能有所不同，企业可根据自身的具体情况仔细推敲决定。它是一项细致的工作，需要企业全体职工和所有部门的共同参与。

（1）确认企业 CIS 导入的"目的"和"计划"被批准，也即由企业内部经过多方讨论确定的目的和计划，经企业领导批准实施。

（2）CIS 导入的组织落实。包括：企业内部成立专门负责 CIS 实施的部门和领导机构；与帮助实施 CIS 的公司签订合同；确定在实施过程中各有关部门的权利和义务。

（3）与 CIS 实施有关的所有部门和人员共同研究确定实施目的、目标、实施方针及有关事宜。

（4）制订导入计划，包括时间进度计划以及各个阶段的详细内容。

（5）在事前对形象调查内容、方法、对象的确定，可委托或自行调查组织的确定，也可进行问卷设计、审查和确定。

（6）实施调查。

（7）再次确认本企业的经营战略、经营方针等。

（8）对调查进行统计分析。

（9）根据调查分析的有关资料，确定或再次确认企业的经营理念的简要表达形式。

（10）把最后确定的"理念"简要表现形式，以报告的形式交付有关部门和职工进行讨论。

（11）调查和收集对"理念"的讨论结果。

（12）与企业最高领导确定用简要形式表现的企业理念。

（13）以理念为核心，系统检讨行为识别（BI）和视觉识别（VI）的有关实际问题。

（14）由专业设计单位和设计师进行视觉和行为设计。

（15）由设计者对视觉识别（VI）要素（企业名称、标志、标准色、标准字等）部分的一个或几个方案进行说明，并形成报告。

（16）将视觉识别（VI）要素的图案和报告，在企业内部进行展示和讨论。

（17）对设计进行事前实验，邀请企业内外部有关人员在看完展示后填写问卷，进行统计分析。

（18）总结讨论和事前实验结果，对方案进行确定、修改或重新设计。

（19）对设计完成的企业名称和标志到工商行政管理部门进行法律确认并登记注册。

（20）结合本企业特点，确定视觉识别（VI）"应用设计"应包括的内容。

（21）对视觉要素设计进行确认，向设计者提供应用设计的内容、项目和要求。

（22）对行为识别（BI）设计者提供的设计和报告进行讨论、修改和确认。

（23）确定有关行为识别（BI）中有关要素的设计和策划的内容、项目和要求。

（24）对完成的全部设计进行审核和最后确定。

（25）进行《CIS 手册》的设计和印刷。

（26）研究确定对企业内外的 CIS 传达、宣传计划。

（27）对 CIS 应用设计的有关内容进行制作。

（28）实施对内宣传计划。

（29）实施对外宣传计划。

（30）根据最初实施情况，进一步制定全面实施方案。

（31）全面实施 CIS。

二、CIS 的全面实施

CIS 全面实施是指根据 CIS 导入制订的计划和内容，进行全面执行和推广，它是 CIS 全面落实和获得效果的阶段，是一个长时间、需要严格管理的阶段。全面实施 CIS 主要包括以下工作。

1. 企业管理理念和战略的实施

当企业理念与企业战略制定出来之后，一项必不可少的重要工作就是企业内外对自己的企业理念与战略的认识与了解。这一点意义重大。为什么有些企业在导入 CIS 之后并没有看到多少成效？一个最根本的原因就是它未能使企业理念与企业战略深入企业内外所有有关组织和有关人员中。所谓有关组织和有关人员，主要包括消费者、股东、金融界人员、供应商及中间商、政府有关职能部门、社区、大众传播媒介、企业内部员工及员工组织等。

全面实施的目的在于使企业内外的所有有关组织及人员都要明确知道本企业在干什么和为什么而干，从而能够获得"认同"，进而获得一种亲和力与心理上的共鸣，只有这样，企业的理念与战略才能真正发挥它应有的作用。

2. 促进企业主体性的形成

CIS 全面实施，就是用理念真正促进企业主体性的形成，而不是停留在抽象的表现形式上，这一问题我们在分析企业理念表现形式的章节中已有详细论证。真正的理念主体性、统一性的实现，是需要付出长期、艰苦的努力才可能真正做到的。理念统一性实现的一个重要特点是，它非常类似"宗教"的形式，不仅需要不断地灌输、教育，更重要的是靠具体的事实对抽象理念的"解释"，靠故事、靠人，尤其是靠企业管理者的身体力行逐步形成的。当然，理念推广必须通过多种形式，而不是简单的说教形式。

3. 将视觉识别全方位地应用

CIS 全面实施一开始的重要工作之一，就是将设计出的视觉识别（VI）全方位地应用。每个企业都有外部标志，但企业是否已引进 CIS 的一个很大区别，就是系统的视觉识别（VI）是否得以全方位地应用。这里所谓全方位，是指一切必须运用和可以利用的地方与场合，这对加强识别记忆有重要意义。

在 CIS 全面实施中，必须强调企业标志、标准字、标准色等要素的使用标准和方法；必须严格按照《CIS 手册》实施，任何变形或特殊使用要有严格的审批制度。

4. 规范企业行为

这是商业企业主体性的外在表现，它是一个动态识别过程。在 CIS 全面实施中我们应做好以下几个方面的工作。

（1）根据"行为识别原则"具体制定或修改完善企业的各项规章制度，并严格执行。

（2）通过培训和教育规范领导与职工的行为表现。

（3）根据《CIS 手册》完善内部工作环境的。

（4）重新制定或修改职工的提拔与奖励制度，以及生活福利的分配制度。

（5）全面实施企业的经营战略、经营方针和政策。

（6）全面重视企业经营管理水平和部门职工的素质的提高。

（7）重新制定或完善对消费者利益保护的制度和措施。

（8）重新制定或完善对所在社区的行为原则。

（9）规范企业与有关企业、机构与人员交往的态度和行为准则。

（10）根据《CIS 手册》完善服务环境和购物环境。

（11）保证日常的对外公共关系活动和广告活动的一致性。

（12）加强对社会公益事业的支持。

（13）认真策划和实施加强形象识别的重大公共关系、广告和促销活动等。

任务训练

案例分析

可口可乐的 CIS 导入

可口可乐年销售量居世界饮料行业第一,被称为第一饮料;百事可乐居世界饮料行业第二,被称为第二饮料。1969 年,新任百事可乐公司总裁梯尔毅然作出决策,更新企业识别标志,导入 CIS 战略。百事可乐的视觉识别标志为左右贯通无阻,上下反向对称分布了两个相同形态的不规则圆浪形,上为红色,下为蓝色,构成了红、蓝、白的色彩对比,以及开放和封闭的时空对比与变化,不仅激励了审美时空感知,而且强化和深化了企业识别标志、情感交流和氛围渲染的意象力量;为了集中和加强视觉审美效应,设计师在标志两侧分别增加了红色和蓝色挖空的半方框。1975 年 5 月,百事可乐全月销售量第一次超过了可口可乐。1985 年,百事可乐全年销售量前所未有地超过可口可乐。反观可口可乐,早在 1970 年,可口可乐公司就更新开发了统一的视觉识别标志并予以对外传播。原来的白底、红色圆形轮廓以及红色手写字体和图形,变成了红底、红色方形轮廓、白色品牌手写字体图形;下面又有一条与可口可乐玻璃瓶造型轮廓线相似的白色波状曲线,既连续又变化。新的视觉识别标志实施以后,市场营销效果很好。以红底白字为特征的视觉识别标志应用于新一代可乐型饮料和非可乐型饮料以及其他产品。随后,从企业识别标志出发,进行了全方位的导入和推广。以红色冲击波的色彩策略的色彩策略突出了可口可乐"挡不住的感觉"。行为识别系统以独特的生产经营方式及其管理方式为主题,强调了可口可乐集中经营原浆、设备、技术、品牌和就地分散灌装、销售、服务、公关相结合的双轨制规范化行为方式。理念识别系统力图表现和展示可口可乐的全球性和永恒性,深化了可口可乐从美国大众文化转变为世界大众文化的新策略和价值观。仅视觉识别系统的《CIS 手册》,就编制了 6 册之巨。这样,不仅保留了风靡世界、深入人心的可口可乐商标,并且把可口可乐识别标志上升为企业的 CI 战略。可口可乐公司以弘扬传统和开拓创造新形象,赢得了亿万消费者的信赖。1993 年,可口可乐公司销售总额和利润分别高达 140 亿美元和 22 亿美元。在世界十大品牌价值排行榜上,可口可乐的品牌价值达 3595 亿美元。

思考与讨论:

1. 导入 CIS 对于企业发展有何帮助?
2. 可口可乐和百事可乐导入 CIS 各有何特点?

回顾总结

本任务主要学习了 CIS 导入和实施的内容和要求。并指出了 CIS 全面实施必须完成的相关内容。

课后实践

一、判断题

1. CIS 全面实施与企业经营管理是不相关的。(   )
2. CIS 全面实施,就是用理念真正促进企业主体性的形成。(   )
3. 规范企业行为是商业企业主体性的外在表现,它是一个静态识别过程。(   )

二、简答题

CIS 的全面实施有哪几项工作要做？

蓄力职场

了解著名公司 CIS 导入和实施内容，拓宽视野，增长知识，树立个人形象和组织形象的强烈意识。

项目 7

公共关系传播管理

学有所获

知识目标：
1. 掌握公关传播的概念、特征、要素。
2. 了解和把握传播的基础理论。
3. 掌握公关传播媒介的特点。

能力目标：
1. 能够运用各种公关传播媒介。
2. 能够运用公共关系传播方式方法。

案例导入

旅馆经理的妙招

日本古都奈良在青山环抱之中，既有金碧辉煌的名胜古迹，又有迎春摇曳的樱花，加之现代化的文化娱乐设施和世界第一流的旅馆，殷勤周到的服务，使每年春夏两季游人如织，接踵而至。四月以后，燕子飞到旅馆檐下，筑巢栖息，繁衍后代。好客的店主人和服务员小姐还为小燕子提供营巢的方便。可是，招人喜爱的燕子却有随便排泄的不懂事之处，刚出壳的雏燕更是把粪便溅在明净的玻璃窗上、雅洁的走廊上，尽管服务员不停地擦洗，但燕子的我行我素使旅馆总会留下污渍。于是，客人不高兴了，服务员抱怨了，旅馆经理也皱起了眉头。燕粪成了奈良旅馆业的难题。一天，一家旅馆的经理终于想出了解决的妙方，以燕子的名义给客人们写一封信。

女士们、先生们：

我们是刚从南方赶到这儿来过春天的小燕子，没有征得主人的同意，就在这儿安了家，还要生儿育女。我们的小宝贝年幼无知、很不懂事，我们的习惯也不好，常常弄脏你们的玻璃和走廊，致使你们不愉快。我们很过意不去，请女士们、先生们多多原谅。

还有一事恳求女士们和先生们，请你们千万不要埋怨服务员小姐，她们是经常打扫的，只是"擦不胜擦"，这完全是我们的过错。请你们稍等一会，她们就来了。

你们的朋友　小燕子

游客们见了小燕子的信。都给逗乐了，肚里的怨气也在笑声中悄然散去。每当他们再看到窗上走廊里的点滴燕粪，便自然而然地联想起小燕子那番亲切有趣的话语，就会忍俊不禁地笑了。

【思考－讨论－训练】

1. 一封小燕子给客人的来信，给游客带来了欢乐，也排解了旅馆经理的烦恼，其奥妙之处何在？

2. 在处理公众关系时如何运用人际传播的方法提高组织公共关系的亲和力？

知识导航

7.1 公共关系传播概述

加强组织与公众之间的相互了解,促进双方建立并维持良好的关系,使传播成为联结公共关系主体与客体即组织与公众的桥梁。因此,公共关系开展工作的手段就是传播。

传播是自人类产生以来就有的社会现象,而且时时有传播、处处有传播,传播行为是人们相互之间进行信息交流的活动。

一、公共关系传播概述

1. 公共关系传播的含义

"传播"(communication)一词来源于拉丁文communi,意思是"共同",即在信息传播者中建立共同意识。英文communication多翻译为"传播""交流""沟通"等意思。在公共关系活动中,公共关系传播意味着社会组织将公共关系信息通过传播媒介传递给社会公众,使公众能够了解组织的行为,理解组织的经营目的、管理方针,领会组织的意图和愿望,以便取得公众的信任和好感,进而影响或改变公众的态度和行为,创立良好的公共关系氛围。

2. 公共关系传播的特征

传播是一种社会现象。公共关系传播是公关人员将组织信息输送给公众,又将公众的信息反馈给组织的信息流动过程,而且这一过程必须借助载体进行,传播活动也强调其有效性。总之,公共关系传播体现出以下特征。

(1)双向性。双向性是公共关系传播的首要特征。它指公共关系传播是社会组织与公众的互动行为。它包括社会组织把信息向公众传递,再把公众对信息的认知反馈到组织这样两个环节;而非单方面发送或接收的信息。

根据公共关系传播的双向性特点,公共关系从业人员必须了解和掌握公众的心理需求与利益需求,提供有针对性的信息传播;同时,公共关系从业人员也必须注意搜集和研究信息反馈情况,使传播活动更加有的放矢。

(2)共享性。共享性也是公共关系传播所具有的比较明显的特点之一。它主要是指社会组织和公众在传递、反馈、交流的一系列过程中,通过双向的信息沟通,使双方在某种程度上达成了共识,这些信息在时间上和空间上由社会组织和广泛的公众共同享用。

根据公共关系传播的共享性特点,公共关系从业人员必须根据公众的特点广泛传播组织的经营目的、管理方针、组织愿景,以在公众中形成口碑效应,塑造良好的组织形象。

(3)广泛性。广泛性由传播媒介的特点所决定。它是指公共关系信息被传播媒介在公众中广泛传播和扩散。如今,科学技术日新月异,传播的手段和媒介日益先进和多样化,为公关信息的广泛传播提供了现实条件。广播、电视、互联网等传播媒介甚至可以突破地域乃至国界的限制,实现信息全球化。

根据公共关系传播的广泛性特点,公共关系从业人员一方面要努力传播有利于组织形象的积极信息,另一方面要尽量避免不利于组织形象的消极信息被广泛传播。

(4)动态平衡性。动态平衡性是指现代社会知识爆炸、信息瞬息万变,传播的信息内容和过程是动态变化的,不是一成不变的。

根据公共关系传播的动态平衡性特点，公共关系从业人员应及时发送信息，及时知晓并了解公众由此引发的态度和行为的反应，从而有效把握传播的最佳时机，最终达到信息传播的动态平衡性。

3. 公共关系传播的要素

传播要素是形成传播的一些必要条件。传播的基本要素主要有传播者、受传者、信息、媒介和反馈，他们之间相互联系、相互制约，不断循环。

（1）传播者。传播者是信息的发出者。在公共关系传播过程中，传播者占据主动地位，他们可以选择所要传播的信息、形式和方法，针对受传者及所用媒介的特点来组织传播。传播者的素质和传播经验的完善是决定传播效果的重要因素。

（2）受传者。受传者是信息的接收者。在公共关系传播过程中，受传者是传播的目标，他们在传播活动中没有主动权，但在对所传播信息的接收上具有决定权并可以通过反馈来影响传播者。受传者对信息的接收程度实质上就是传播的效果，传播效果很大程度上取决于受传者的社会背景、文化知识水平、需要、气质、性格及能力等影响因素。不同的受传者，会对信息有不同的需求和评价。

（3）信息。信息是传播的内容。在公共关系传播过程中，信息是传播者和受传者之间互动的介质。信息进入传播过程后才具有价值，它作为一种无形资源，人们可以共享并且在利用中取得巨大的效益。

（4）媒介。媒介是信息的表现形式，是承载信息的物质形式，也是将传播过程中的各种因素相互连接起来的纽带。现实生活中的媒介多种多样，如印刷类媒介、电子类媒介、网络、手机等。不同的媒介有不同的特点，传播者可以根据传播目的，对不同的传播内容选择最宜达到预期效果的媒介。

（5）反馈。反馈是受传者对接收到的信息的反应，即受传者对传播者的反作用。在公共关系传播过程中，这是一种信息"回流"。传播者可以根据反馈检验传播效果，以此为依据调整和充实下一步的工作。

除了上述的基本要素外，公共关系传播中还存在一些隐含要素，包括时空环境、心理状态、信誉意识等。时空环境即传播过程中的时间与空间环境；心理状态即传播者和受传者双方在政治环境、经济环境、文化氛围及社会历史条件等因素的影响下表现出来的不同的性格、气质、能力、需要及动机等状态；信誉意识即传播过程中传播者和传播内容的可信程度。

只有在了解和熟悉公共关系传播的基本要素与隐含要素的基础上才能更好地达到传播的效果。

4. 公共关系传播的类型

公共关系传播常常以不同的形式表现出来，从不同的角度分类，可以将公关传播划分为不同的类型。按照公共关系主客体关系及其规模大小的角度来划分，公共关系传播的类型可分为自身传播、人际传播、组织传播和大众传播。

（1）自身传播。自身传播是指个人受到外界信息刺激后，在头脑中进行的传播活动，是个人为适应环境的变化而进行的自我心理平衡和调节，是个人内心的思维活动。如个人的自言自语、自问自答、自我发泄、自我斗争和沉思默想等。自身传播是人类传播行为的基础，是行为主体不断完善自我、发展自我的过程。一个自我传播丰富而频繁的人，往往是一个成熟而稳健的人，它是公关人员必备的基本素质。

（2）人际传播。人际传播也叫人际沟通，是一种人与人之间直接进行信息交流与互动的方式。它是最常见、最广泛的一种传播方式，一般有两种表现形式：一种是面对面地通过语言、表情、动作等方式进行交流；另一种是通过书信、电话、网络和即时通信等媒介进行传播。

人际传播的特点是对象明确、私密性较强、反馈及时、互动频度高、随意性大，传播过程极富人情味。但是这种传播方式影响面小，信息辐射面窄，传播者和受传者双方容易受情感因素影响，特别是人际基础上的多级口语传播，信息很容易失真。

（3）组织传播。组织传播是指以组织的名义对内部公众和外部公众开展的信息交流活动，包括内部传播和外部传播。

内部传播指组织内部上下级之间、部门之间的信息交流活动，可分为上行传播、下行传播和平行传播三种方式。上行传播指组织内部下级向上级的传播，如反映情况、汇报工作、请示意见等；下行传播指组织内部上级向下级的传播，如通报情况、布置工作、传达指示等；平行传播指组织内部相互之间没有隶属关系的各部门、各机构之间的传播，如讨论协作、沟通进程、开展联谊活动等。这其中包括正式的传播渠道和非正式的传播渠道：正式的传播渠道指信息沿着一定的组织关系（部门、职务、岗位以及隶属关系或平行关系）环节在组织内部交流的过程；非正式渠道指除制度性组织关系以外的信息传播渠道。内部传播采用的主要媒介形式有以文字形式书写的文件、报告、信件等书面媒介，会议、电话、计算机通信系统等形式的组织自控的公共媒介，如组织内部刊物、黑板报、职工手册、有线广播及闭路电视等。

外部传播是指组织与其外界环境进行信息互动的过程，它包括信息的输入和输出两个方面。信息的输入就是组织为适应环境变化和实现目标而从外部广泛收集和处理信息的活动；信息输入的渠道包括凡是与外部保持联系的部门和员工，组织内部专门从事信息收集和分析活动的部门，报刊、广播、电视等大众媒体和互联网等。信息的输出是指组织将其相关信息准确、及时、有效地传递出去，得到公众的认同。信息输出的渠道包括公关专题活动、广告宣传、企业形象识别系统（CIS）宣传及市场营销活动等。

组织传播的特点体现在：传播有特定的主体——组织，传播行为在相当大的程度上具有正式性，传播媒介在一定程度上具有多样性和复杂性。不足的地方在于信息反馈笼统而有限。

（4）大众传播。大众传播是指职业传播者如新闻单位、出版发行单位，通过报纸、杂志、广播、电视、电影和书籍等现代化的传播媒介，将大量复制的信息传送给分散的大众。

大众传播是现代社会中影响最广泛、作用最重大的传播形式。它的显著特点是传播主体高度专业化、组织化，运用先进的传播技术和产品化手段大量生产、复制和传播信息，传播对象众多，覆盖面很广。但是传播的信息完全公开化，反馈量少而且比较慢。

在实际生活中，一个完整的公共关系传播过程往往是各种传播形式并用，它们互相补充、互相促进，共同实现理想的传播效果。

二、传播的基础理论

传播既是公共关系的手段，又是公共关系的过程。公共关系人员应当注意研究传播的特点，恰如其分地运用传播手段来实现公共关系的工作目标，这就有必要对有关传播的基础理论有所了解。

1. 拉斯韦尔的 5W 模式

5W 模式是美国传播学者拉斯韦尔 1948 年在题为"社会传播的结构与功能"的论文中正式提出的一个传播模式，即 Who, says What, in Which channel, to Whom, with What effects？意思是谁通过何种渠道，对谁说了什么而带来什么效果，如图 7-1 所示。

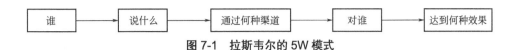

图 7-1 拉斯韦尔的 5W 模式

（1）Who：谁传播。这是对传播者的分析。它主要指对新闻机构、人员、制度的分析。

（2）says What：传播什么。这是对内容的分析。它主要是研究和调查新闻、传播等方面的内容，目的在于了解传播者的意图、传播对象同信息之间的关系。

（3）in Which channel：通过何种渠道。这是对媒介的分析。它是从分析各种传播媒介的特点、方式入手。

（4）to Whom：向谁传播。这是对传播对象的分析。它分析了千差万别的接收者是怎样选择性地接收信息的。

（5）with What effects：传播的效果怎样。这是对效果的分析。它主要研究接收者对传播信息的反应。

5W 模式忽视了"反馈"，使该模式的走向是单向的，没能更好地体现传播的"双向沟通"。尽管如此，我们也不能忽视拉斯韦尔的 5W 模式在传播史上的功劳。拉斯韦尔经过 40 多年的潜心研究推出 5W 模式，较早地、更为清晰地向人们描述了传播的基本过程，为人类对传播现象的研究作出了巨大的贡献。

2．**香农模式之单向传播模式**

香农模式是克劳德·香农和沃伦·韦弗在 20 世纪中叶提出的一种著名的单向传播模式，其过程表现形式如图 7-2 所示。

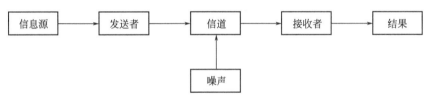

图 7-2 香农模式（单向传播模式）

香农模式是传统的线性传播模式，即单向传播模式。它在传播学上具有广泛的影响，但其明显的缺陷表现为缺乏信息反馈，忽略了信息传播过程中的制约因素，如社会环境和主观思维等方面的能动作用。

这种香农模式和 5W 模式一样，因其单向性，都不太适合用到公共关系传播中。公共关系传播具有双向性特征，所以这就涉及传播学的另一种传播模式——双向传播模式。

3．**香农模式之双向传播模式**

香农模式在 20 世纪 60 年代经修改增加了反馈线路。反馈可以调整传播者发出的信息，使之更适合受传者的需要，增强传播的效果。反馈从结果出发，通过信道到达信息源，如图 7-3 所示。

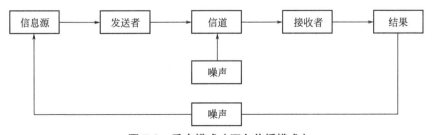

图 7-3 香农模式（双向传播模式）

这种模式是双向传播模式，指在信息传播过程中，既有从传播者到受传者的信息传递系统，又有从受传者到传播者的反馈系统。因此，双向传播可以使传播者及时调整决策和行为，适合公共关系传播使用。

任务训练

案例分析

诺基亚的《致歉》

多年前在北京各媒体频繁出现了北京电信发展总公司的一则《致歉》，大意是：由于下属的诺基亚特约维修中心的工作失误，造成对一些手机用户的收费不当，郑重向这些用户致歉并退还误收的维修款。《致歉》中列出了退款用户的名单和他们的手机密码串号。《致歉》一出，立即在京城广大手机用户中引起了极大的震动，用户们对北京电信发展总公司这种"自揭家丑"，开诚布公地真诚为用户服务的做法表示赞赏。北京电信发展总公司是一家大型国有企业，年营业额高达一亿元，按一般人的想法是他们不会为这点"小事"较真，现在他们由于工作失误多收了顾客的钱后无条件退款还公开致歉，让人们对电信部门有了新的看法。从这件事上，人们看到了电信部门真诚面对用户的良苦用心。

思考与讨论：
1. 请同学回答本案例公共关系传播基本思路。
2. 诺基亚的《致歉》取得怎样的公关效果？

回顾总结

本任务主要学习了公共关系传播的概念、类型、基础理论及构成要素等。

课后实践

一、名词解释
1. 公关关系传播
2. 香农模式

二、简答题
1. 什么是公共关系传播？
2. 组织发布新产品时，宜采用哪种传播方式？
3. 组织与员工和股东之间的信息沟通宜采用哪种传播方式？

蓄力职场

掌握公关关系传播模式、类型等相关知识，打破"酒香不怕巷子深"的旧思想，树立传播意识，掌握传播手段，为树立良好的组织形象开展传播活动。

7.2 公共关系传播媒介

信息必须借助不同的媒介作为载体才能有效传播。了解和熟悉各种传播媒介，并且能够恰当地运用，是每个公共关系人员应该具备的能力。

一、公共关系传播媒介

公共关系工作进行传播所借助的媒介大体有以下几种。

（一）大众传播媒介

大众传播媒介可分为印刷类媒介和电子类媒介两种，主要有报纸、杂志、书籍、广播、电视、电影等。其中，报纸、杂志、广播、电视是新闻媒介，与公共关系传播工作密切相关。公共关系人员必须了解和熟悉大众传播媒介的特点，才能根据组织的目标和公众的需求，有的放矢。

1. 印刷类媒介

印刷类媒介是借助可视的语言、文字和符号传递社会信息的各种载体，它包括报纸、杂志、书籍、招贴和宣传单等印刷品。下面介绍几种典型的印刷类媒介。

（1）报纸

在传统四大媒体中，报纸无疑是品种最多、普及性最广和影响力最大的媒体。报纸广告几乎是伴随着报纸的创刊而诞生的。随着时代的发展，报纸的品种越来越多，内容越来越丰富，版式更灵活，印刷更精美，报纸广告的内容与形式也越来越多样化，所以报纸与读者的距离也更接近了。报纸成为人们了解时事、接受信息的主要媒体。

报纸的优势主要有如下几点。

① 传播速度较快，信息传递及时。对于大多数综合性日报或晚报来说，出版周期短，信息传递较为及时。有些报纸甚至一天要出早、中、晚等好几版，报道新闻就更快了。一些时效性强的产品广告，如新产品和有新闻性的产品，就可利用报纸，及时地将信息传播给消费者。

② 信息量大，说明性强。报纸作为综合性内容的媒介，以文字符号为主、图片为辅来传递信息，其容量较大。由于以文字为主，因此说明性很强，可以详尽地描述，对于一些关注度较高的产品来说，利用报纸的说明性可详细告知消费者有关产品的特点。

③ 易保存，可重复阅读。由于报纸的特殊的材质及规格，相对于电视、广播等其他媒体，报纸具有较好的保存性，而且易折易放，携带十分方便。一些人在阅读报纸过程中还养成了剪报的习惯，根据各自所需分门别类地收集、剪裁信息。这样，无形中又强化了报纸信息的保存性及重复阅读率。

④ 阅读主动性。报纸把许多信息同时呈现在读者眼前，增加了读者的认知主动性。读者可以自由地选择阅读或放弃哪些部分；读者也可以决定自己的认知程度，如，是仅有一点印象即可，还是将信息记住、记牢；此外，读者还可以在必要时将所需要的内容记录下来。

⑤ 权威性。消息准确可靠，是报纸获得信誉的重要条件。大多数报纸历史长久，且由党政机关部门主办，在群众中素有影响和威信。因此，在报纸上刊登的广告往往使消费者产生信任感。

报纸的劣势主要有以下几点。

① 印刷难以完美，表现形式单一。报纸的印刷技术最近几年在高新科技的支持下，不断得到突破与完善。但到目前为止，报纸仍是印刷成本最低的媒体。受材质与技术的影响，报纸的印刷品质不如专业杂志、直邮广告、招贴海报等媒体的效果。报纸仍需以文字为主要传达元素，表现形式相较于电视的立体、其他印刷媒体的色彩丰富，显然要单调得多。

② 时效性短。报纸的新闻性极强，因而隔日的报纸容易被人弃置一旁，传播效果会大打折扣。

③ 传播信息易被读者忽略。报纸的幅面大、版面多、内容杂，读者经常随意跳读所感兴趣的内容，因此报纸对读者阅读的强制性较差。

④ 理解能力受限。受读者文化水平的限制，更无法对不识字或识字程度不高的人士产生传播效果。

（2）杂志

杂志也是一种印刷平面广告媒体，尽管与报纸广告相比，它明显地缺乏时效性，而且覆盖面有限，但由于它有精美的印刷，具有光彩夺目的视觉效果，故深受特定受众的喜爱。由于杂志种类繁多，雅俗均有，而且出刊周期短的杂志种类相对更多，影响更大，因此，它成为现代广告四大媒体之一。由于印刷技术的发展和人类思维的进步，以往的单纯平面设计模式不断被打破，新的设计形式不断出现，这都体现着杂志广告的广阔前景。

杂志的优势主要有以下几点。

① 读者阶层和对象明确。杂志的读者不如报纸广大，但分类较细，专业性较强，这更有助于选择特定阶层的广告，更能做到有的放矢。同类杂志的读者，在质的方面大体相同，因此，广告文案的制作也容易得多，反过来说，每一类杂志都拥有其基本的读者群，那么就可以针对不同的消费者选择不同的杂志。

② 印刷精美，阅读率高，保存期长。杂志媒体的用纸较好，尤其是广告用纸更为讲究，在广告的印刷上要比报纸精美得多，尤其是彩色广告，色彩鲜艳精致，容易引人注目，可以逼真地再现商品形象，激发读者的购买欲望。杂志广告大都用全页或半页，版面较大，内容多，表现深刻，图文并茂，容易把广告客户所要提供的信息完整地表达出来。

③ 杂志媒体比起广播、电视来说，生命长得多。广播电视节目一播即逝，而杂志阅读时间长，常被人保存下来反复阅读，因此，杂志广告能反复与读者接触，有充分时间对广告内容作仔细研究，加深人们的印象。

④ 杂志媒体版面安排灵活，颜色多样。在版面位置安排上可分为封面、封底、封二、封三、扉页、内页、插页，颜色上可以是黑白，也可以是彩色，在版面大小上有全页、半页，也有 1/3、2/3、1/4、1/6 页的区别，有时为了适应广告客户做大幅广告要求，还可以制作连页广告、多页广告，效果十分强烈，影响巨大。

⑤ 读者针对性强。杂志内容有较大的倾向性、专业性，不同的杂志，一般可以在广大区域里拥有不同的和比较稳定的读者群。比如摄影杂志，读者以摄影行业和业余摄影爱好者为主，故有关摄影器材的广告登在摄影杂志上，广告对象正与该杂志的读者接近，可以有效地争取这些读者成为购用该商品的顾客。

⑥ 重复性。杂志的内容丰富多彩，长篇文章较多，读者不仅要仔细阅读，而且常常要分多次阅读，甚至保存下来日后再读。读者的多次翻阅增加了他们与杂志广告接触的机会，有利于在记忆中留下较深的广告印象。

杂志的劣势主要有以下几点。

① 出版周期长。杂志的出版周期大都在一个月以上，因而时效性强的广告信息不宜在杂志媒体上刊登。

② 声势相对较小。杂志媒体无法像报纸和电视那样造成铺天盖地般的宣传效果。

③ 受众的理解能力受限。和报纸一样，杂志不如广播、电视那么形象、生动、直观和口语化，特别是在文化水平低的读者群中，传播的效果受到制约。

④ 时效性差。杂志是定期刊物，发行周期较长，有周刊、半月刊、月刊、季刊、半年刊，甚至年刊，因而影响广告的传播速度。时效性强的广告，如企业开张广告、文娱广告、

促销广告等，一般不宜选用杂志媒体，否则容易错过时机，收不到广告效果。

2. 电子类媒介

电子类媒介是以电波的形式来传播声音、文字和图像等符号，并运用专门的电器设备来发送和接收信息的传播工具。它包括广播、电视、电影、音像出版物和幻灯片等，下面着重介绍一下广播和电视。

（1）广播

由于科技的发展，新媒体不断出现，广播媒介面临着越来越多的挑战和冲击，然而广播还是有它的优越性，只有充分地了解这些特性，才能扬长避短，进一步开掘这一媒体的潜力。

广播的优势主要有以下几点。

① 传播方式的即时性。即时性，是指广播广告传播速度最快。广播可使广告内容在所及范围内，迅速传播到目标消费者耳中。不论身在何地，只要打开收音机，广告对象就可以立即接收到。广播广告的这种即时性的优势是其他媒介所无法取代的。

② 传播范围的广泛性。由于广播广告是采用电波来传送广告信息的，电波可以不受空间的限制，并且广播的发射技术相对比电视简单得多，所以广播的覆盖面积特别广泛，它可以到达全世界的每一个角落。广播覆盖范围的广阔性使得人们不论在城市还是乡村，在陆地还是空中，都可以收听得到。广播不受天气、交通、自然灾害的限制，尤其适合于一些自然条件比较复杂的地区。

③ 收听方式的随意性。收听广播最为简便、自由、随意。因为它不受时间、地点的限制，不管是白天还是晚上，不管你在哪里，也不管你在干什么，只要打开收音机，都可以接收听广播的内容。科技的进步，使收音机越来越向小型化、轻便化发展。尤其是"随身听"这种为青年人所青睐的收听工具的出现，从某种程度上可以说，广播媒体可以为受众所随身携带。

④ 受大层次的多样性。印刷媒介对受众文化水准、受教育程度的要求较高，而广播可使文化程度很低甚至不识字的人也能听得懂广告的内容，所以广播媒体的受众层次更显出多样性。

⑤ 制作成本与播出费用的低廉性。广播广告单位时间内信息容量大、收费标准低，是当今最经济实惠的广告媒体之一。同时，广播广告制作过程也比较简单，制作成本也不高。

⑥ 播出的灵活性。因为广播广告是诸多媒介中制作周期最短的，所以广告的投放者可以根据竞争对手的举动来调整自己的战术行动，快速作出反应。广播广告是最为方便、最为得心应手的工具。

⑦ 激发情感的煽动性。广播靠声音进行传播，诉诸于人的听觉，它能带给听众无限的想象空间，这也正是广播的魅力之所在。广播广告的特色正是通过刺激人的听觉感官，帮助收听者产生联想，煽动人的情绪，而广告也常在这种情形中不知不觉地完成其传达与说服的功能。

广播的劣势主要有以下几点。

① 传播效果稍纵即逝，过耳不留，信息的储存性差，难以查询和记录。

② 线性的传播方式，即广播内容按时间顺序依次排列，听众受节目顺序限制，只能被动接受既定的内容，选择性差。

③ 广播只有声音，没有文字和图像，听众对广播信息的注意力容易分散。

（2）电视

电视是一种用电子技术传送活动图像的通信方式。它应用电子技术把静止或活动景物的影像进行光电转换，然后将电信号传送出去使远方能即时重现影像。

电视的优势主要有以下几点。

① 直观性强。电视是视听合一的传播，人们能够亲眼见到并亲耳听到如同在自己身边一样的各种活生生的事物，这就是电视能够实现视听合一传播的效果。电视广告的这一种直观性，仍是其他任何媒介所不能比拟的。

② 有较强的冲击力和感染力。电视是唯一能够进行动态演示的感性型媒体，因此电视广告冲击力、感染力特别强。因为电视媒介是用忠实地记录的手段再现信息的形态，以取得受众感知经验上的认同，使受众感觉特别真实，因此电视广告对受众的冲击力和感染力特别强，是其他任何媒体的广告所难以达到的。

③ 有较高的注意率。经济发达的国家和地区，电视机已经普及，观看电视节目已成为人们文化生活的重要组成部分。电视广告注意运用各种表现手法，便广告内容富有情趣，增强了视听者观看广告的兴趣，广告的收视率也比较高。因此，电视广告容易引人注目，广告接触效果是较强的。

④ 利于不断加深印象。电视广告是一种视听兼备的广告，又有连续活动的画面，能够逼真地、突出地从各方面展现广告商品的个性。电视广告通过反复播放，不断加深印象，巩固记忆。

⑤ 利于激发情绪，增加购买信心和决心。由于电视广告形象逼真，就像一位上门推销员一样，把商品展示在每个家庭成员面前，使人们耳闻目睹，对广告的商品容易产生好感，引发购买兴趣和欲望。同时，观众在欣赏电视广告中，有意或无意地对广告商品进行比较和评论，通过引起注意，激发兴趣，统一购买思想，这就有利于增强购买信心，作出购买决定。

电视的劣势主要有以下几点。

① 受收视环境的影响大，不易把握传播效果。电视机不可能像印刷品一样随身携带，它需要一个适当的收视环境，离开了这个环境，也就根本阻断了电视媒介的传播。在这个环境内，观众的多少、距离电视机荧屏的远近、观看的角度及电视音量的大小、器材质量以至电视机天线接收信号的功能如何，都直接影响着电视广告的收视效果。

② 瞬间传达，被动接受。一则完整的电视广告只能在短短的瞬间之内完成信息传达的任务，这是极苛刻的先决条件。而且受众又是在完全被动的状态下接受电视广告的，这也是电视区别于其他广告媒介的特点。

③ 费用昂贵。一是指电视广告片本身的制作成本高，周期长；二是指播放费用高。

④ 不利于深入理解广告信息。电视广告制作费用高昂，黄金播放时间收费最贵。电视广告时间长度多在 5～45 秒之间。要在很短的时间内连续播出各种画面，闪动很快，且不能作过多的解说，影响人们对广告商品的深入理解。因此，电视广告不适合那些需要详尽、理解性诉求的商品，如生产设备之类商品。又如，一些高档耐用消费品在电视播放广告时，还要运用其他补充广告形式作详细介绍。

⑤ 容易产生抗拒情绪。因为电视广告有显著的效果，运用电视广告的客户不断增加，电视节目经常被电视广告打断，容易引起观众的不满。

3. 网络新媒体

网络新媒体是指利用数字技术，通过计算机网络、无线通信网、卫星等渠道以及电脑、手机、数字电视机等终端，向用户提供信息和服务的传播形态。从空间上来看，"新媒体"特指当下与"传统媒体"相对应的，以数字压缩和无线网络技术为支撑，利用其大容量、实时性和交互性，可以跨越地理界线最终得以实现全球化的媒体。

（1）网络新媒体的主要类型

网络电视（Internet Protocol Television，IPTV）是以宽带网络为载体，通过电视服务器将传统的卫星电视节目经重新编码成流媒体的形式，经网络传输给用户收看的一种视讯服务。网络电视具有互动个性化、节目丰富多样、收视方便快捷等特点。

视频（Video，又翻译为视讯）泛指将一系列的静态影像以电信号方式加以捕捉、记录、处理、储存、传送与重现的各种技术。连续的图像变化每秒超过24画面以上时，根据视觉暂留原理，人眼无法辨别单幅的静态画面，看上去是平滑连续的视觉效果，这样连续的画面称为视频。同时，视频也指新兴的交流、沟通工具，是基于互联网的一种设备及软件，用户可通过视频看到对方的容貌、听到对方的声音，是可视电话的雏形。视频技术最早是为了电视系统而发展，但是现在已经发展为各种不同的格式以利于消费者将视频记录下来。网络技术的发达也促使视频的记录片段以串流媒体的形式存在于互联网之上并可被电脑接收与播放。

电子杂志一般是指用Flash的方式将音频、视频、图片、文字及动画等集成展示的一种新媒体，因展示形式有如传统杂志，具有翻页效果，故名电子杂志。一般一本电子杂志的体积都较大，小则几兆，多则几十兆上百兆，因此，一般电子杂志网站都提供客户端订阅器，供杂志的下载与订阅，而订阅器多采用流行的P2P技术，以提高下载速度。电子杂志是Web2.0的代表性应用之一。它具有发行方便、发行量大、分众等特点。

（2）网络新媒体的优点

① 超大信息容量。一般而言，一个网站下面，会有数十乃至数百个网页。网页信息采取非线性文本形式，通过链接方式将不同的网页互相链接起来，组合成一个有机的整体。更为关键的是，网络广告所负载的信息，可以由广告受众自主选择，随心所欲。

② 范围广泛。互联网实际上是一个由数不胜数的局域网（如政府网、企业网、学校网、公众网等）联结起来的世界性的信息传输网络，因此，它又被称为"无边界的媒介"。

③ 超越时空。互联网的传播沟通是在电子空间进行的，能够突破现实时空的许多客观限制和障碍，真正全天候地开放和运转，实现超越时空的异步通信。

④ 高度开放。互联网是一个高度开放的系统，在这个电子空间中，没有红灯，不设障碍；不分制度，不分国界，不分种族。任何人都可以利用这个网络平等地获取信息和传递信息。

⑤ 双向互动。电脑互联网成功地融合了大众传播和人际传播的优势，实现了大范围和远距离的双向互动。

⑥ 个性化。在互联网上，无论信息内容的制作、媒体的运用和控制，还是传播和接收信息的方式、信息的消费行为，都具有鲜明的个性，非常符合信息消费个性化的时代潮流，使人际传播在高科技的基础上重放光彩。

⑦ 多媒体、超文本。互联网以超文本的形式，使文字、数据、声音、图像等信息均转化为计算机语言进行传递，不同形式的信息可以在同一个网上同时传送，使互联网综合了各种传播媒介（报纸、杂志、书籍、广播、电视、电话、传真等）的特征和优势。

⑧ 低成本。相较于其巨大的功能来说，互联网的使用是比较便宜的。

（3）网络新媒体的缺点

第一，权威性和可信度不高。因特网的开放性和信息源的多元化，带来了两个后果：一是打破了我国原来只有新闻机构才能发布新闻的局面，使渠道不同、观察报道立场不同、客观真实程度不同甚至完全虚假的新闻信息泛滥。信息接收者面对同一事物大量不尽相同或完全不同的新闻信息往往无所适从。这就造成了网络媒体所传播信息的权威性和可信度大大低于传统媒体。另外，一些色情、暴力及带有各种不良动机和倾向的信息、无聊新闻也到处泛滥，给社会和人们的生活带来潜在的消极影响。

第二，没有良好的品牌形象。传统媒体在多年的经营过程中，都在一定的范围和程度上逐渐建立并不断完善着自己的品牌形象，在传播中形成了一定的品牌效应。而网络媒体由于发展时间过短，并且受到各种因素的制约，所以至今尚未在受众中树立起自己的品牌形象，因而也无品牌效应可言。

第三，对虚假信息和不利信息的处理非常棘手。由于信息发布者可以采用假名，并且网络信息发布商和论坛非常多，对这些信息的阻截不会有太大成效，对流言和恶语无法有效地直接制止。所以企业多采取在第一时间发布声明的方式。

第四，信息的选择困难。信息量巨大，甄别困难，不确定信息多。而且垃圾信息导致相关公共关系调研的效果大打折扣。某网站的改版调查中，有效回收只占全部发放调查册的35%左右，严重影响了形象调查。

4．手机媒介

手机最初只是作为移动电话提供一种简单的通信服务，但随着科学技术的不断发展，特别是手机和互联网技术结合之后，短信、彩信、JAVA下载、定位、拍照、摄像、收音、手机报纸、手机电视及手机上网等功能使手机成为最私人化的传播媒介，有些学者称之为"第五媒体"。

手机对新闻可以实现实时传播，操作简单方便，手机用户可以及时获得反馈，与电视、广播等媒介相比，成本也比较低。因此，手机的优势在于传播的快捷性、简便性、服务性及互动性，受众明确、经济实用。

（二）组织传播媒介

组织传播常采用文字媒介、电子媒介、局域网络、会议等。

文字媒介主要是指工作计划总结、组织内部制度流程、组织内部刊物、板报、宣传栏、来往信函、产品介绍、使用说明书、宣传手册和路牌、墙体、车体等户外媒介等。通过这些图文材料，既可以给员工提出工作的要求，塑造企业文化，又可以详细向公众介绍组织的产品和文化。

电子媒介有组织广播站、组织电视台两种。通过组织广播可以开展领导与员工的热线交流，可以广播新闻、经验，也可以播出音乐和娱乐节目来调剂员工生活。组织电视台一般为闭路有线系统，可以定期或不定期转播新闻和其他节目，也可以播放自制专题片等，信息及时，针对性比较强。

局域网络是组织自设的网络中心，可以通过互联网的形式在组织内部传播信息，这种媒介传播信息全面，不受时间限制，甚至可以进行在线沟通。

在组织沟通中比较重要的会议主要有展览会、新闻发布会、内部沟通会等，特别是内部沟通会，有必要以正式或非正式形式定期组织，这是组织对内和对外保持信息畅通的重要途径。

（三）人际传播媒介

人际传播媒介主要包括语言媒介、非语言媒介和实物媒介。

语言媒介可分为有声的语言媒介和无声的语言媒介。有声语言媒介如交谈、演讲、谈判、采访及报告等，这类媒介沟通中反馈信息及时，效果明显；无声语言媒介如各类文字材料、图画、商标及寓意文图标识等，这类媒介传递信息准确详细，但时效性较差。

非语言媒介可分为有声非语言媒介和无声非语言媒介。有声非语言媒介是指讲话的声音、语调、哭声、呼喊以及借助其他物品制造出的声音等，可起到"意会"的作用；无声非语言媒介指人的表情、动作、姿态等，这些负载信息的无声的人体语言可以达到"此时无声胜有声"的境界。在一般的人际传播中，语言所表达的社会意义平均不到35%，而65%的社会意义是用非语言符号传递的，非语言媒介可以使信息表达得更生动，沟通更有效。

实物媒介是传递各类信息的物体，比如信件、卡片、电话、传真机及个人电脑联络系统等。信件、卡片等信息载体在传播中针对性强、阅读率高、贴近感情，但因反馈率低，也带有一定的盲目性；电话已经成为现代人沟通必不可少的工具，它缩小了沟通的周期和界域，提高了沟通效率，但因以声音见长，所以无法淋漓尽致地发挥表情、动作和姿态等无声非语言媒介的优势；传真机凭借电话线路，将书信、文字资料、图像资料等及时传递到遥远的地方，糅合了信件和电话的优势，避免了反馈率低和只能以声音表达的缺陷；个人电脑联络系统利用网络实现双向沟通，信息传播快、反馈及时、私密性强。

公共关系人员要注重研究传播媒介的特点，根据不同的公众对象、不同的组织环境、不同的公关目标和不同的传播内容，采用不同的传播媒介，以达到事半功倍的效果。

二、公共关系传播媒介的选择

1. 选择公共关系传播媒介的原则

公关传播活动在公关工作中无处不在、立体交叉、灵活多变，要想使复杂的公关传播活动取得理想的效果就必须遵循以下原则。

（1）目标导向原则。公共关系传播活动是围绕公关目标展开的，公共关系传播媒介的选择也应以目标为准绳。如果组织的公关目标是为了提高企业的知名度，一般可以选用大众传播媒介和互联网媒介；如果组织的公关目标是为了加强与员工的沟通，增强组织内聚力，可以选择人际传播媒介和组织传播媒介；如果组织的公关目标是为了实现与忠诚顾客的互动，可以选择人际传播媒介和手机传播媒介。若不考虑公关目标而盲目选择公关传播媒介的话，则无法实现组织的公关目标，公关传播活动自然也会以失败而告终。

（2）特色鲜明原则。公共关系传播媒介各有利弊。公共关系人员在选择传播媒介的时候，必须明确了解该传播媒介的优势与劣势，把握各种传播媒介的内涵，遵循特色鲜明的原则，选择恰当的传播媒介。比如公关目标群体是快节奏生活的"白领"一族，则互联网媒介信息量大、超越时空限制、多种媒介共同起作用等鲜明特点成为选择它作为传播媒介的依据。

（3）有效沟通原则。公共关系传播追求的是有效沟通，但是公众是复杂的群体，公共关系人员要充分考虑公众的态度和需求，尽量争取公众对组织的了解、喜爱甚至忠诚。例如，公众对组织进行投诉时态度恶劣，在人际沟通过程中，作为一名优秀的公关人员不应是逃避或辩解，而是应该积极应对，找出症结所在，切实为公众解决问题，这才是有效的沟通。

2. 影响公共关系传播媒介选择的因素

在实践中，影响传播效果的因素有很多，正确选择传播媒介便是其中的一个重要方面，而要正确选择传播媒介需要考虑三个方面的因素。

（1）传播对象。不同的组织处在不同时期或承担不同任务的同一组织都可能面临不同的公众。因此，公共关系人员在组织传播活动时要考虑不同受众对象的文化层次、年龄结构、生活和工作习惯、经济状况等，从而有针对性地选择恰当的传播媒介。如果是受教育程度比较高、年龄比较大的公众，常选用印刷类媒介或互联网；如果公众是小孩子，一般选择电子类媒介；如果是生活不规律的公众，最好选择印刷类媒介或互联网；如果是经济生活水平低的公众，可以选择价格低廉的媒介，如报纸；如果传播对象仅限于组织内部，可以选择组织内部刊物、广播、电视或宣传栏等；如果传播对象人数很少，可以选择人际传播媒介。除此之外，传播对象的性别、职业、业余爱好等因素也需充分考虑。

（2）传播内容。不同的传播内容要选择不同的传播媒体。在公关传播活动中，传播内容的性质、复杂程度、保存价值、详细程度和趣味性等是选择传播媒介的重点考虑因素。一般来说，公共事务性较强的信息可采用电子类媒介；比较深刻、复杂的内容宜用印刷类媒介；保存价值不大的内容可选用电子类媒介；详细程度和趣味性较大的内容宜采用电子类媒介或互联网等新兴媒介；交流中需要及时反馈的信息适合选择人际传播媒介。总之，要保证较好的传播效果，就必须综合传播内容的特点和传播媒介的特点来选择传播媒介。

（3）经济效益。在市场经济环境中，组织选择任何一种传播媒介传播信息时都需要支付一定的费用。因此，公共关系人员在选择传播媒介时应秉承"少花钱多办事"的经济合理化原则，既要考虑组织自身的经济能力，又要充分发挥现有人力、物力、财力，精打细算，在特定条件下，争取以最小费用获取最大传播效益。

任务训练

案例分析

某出版商有一批滞销书一直不能脱手，他忽然想出了一个主意，给总统送去一本书，并三番五次地去征求意见，忙于政务的总统不愿与他多纠缠，便回了一句："这本书不错。"出版商从此大作广告——现有总统喜欢的书出售。于是这些书便被一抢而空。不久，这个出版商又有书卖不出去了，就又送了一本书给总统，总统上过一回当，这次就想奚落他，就说："这书糟透了。"出版商闻之脑子一转，又做广告——现有总统讨厌的书出售。不少人出于好奇争相购买，不久书又卖完了。第三次，出版商将书送给总统，总统接受了前两次教训，便不作任何答复，出版商却大做广告说："现有总统难以下结论的书，欲购从速。"结果书居然又被抢购一空。通过有效的传播，商人最终达到自己的目的。

思考与讨论：

本案例可从公关目的与实现目的所采取的公关方法入手，分析公关构成要素。

回顾总结

本任务主要学习了公共关系传播媒介的基本类型以及如何进行公关媒介的选择。

课后实践

一、单项选择题

1. 公共关系传播坚持（　　）。
   A. 传递的原则　　　　　　　　B. 反馈的原则
   C. 自我为中心的原则　　　　　D. 双向沟通的原则
2. 四大电子媒介在公共关系传播中发挥作用最大的是（　　）。
   A. 电脑互联网　　B. 电影与录像　　C. 广播　　　　D. 电视
3. 态度层次的传播主要对象是（　　）。

A．非公众　　　　B．潜在公众　　　C．知晓公众　　　D．行动公众

二、多项选择题

1．传播的隐含要素包括（　　）。
A．时空环境　　　B．心理状态　　　C．文化背景　　　D．信誉意识
2．传播者的社会信誉度一般由哪些因素形成（　　）。
A．首因效应　　　B．名人效应　　　C．心理效应　　　D．权威效应

三、简答题

1．公关关系的传播基本类型有哪些？
2．公关人员如何根据实际情况为社会组织选择恰当的传播媒介？

蓄力职场

掌握大众传播媒介的主要类型及特点，帮助公关人员根据社会组织的实际情况选择合适的传播媒介，提高媒介的实效性与影响力。

7.3 公共关系传播技巧

各种传播媒介各有长短，可单独选择运用，也可交错使用，这取决于组织具体的公关目标。在此基础上，正确地选择传播媒介并对这些媒介进行有组织、有系统的运用，是公关工作的一项重要任务。在公共关系传播实施过程中，可以使用以下技巧。

一、利用新闻媒介

无论是恺撒大帝的《每日纪闻》，还是"便士报运动"，公共关系一开始就和新闻媒介有着不解之缘。新闻界是组织塑造良好形象不可或缺的公众，新闻媒介是组织与公众进行双向沟通的重要桥梁。组织要利用新闻媒介就必须与新闻界保持良好的关系，善于制造新闻事件。

1. 与新闻界保持良好的关系

新闻界包括报社、电台、电视台、网络及其编辑、记者等。通过与新闻界工作人员交朋友，积极帮助编辑、记者解决有关报道、采访中遇到的困难，安排有专长的人员与编辑、记者保持经常性联系，定期寄送有关信息资料，积极参加新闻界所组织的活动或主动邀请新闻界联合举办活动，正确对待新闻媒介的批评报道等方法，使组织与新闻界保持良好关系。这样可以迅速提高组织的知名度和美誉度，即使在组织面临危机时，也能获得新闻界的同情和支持，从而积极引导舆论，重塑形象。

2. 善于进行新闻策划

新闻是正在发生的事实，往往是受众关注的题材。这里的新闻策划特指公共关系人员经过精心策划，有意识地安排某些具有新闻价值的事件在选定的时间内发生，并吸引媒体注意和加以报道，这使媒体成为组织的"免费宣传员"。

要让媒体免费选用组织的事件作为新闻，就要巧妙策划，给一件本来可能不具备新闻价值的事件赋予新闻性。

3. 掌握新闻写作的技巧

新闻写作除了要服从文学传播的一般规律以外，还有自己特定的要求。需要注意的是新

闻必须客观真实、简明扼要，而且并不是所有具有新闻价值的事件都可以用公共关系新闻策划，公共关系新闻必须是以树立组织的良好形象为出发点的新闻。因此，公共关系人员要学会从组织的各项工作中发现它的积极意义后再进行报道。

二、善于策划公关广告

公关广告是以广告的形式来扩大组织的知名度，提高组织的美誉度，塑造组织的良好形象，以获得相关公众对组织的理解和支持，促进组织公共关系的发展。

公关广告不同于一般的商业广告。公关广告向公众传播的是某种理念、某种形象，而一般的商业广告推销的是某种商品或服务；公关广告是希望相关公众了解、接受和"爱"上组织，一般的商业广告是希望相关公众购买它们提供的产品或服务。

公关广告策划需要很多专门化的知识和技巧，如色彩的搭配、拍摄的技巧、画面的构成等，这些具体操作可以委托广告公司进行，但是如下注意事项却需要组织的经营者自己把握。

（1）实事求是。策划公关广告应该在调查的基础上确定选题，真实地、客观地进行公共关系广告的设计、编写、制作。

（2）吸引公众。在了解公众的物质需求和心理需求的基础上，策划独具风格、创意新颖的公关广告，有针对性地打动公众。

（3）通俗易懂。公关广告须做到语言浅显易懂、画面简明、情感自然，易于被公众理解。

（4）寻求佳时。公关广告应尽量避开重大的节日、重大的社会活动或重大的会议等。否则，传播媒介花大量的时间和篇幅报道这些重要新闻时，就没有足够的时间和篇幅照顾到组织公关广告的需要，而且这个时期公众的重心也放在重要新闻上，很可能会忽略组织的公关广告，达不到公关广告策划的目标。

公关广告具有营造舆论、告知公众，强化舆论、扩大影响，正确引导舆论的功能，公共关系人员的公关广告策划能力是组织在激烈竞争中的重要武器。

三、善于组织高效的公关会议

会议是有组织、有目的的语言沟通的活动方式。从公关的角度而言，组织常常举办的会议有新产品发布会、记者招待会、联谊会、年度报告会、职工代表大会、座谈会及经验交流会等，这些公关会议是组织开展内外沟通，打造和谐公共关系环境的常用形式。

如何准备和操作公关会议？在后面的公共关系调查、策划、实施中有介绍，在此不再赘述，但公共关系人员组织高效的公关会议必须注意以下几点。

（1）考察召开公关会议的现实需要。因为并不是任何信息的交流都需要开会，比如对内部职工，一个文件就能说明问题就不需要召开职工大会，对外可以采用发新闻稿的形式发布不太复杂的信息的话，就不需要召开新闻发布会。只有当需要交流的信息比较集中或很是复杂的时候，需要多方协商或参与的时候，才有召开会议的现实需要。否则，会议太多，会过多地占用工作人员的时间和精力，无益于工作效率的提高。

（2）明确公关会议的特定目标和主题。要想使召开的公关会议有具体的实效，那么召开的公关会议必须有明确的目标和主题，而且这个目标和主题是具体而实在的，不能泛泛而谈。比如某酒店的某次会议主题是员工薪酬问题，希望通过调整薪酬激发员工工作的积极性，协调内部公众关系，那么目标便是薪酬调整方案的出台。目标越具体，实效越明显。

（3）做好必要的准备工作。公关会议的必要准备工作包括安排会议的时间和地点、邀请与会者并寄送请柬、安排接送、布置会场、确定会议程序、落实会议简报和必要的新闻报道等。充分的准备是公关会议顺利召开的保证。

（4）组织公关会议顺利进行。在公关会议举办或召开期间，组织的领导人或公共关系人员有必要对会议在时间和内容等方面进行引导和控制，以保证会议目标的实现。

（5）评估会议效果。公关会议结束后，管理者有必要及时评估该次会议是否达成预期的目标，并做出评估报告，与会议记录一并存档。

四、善于建立良好的人际关系

人际关系是在人际传播的过程中形成和发展的，是人与人互相沟通的结果，是建立良好公共关系的重要手段。

1. 互惠互利

在人际交往中除了做到"己所不欲，勿施于人"，还要做到"互惠互利"，实现双赢和多赢。如果一个人在与他人交往时总是想着自己如何得到，而未能想到对方在与你交往中可以得到什么，这样的人际关系是很难长久，或保持良好状态的。

【知识与拓展】

天堂与地狱

一位虔诚的教徒找到先知伊里亚。这个教徒受到天堂和地狱问题的启发，希望自己的生活过得更好。"哪里是天堂，哪里是地狱？"他问先知。伊里亚没回答，而是领着他穿过一条黑暗的通道，来到一座宫殿。

他们走进一个铁门，来到一个大厅中。大厅里挤满了人，有穷人，也有富人。有的人衣衫褴褛，有的人珠光宝气，在大厅的中央，支着一口大铁锅，里面盛满汤，下面烧着火。整个大厅中散发着汤的香气。大锅周围，一层层地挤满了人。那些两腮凹进、带着饥饿眼光的人，都在设法分到一份汤喝。教徒看到那些人拿着的盛汤的勺子时，不由大吃一惊。那些铁勺子，足足有一人高，安着木柄。那些饥饿的人贪婪地拼命用勺子在锅里搅着，但谁也无法把汤盛出来。勺子太长太重，即使最强壮的人把汤盛了出来，也无法把汤靠近嘴边去喝。有些鲁莽的家伙，甚至烫了手和脸，还把汤溅在旁边人的身上。于是大家争吵了起来，人们竟挥舞着本来为了解决饥饿的长勺子大打出手。先知伊里亚对那位教徒说："这就是地狱。"

他们离开了这座房子，再也不忍听他们身后恶魔般的喊声。他们又走过一条长的黑暗通道，最后进入另一间大厅。这里也有许多人，在大厅中央同样放着一大锅热汤。就像地狱里的所见一样，这里每个人手中也同样有一把长勺。但这里的人营养状况都很好。大厅里只能听见勺子放入汤中的声音。这些人总是两人一块儿在工作：一个把勺子放入锅中又取出来，将汤给他的同伴喝。如果一个人觉得汤勺太重了，另外那人就过来帮忙。这样，每个人都在安安静静地喝。当一个喝饱了，就换另一个人。先知伊里亚对教徒说："这就是天堂。"

2. 自信与信任

什么是自信心？简单来说，就是一种认为自己可以做到某一件事或获取某种成就的信念。自信的人眼神坚定，态度从容，不会逃避与别人有目光上的接触，无论站着坐着或走路时都习惯性地挺起腰肢，待人接物方面又显得自然大方。没有信心的人眼神闪烁，不敢与人有目光上的接触，容易无理由地感到紧张，时常表现得坐立不安，在处世方面使人觉得他极度害羞，又因为没有勇气向人说"不"而经常要做自己不喜欢做的事情。

【知识与拓展】

管鲍之交

千百年来，管鲍之交一直被誉为交友的最高境界，所谓春秋霸业早已是历史云烟，但鲍叔牙宽阔无私的胸怀，对朋友的了解信任却永久地被人称道。

春秋时鲍叔牙和管仲两人是好朋友，两人相知很深。他们两人曾经合伙做生意，一样地出资出力，分利的时候，管仲总想要多拿一些。别人都为鲍叔牙鸣不平，鲍叔牙却说，管仲不是贪财，只是他家里穷呀。管仲三次做官都被撤职，别人都说是管仲没有才干，鲍叔牙又出来替管仲说话："这绝不是管仲没有才干，只是他没有碰上施展才能的机会而已。"更有甚者，管仲曾三次被拉去当兵参加战争而三次逃跑，人们讥笑他贪生怕死。鲍叔牙再次直言："管仲不是贪生怕死之辈，他家里有老母亲需要奉养啊！"

后来，鲍叔牙当了齐国公子小白的谋士，管仲却为另一个公子纠效力。两位公子在回国继承王位的争夺战中，管仲曾驱车拦截小白，引弓射箭，正中小白的腰带，小白弯腰装死，骗过管仲，日夜驱车抢先赶回国内，继承了王位，称为齐桓公。公子纠失败被杀，管仲也成了阶下囚。

齐桓公登位后，要鲍叔牙为相，并欲杀管仲报一箭之仇。鲍叔牙拒相国之位，并指出管仲之才远胜己，力荐齐桓公不计前嫌，用管仲为相。齐桓公于是重用管仲，果然如鲍叔牙所言，管仲的才华逐渐施展出来，终使齐桓公成为春秋五霸之一，而鲍叔牙与管仲的友谊从此流芳百世。

3. 欣赏与赞美

我们周围的人不可能具备一切能使我们的生活方便舒适的品质，因此我们要学会理解和欣赏人们本来的样子。欣赏每一个人是一种视角和胸怀，也是一种能力。学会欣赏，并且不要吝惜表达你的赞美。

4. 设身处地换位思考

换位思考是一种现代思维方式，凡事多设身处地为他人着想，注重多方面多角度思考问题，既是一种宽广襟怀也是一种思想方法。生活实践证明，人们只有在人际交往中多利用心理换位法，才能更好地做到感同身受，心理沟通，达到相互理解，解疑释惑，消除隔阂，增进团结和友谊的目的。

任务训练

案例分析

"世界第一张丝绸报纸的诞生"与媒介传播

（1）背景介绍　杭州凯地丝绸股份公司1993年成立，是由国家、企业职工和外商共同持股的综合性丝绸出口集团。如今凯地丝绸已经成为国际品牌，深受海外客户的欢迎。这还要从媒介传播说起。当时该公司作为商业大潮中的新生儿，要扩大其社会知名度，就需要独具创意的公关宣传和媒介来报道，以塑造企业整体形象，渗透消费者心理，这无疑是最快捷有效之策。因此，企业生产了世界首版丝绸报纸。同时，中国革命历史博物馆得知世界首版丝绸报纸诞生，也要求收藏并展出。

（2）调研　以丝绸为材料印刷报纸属新闻界和印刷史上的创举，具有高度的新闻价值和保存价值。

（3）目标　以有限的公关宣传费，巧妙借助丝绸报纸这一独特载体，赢得媒介和公众的热切注视。

（4）公关策划创意　杭州国际公关公司为其策划：以丝绸为材料印制浙江省内独家旅游服务报《江南邮报》，并向中国丝绸博物馆、中国革命历史博物馆赠送世界首创的丝绸报纸。

（5）实施与执行　《江南邮报》丝绸版共印刷100份。1993年6月15日，杭州国际公关公司在北京为该公司举行了向中国革命历史博物馆赠送丝绸报纸仪式。行家评价：阅读和观赏效果极佳，反映了当代先进的真丝印花科技水平。

（6）评估　世界首创丝绸报纸被国内20余家报纸、电视台集中报道达30余次，海内外受众人数达2500万人次。丝绸报宣传活动，既证实了中国高超的印丝术，也树立了该公司的形象，从此开创了丝绸报纸的先河。

思考与讨论：

试运用公共关系学中的相关知识分析评点这一案例。

回顾总结

本项目阐述了传播的概念、特征、要素、类型和传播的基础理论，对不同的传播媒介进行了详细的分析，讲述了媒介选择方法和传播实施技巧。

课后实践

单项选择题

1.（　　）是新闻稿的"眼睛"。
A．标题　　　　　B．新闻导语
C．新闻事实　　　D．结尾

2. 新闻的重点是（　　）。
A．标题　　　　B．新闻导语　　　　C．新闻事实　　　　D．结尾

蓄力职场

掌握传播的相关知识，树立积极主动的传播意识我，合理运用传播的技能，将社会组织正面积极的信息进行有效传播，提高社会组织的知名度，是公关人员传播管理最主要的工作。

项目 8
公共关系专题活动管理

学有所获

通过完成本项目，学生应该掌握如下知识点：
1. 了解企业日常公关活动的内容。
2. 了解公关专题活动的特征以及意义。
3. 掌握公关专题活动中开展背景、开展程序以及注意事项。

案例导入

领鲜跨越共赢——2018 晨光乳业新品上市发布会在深举行

2018 年 7 月 3 日上午，以"领鲜·跨越·共赢"为主题的 2018 晨光乳业新品上市发布会在深圳举行。光明集团党委副书记、总经理周子友，华侨城集团党委宣传部副部长蒋坤尧，光明集团副总经理、晨光乳业董事长丘海珍，晨光乳业总经理黄特民、营销总监杜和平等公司领导，经销商代表、媒体记者等共同见证了这一重要时刻。

内外兼修，口感包装全新升级。

供港三十年，新鲜每一天。新鲜，是晨光在广大消费者心中烙下的最深印象，更是晨光以品质成就未来的不渝追求，此次在发布会上集结亮相的 7 款新品由内而外全新升级。

口感升级带来味蕾新体验，新推出的 3 款鲜酸奶采用位于深圳本土的晨光自有牧场奶源，24 小时内新鲜发酵，优质乳蛋白，活性乳酸菌含量达到 100 亿 /100mL，采用优质食品原料，无人工合成添加剂。华侨城集团作为国务院国资委直接监管的大型中央企业，将凭借其在文化、旅游、城镇化建设等方面的优势，为光明集团原有优势产业尤其是晨光乳业跨越式发展插上了腾飞的翅膀。相关负责人表示晨光乳业作为华侨城集团进军农牧产业的排头兵，光明集团在政策、资金、人才等方面大力向晨光乳业倾斜，投资 1.2 亿元推动酸奶车间改扩建工程，预计实现日产从 50 吨提高到 250 吨；计划投资 22 亿元启动新型产业园等重大项目建设，打造集奶牛养殖、乳业生产、工业旅游为一体的现代工业旅游园区，努力把晨光乳业打造成全国名列前茅的乳业品牌。

【思考 - 讨论 - 训练】
1. 请问如何为企业组织一场新闻发布会？
2. 本案例给你带来怎样的启发？

知识导航

8.1 新闻发布会

一、新闻发布会的概念

新闻发布会是指政府或社会组织定期、不定期或临时举办的信息和新闻发布活动,直接向新闻界发布政府政策或组织信息,向社会各界传播政府或社会组织的重大政策、技术、贡献等一种积极主动的公共关系专题活动。

新闻发布会,也有人把它叫记者招待会,其实这两者是有区别的。

新闻发布会侧重于发布新闻,如企业作出了某项重要的决策、研制生产了某种新产品或推出了某项对社会有重要影响的革新项目。企业若想通过大众媒介把这些信息广泛地传播出去,就可以举办新闻发布会。

记者招待会则有所不同,它不一定是有新闻要发布,它的主要目的是和新闻媒介公众进行沟通。任何企业在与社会各界公众的交往中,都会遇到很多错综复杂的问题,如本单位与外单位发生了法律纠纷,企业受到了顾客的批评、受到了社会舆论的谴责、受到了新闻媒介的公开指责、受到了某一其他社会组织的诬告等。当这些问题发生之后,企业为了挽回影响并争取舆论界的支持,就有必要召开记者招待会。

二、新闻发布会的特点

(1)正规隆重。形式正规,档次较高,地点精心安排,邀请记者、新闻界(媒体)负责人、行业部门主管、各协作单位代表及政府官员,易于引起社会广泛的关注。

(2)沟通活跃。双向互动,先发布新闻,后请记者提问回答。在记者招待会上,记者可根据自己感兴趣的方面进行提问,能更好地发掘消息,充分地采访本组织,同时使组织也更深入地了解新闻界。在这种形式下的双向沟通,无论在深度上和广度上都较其他形式更为优越。

(3)方式优越。新闻传播面广,报刊、电视、广播、网站集中发布(时间集中,人员集中,媒体集中),迅速扩散到公众。

(4)要求高。新闻发布会对于组织的发言人和会议主持人要求很高,如发言人和主持人需要十分敏感,善于应对,反应迅速等。

(5)成本高。记者招待会往往占有记者和组织者较多的时间,经费支出也较多,因此,成本较高。

三、新闻发布会的筹备

1. 确定主题

新闻发布会一般针对政府或社会组织意义重大、媒体感兴趣的事件举办。每个新闻发布会都会有一个名字,这个名字会出现在关于新闻发布会的一切表现形式上,包括请柬、会议资料、会场布置、纪念品等。

2. 确定时间

新闻发布的时间通常也是决定新闻何时播出或刊出的时间。

因为多数平面媒体刊出新闻的时间是在获得信息的第二天,因此要把发布会的时间尽可能安排在周一、二、三的下午为宜,会议时间保证在1小时左右,这样可以相对保证发布会的现场效果和会后见报效果。

发布会应该尽量不选择在上午较早或晚上。部分主办者出于礼貌的考虑,有的希望可以与记者在发布会后共进午餐或晚餐,个人认为这样的安排并不可取。如果不是历时较长的邀请记者进行体验式的新闻发布会,一般不需要做类似的安排。

3. 确定地点

场地可以选择户外（事件发生的现场,便于摄影记者拍照）,也可以选择在室内。根据发布会规模的大小,室内发布会可以直接安排在企业的办公场所或者选择酒店。酒店有不同的星级,从企业形象的角度来说,重要的发布会宜选择五星级或四星级酒店。为了体现权威性,可在诸如人民大会堂等权威场所举行（由于审核程序烦琐,企业可委托专业策划公司全程策划筹办）。

酒店有不同的风格、不同的定位,选择酒店的风格要注意与发布会的内容相统一。还要考虑地点的交通便利与易于寻找。包括距离主要媒体、重要人物的远近,交通是否便利,泊车是否方便等。

4. 确定席位

摆放方式:发布会一般是主席台加下面的课桌式摆放。注意确定主席台人员。需摆放席卡,以方便记者记录发言人姓名。摆放原则是"职位高者靠前靠中,自己人靠边靠后"。

很多会议采用主席台只有主持人位和发言席,贵宾坐于下面的第一排的方式。一些非正式、讨论性质的会议是圆桌摆放式。例如,摆放回字形会议桌的发布会也出现得较多,发言人坐在中间,两侧及对面摆放新闻记者坐席,这样便于沟通。同时也有利于摄影记者拍照。注意席位的预留,一般在后面会准备一些无桌子的坐席。

5. 道具准备

最主要的道具是麦克风和音响设备。一些需要做电脑展示的内容还包括投影仪、笔记本电脑、联线、上网连接设备、投影幕布等,相关设备在发布会前要反复调试,保证不出故障。

新闻发布会现场的背景布置和外围布置需要提前安排。一般在大堂、电梯口、转弯处有导引指示欢迎牌,一般酒店有这项服务。事先可请好礼仪小姐迎宾。如果是在企业内部安排发布会,也要酌情安排人员做记者引导工作。

新闻发布会背景板主要衬托出会议主题,所以在设计及选材上一定要慎重考虑,新闻发布会主要采用高清晰写真布,这种材料因为无异味、不反光和高清晰的特点,所以对新闻发布会的现场气氛营造和媒体摄像都大有好处。

6. 资料准备

提供给媒体的资料,一般以广告手提袋或文件袋的形式,整理妥当,按顺序摆放,再在新闻发布会前发放给新闻媒体,顺序依次应为:

(1) 会议议程;

(2) 新闻通稿;

(3) 演讲发言稿;

(4) 发言人的背景资料介绍（应包括头衔、主要经历、取得成就等）;

(5) 公司宣传册;

(6) 产品说明资料（如果是关于新产品的新闻发布的话）;

(7) 有关图片;

（8）纪念品（或纪念品领用券）；
（9）企业新闻负责人名片（新闻发布后进一步采访、新闻发布后寄送联络）；
（10）空白信笺、笔（方便记者记录）。

7. 邀请媒介

媒体邀请的技巧很重要，既要吸引记者参加，又不能过多透露将要发布的新闻。在媒体邀请的密度上，既不能过多，也不能过少。一般企业应该邀请与自己联系比较紧密的商业领域记者参加，必要时如事件现场气氛热烈，应关照平面媒体记者与摄影记者一起前往。

邀请的时间一般以提前3～5天为宜，发布会前一天可做适当的提醒。联系比较多的媒体记者可以采取直接电话邀请的方式。相对不是很熟悉的媒体或发布内容比较严肃、庄重时可以采取书面邀请函的方式。

适当地制造悬念可以吸引记者对发布会新闻的兴趣，一种可选的方式是开会前不透露新闻，给记者一个惊喜。"我要在第一时间把这消息报道出来"的想法促使很多媒体都在赶写新闻。如果事先就透露出去，用记者的话说就是"新闻资源已被破坏"，看到别的报纸已经报道出来了，写新闻的热情会大大减弱，甚至不想再发布。无论一个企业与某些报社的记者多么熟悉，在新闻发布会之前，重大的新闻内容都不可以透漏出去。

在记者邀请的过程中必须注意，一定需要邀请新闻记者，而不能邀请媒体的广告业务部门人员。有时，媒体广告人员希望借助发布会的时机进行业务联系，并作出也可帮助发稿的承诺，此时也必须进行回绝。

8. 确定发言人

新闻发布会也是公司要员同媒介打交道的一次很好的机会，值得珍惜。代表公司形象的新闻发言人对公众认知会产生重大影响。如其表现不佳，公司形象无疑也会令人不悦。

新闻发言人的条件要求一般应有以下几方面。

（1）公司的头面人物之一。新闻发言人应该在公司身居要职，有权代表公司讲话。
（2）良好的外形和表达能力。发言人的知识面要丰富，要有清晰明确的语言表达能力、倾听能力及反应力，外形良好主要包括身体语言整洁、大方得体。
（3）执行原定计划并加以灵活调整的能力。
（4）有现场调控能力，可以充分控制和调动发布会现场的气氛。

9. 资料准备

新闻发布会需要准备宣传资料、发言稿和报道材料。主要发言稿是记者招待会的中心内容，应具备实事求是、资料全面、严谨深刻、生动具体等特点。主要发言稿不仅要有专人负责起草，而且还要通过本组织有关领导人审阅，最后交给主要发言人熟悉。

总之，对于公关人员来说，准备宣传资料时要注意以下几点。

（1）要求认真、全面地收集有关资料，写出准确生动的发言稿。
（2）要求围绕主题，准备好宣传辅助材料，包括文字、图片、实物、模型等。这些材料应尽量全面、翔实、具体、形象，以便在会议上充分展示、分发、播放，以增强发言效果。
（3）提前准备好报道材料，包括新闻通讯稿、相关背景素材等，事先散发给记者，作为采访报道的参考。

10. 提问准备

在新闻发布会上，通常在发言人进行发言以后，有一个回答记者问题的环节。可以充分通过双方的沟通，增强记者对整个新闻事件的理解以及对背景资料的掌握。有准备、亲和力强的领导人接受媒体专访，可使发布会所发布的新闻素材得到进一步的升华。

在答记者问时,一般由一位主答人负责回答,必要时,如涉及专业性强的问题,由他人辅助。发布会前主办方要准备记者答问备忘提纲,并在事先取得一致意见,尤其是主答和辅助答问者要取得共识。有些企业喜欢事先安排好媒体提问的问题,以防止媒体问到尖锐、敏感的问题,建议不宜采取。

四、新闻发布会的具体流程——实施

新闻发布会也是媒体所期待的。在全国性的媒体调查中发现,媒体获得新闻最重要的一个途径就是新闻发布会,几乎100%的媒体将其列为最常参加的媒体活动。由于新闻发布会上人物、事件都比较集中,时效性又很强,且参加发布会免去了预约采访对象、采访时间的一些困扰,另外,新闻发布会一般也会为记者提供一定的馈赠品,所以通常情况下记者都不会放过这些机会。

(1) 签到迎宾。安排好签到并分发资料与礼品,注意嘉宾的安排,以扩大影响。
(2) 主持人宣布新闻发布会正式开始,介绍到场嘉宾及媒体记者。
(3) 社会组织领导致辞。
(4) 嘉宾致辞。
(5) 发言人发布会新闻。
(6) 记者提问互动。
(7) 拍照留影纪念。
(8) 会议结束,礼送。

五、总结阶段

(1) 对照签到簿,了解记者发稿情况。对未发稿的新闻机构可了解未发稿的原因。
(2) 对因故而未能参加的新闻机构可提供有关背景资料、会议记录材料、图片和报道提纲等,以供他们选用。
(3) 整理有关文档资料存档,以备用、备查。
(4) 收集与会者的反馈,了解对本组织的看法。
(5) 总结经验和不足。
(6) 收集记者刊发的报道,进行归类分析,检查是否达到预期目标。
(7) 收集并分析记者所发稿内容的倾向性,做到胸中有数,以便日后更好地合作。
(8) 对失误和不利的报道应设法补救。

六、举行新闻发布会的注意事项

(1) 邀请记者参加记者招待会,应该把正式的请柬提前送到他们手中。
(2) 准备好交通工具,安排专人负责接送,并且做好服务接待工作,使记者感到一种热烈、诚恳、友好、亲切的气氛。
(3) 会议主持人要充分发挥组织者的作用。主持人的责任在于促成会议顺利圆满地进行,故其言谈要庄重、有涵养、有幽默感,要尊重别人的提问和发言;要控制会场气氛,把握主题范围;维持会场秩序,掌握会议时间和进程。
(4) 遇有回答不了的问题时,应采取灵活的办法给予回答。例如,可告诉记者如何得到圆满的答案。不可简单地说"无可奉告""不知道"等,以免引起记者的不满或反感。
(5) 对不愿公布和保密的信息,应婉转地向记者解释原因。

（6）不要随便打断记者的提问和发言，亦不可采取各种动作、表情和语言对记者表示不满，应表现出较高的涵养，平静地予以纠正，切忌急躁地反驳。

（7）所发布的信息必须准确无误。若发现错误，应及时更正。

（8）应安排足够的接待人员，设立签到处，并派专人引导记者前往会场。

（9）时间安排方面，记者招待会必须按时举行，没有极特殊的情况，不能随意提前或拖延。

任务训练

案例分析

利用搬迁制造新闻

美国有一家银行新建一座办公大楼，总部要从原来的旧楼向新楼搬迁。这家银行在搬迁时，既没有在电视、报刊上大做广告，也没有图轻松让搬家公司包办了事，而是精心设计、策划了一场搬迁大游行。

搬迁那天，全体员工身穿行服，打着搬迁的横幅，举着该银行创业以来辉煌成就的标语牌，列队从旧楼走向新楼。队伍前面彩旗飘扬，鼓乐喧天，还有各种杂技表演，浩浩荡荡地在大街上行进，热闹非凡，整个一嘉年华狂欢活动。

这种形式不仅吸引众多行人驻足观看、广为传播，还引来了不少记者。有的拍下了这一盛大场面，当晚在电视新闻中播出；有的写成了通讯报道，以显著的位置发表在第二天的报纸上。因此，该银行及其搬迁几乎家喻户晓，人人皆知。

思考与讨论：

1. 公司"制造新闻"的目的是什么？
2. "制造新闻"活动应该注意什么问题？

回顾总结

本任务主要学习了新闻发布会的概念、特点以及实施的流程。

课后实践

一、判断题

1. 新闻发布会和记者招待会是一样的。（　　）
2. 制造新闻可以不以事实为基础人为制造具有轰动效应的新闻事件。（　　）

二、名词解释

1. 新闻发布会
2. 制造新闻

三、简答题

1. 在开展新闻发布会活动应做好哪些准备工作？
2. 开展新闻发布会就注意哪些事项？

蓄力职场

掌握新闻发布会的相关知识，提高公关人员开展专业活动的职业技能，为今后的公关工作打下良好的基础。

8.2 庆典活动

一、庆典活动的类型

常见的庆典活动有法定节日庆典，如"五一"国际劳动节庆祝活动、"十一"国庆节庆祝活动等；组织的节日庆典，如中国人民解放军的八一建军节等；特别性的"日、周、月、年"的庆典活动，如清华大学一百周年校庆、2001年7月13日北京申奥成功大型系列庆祝活动等；还有企业为了扩大形象宣传，利用奠基、开业、周年等时机举行的典礼仪式，以及利用人们喜闻乐见的节日举行的别开生面的公共关系活动等。

1. 节庆活动

节庆是利用盛大节日或共同的喜事而举行的表示快乐或纪念的庆祝活动。不同国家甚至同一国家的不同地区，都有自己独特的节日。节日又有官方节日和民间传统节日之分。我国常见的官方节日有元旦、国际妇女节、消费者权益保护日、国际劳动节、国际儿童节、国庆节等；民间传统节日有春节、元宵节、清明节、端午节、中秋节等。还有些地方根据自身文化传统、风俗习惯、土特产等组织举办一些具有地方特色的节庆活动，如北京地坛庙会、湖南的龙舟节、山东潍坊风筝节等。

节庆日是公共关系部门特别是酒店、宾馆等接待服务单位开展公共关系活动的绝好时机。所以，每年的6月1日前，大小商店都会在儿童商品上绞尽脑汁；中秋节前，则会爆发一轮又一轮的月饼"大战"；"五一"和"十一"长假前夕，旅游胜地和饭店就会大张旗鼓地宣传和推介其优质的特色服务。这些活动一般是社会组织创造机会为自己做宣传，通俗地说，就是没有机会创造机会、有机会则"乘机"利用，自己搭台，自己唱戏，这充分体现了公共关系工作的主动性。

2. 纪念活动

纪念活动是利用社会上或本行业、本组织的具有纪念意义的日期而开展的公关活动。可供组织举办纪念活动的日期和时间有很多，如历史上的重要事件发生纪念日、本行业重大事件纪念日、社会名流和著名人士的诞辰或逝世纪念日；而本组织的周年纪念日、逢五逢十的纪念日及重大成就的纪念日，更是举办纪念活动的极好时机。通过举办这样的活动，可以传播组织的经营理念、经营哲学和价值观念，使社会公众了解、熟悉进而支持本组织。因此，举办纪念活动实际上又是在做一次极好的公关广告。

3. 典礼仪式

典礼仪式包括各种典礼和仪式活动，如开幕典礼、开业典礼、项目竣工典礼、毕业典礼、颁奖典礼、就职仪式、授勋仪式、签字仪式、捐赠仪式等。在实际工作中，典礼仪式的形式多样，并无统一的模式。有的仪式非常简单，如某个企业办公楼的开工典礼，放一挂鞭炮、企业老总喊一声"开工"，仪式便宣告结束；有的仪式非常隆重、庄严，如英国女王登基、国外皇室婚礼及葬礼等，甚至还有一套严格的程序和繁文缛节。

庆典活动既是社会组织面向社会和公众展现自身的机会，也是对自身的领导和组织能力、社交水平以及文化素养的检验。因此，举办庆典活动时，公共关系人员应做到准备充分，接待热情，头脑冷静，指挥有序。

二、庆典活动的步骤

1. 庆典活动的准备工作

（1）成立庆典筹委会。以便专门策划并落实庆典工作。

（2）确定庆典活动主题。以便围绕主题进行精心策划，如提炼宣传口号、写出活动方案等。

（3）进行宣传铺垫。确定宣传内容，制作并发放海报、宣传品，适当做广告、送请柬等。

（4）拟定出席庆典仪式的宾客名单。一般包括政府要人、社区负责人、知名人士、社团代表、同行代表、员工代表、公众代表和新闻界人士。对邀请出席典礼的宾客要提前将请柬送到其手中。

（5）拟定庆典程序。一般有签到、宣布庆典开始、宣布来宾名单、致贺词、致答谢辞、剪彩等。

（6）事先确定致贺词人名单、致答词人名单，并为本单位负责人撰写答谢辞。贺词、答谢词都应言简意赅，起到沟通感情、增进友谊之目的。

（7）确定关键仪式人员。剪彩、揭牌、挂牌等仪式，除本单位负责人外，还应有来宾中德高望重的知名人士共同参加。

（8）安排各项接待事宜。应事先确定签到、接待、剪彩（或揭牌）、放鞭炮、摄影、录像、扩音等有关礼仪服务人员，而且这些人员应在庆典前到达指定岗位。

（9）安排必要的余兴节目和堂会。可在庆典过程中安排如锣鼓、鞭炮礼花、舞狮舞龙、乐队伴奏、民间舞蹈、歌舞节目等，还可以邀请来宾为本组织题词，以便留下永久纪念。

2. 庆典的操作程序

（1）升本组织的旗帜。

（2）鸣鞭炮、敲锣鼓、放彩带、飞鸽、气球等。

（3）剪彩、揭牌、授奖、签字等。

（4）致辞。宾主分别致贺词和致答谢词。

（5）礼成。安排助兴节目。

（6）庆典结束后，可组织来宾参观，如参观本组织有纪念性的馆室、店堂及建筑设施、商品陈列等，增加宣传组织、传播信息的机会。

（7）通过座谈、留言形式广泛征求意见，并综合整理，总结经验。

（8）适当安排宴请来宾。

三、开展庆典活动的注意事项

庆典活动既是社会组织面向社会和公众展现自身的机会，也是对自身的领导和组织能力、社交水平以及文化素养的检验。因此，举办庆典活动时，公共关系人员应做到准备充分，接待热情，头脑冷静，指挥有序。一般说来，庆典活动应注意以下事项。

（1）确定庆典活动主题，精心策划安排，并进行适当的宣传。

（2）拟定出席庆典仪式的宾客名单，一般包括政府要员、社区负责人代表、同行代表、员工代表、公众代表、知名人士、社团。

（3）拟定庆典程序。一般为：签到、宣布庆典开始，宣布来宾名单、致贺词、致答谢词、剪彩等。

（4）事先确定致贺词、答谢词的人名单，并拟好贺词、答谢词，贺词、答谢词都应言简意赅。

（5）确定关键仪式人员，如剪彩、揭牌、托牌等；除本单位领导外，还应邀请德高望重的知名人士。

（6）安排各项接待事宜，事先确定签到、接待、剪彩、摄影、录像、扩音等有关服务礼仪人员。

（7）可在庆典活动中安排节目，如舞龙等；还可邀请来宾题词，以作为纪念。

（8）庆典结束后，可组织来宾参观本组织的设施、陈列等，增加宣传的机会。

（9）通过座谈、留言形式，广泛征求意见，并综合整理、总结经验。

任务训练

案例分析

世纪列车——北京大学百年校庆活动

1998年，北京大学将举行百年校庆。给母校怎样的贺礼，这是北大未名生物集团的人早就开始思考的问题。几位北大人原来曾想过更换未名湖旁的旧椅子、为北大幼儿园添置新设施等方案，但后来都觉得没有发一趟校庆专列好。北大的百年是与祖国风雨同行的百年，她的每一件大事都与中国的大事件紧密相连，而最能表达这个意境的就是一列列车。这是一列世纪列车，尽管有颠簸，有风雨，但永远是向前的。另外，专列还象征着时代列车。深圳是改革开放的前沿，专列从深圳始发，象征着祖国沿着改革开放之路滚滚向前。

开这个专列还有一个切实的考虑：校友们毕业后随即奔赴四面八方，从事不同的工作。工作繁忙，使他们很难有机会相聚畅谈，专列运行32个小时，校友们可以心情畅谈交流。基于以上的种种考虑，百年校庆专列的大胆想法形成了。这个创意得到了铁道部及下属单位的大力支持。深圳到北京有一次列车，但京九线沿途的省会城市少，不方便，所以决定走京广线。可是京广线的始发站是广州。铁路部门做出一个前所未有的决定：专列起始站改到深圳，然后走京广线。他们还专门组织召开了有关铁路部门与北大校庆筹委会参加的联席会议，会上专题研究了北大校庆筹委会提出的有关车内彩旗、横幅等宣传布置问题，车上就餐问题，车上广播娱乐活动，老弱病残服务问题以及车上安全问题，对这些问题双方逐一进行了协商。同时为了保证落实，于当日下午，由广州客运段陪同北大校庆筹委会人员到站实地察看了16次列车，为他们做好准备工作提供了条件。1998年4月30日20：05，专列在盛大的欢送队伍的注视下顺利发车，激昂的情绪始终伴随着大家。"北大往事"演讲最初由一个车厢推举一人参加，后来，则是大家踊跃报名，抢着要说。一名校友为百年校庆做了几首歌，一上车，他就教大家唱，许多车厢开始对歌。由三节硬座车厢组成的"长明教室"，使很多人回忆起学校彻夜开放的教室。大家聊天、唱歌，久久不肯睡去。在长5米、宽1米的条幅上签名留念，使校友们激动欢喜，这条签名条幅将送到北大史馆收存。列车每到一站，车上的校友就敲锣打鼓，下车迎接上来的校友，"欢迎北大专列'新生'"的横幅令每一个准备上车的校友备感亲切。已经60多岁的一位老校友说："'新生'两个字让我想起了刚入学的情景，仿佛自己又是一个无知青年，再次回到北大怀抱。"

思考与讨论：
1. 此案例有什么创新之处？
2. 2007年是同济大学百年校庆，你能提出一些新颖的校庆庆典方案吗？

回顾总结
本任务主要学习了公共关系的庆典活动的概念、类型、开展程序等。

课后实践
一、名词解释
庆典活动
二、简答题
1. 庆典活动的基本类型有哪些？
2. 开展庆典活动应注意哪些事项？

蓄力职场
理解庆典活动的概念及作用，掌握庆典活动开展的具体程序及注意两项，请开展设计一份节日庆典活动策划方案，提高专业技能。

8.3 赞助活动

一、公关赞助的概念

公关赞助是指组织通过无偿地提供资金或物质对各种社会公益事业作出贡献，以提高社会声誉，树立良好社会形象的公关专题活动。公关赞助是举办专题活动最常见、最重要的形式之一，因为它既可以为社会公益事业的顺利进行提供保障，同时又可以为各类组织的不断发展创造和谐的社会环境。因此，越来越多的营利性组织纷纷以自己收益的一部分回馈社会公益事业，以表示它们乐于承担一定的社会责任和义务。

二、开展赞助活动的意义

（1）为企业赢得良好声誉。企业通过对某些社会福利事业、社会慈善事业、社会公益活动进行赞助，可以在社会公众心目中留下关心社会、致力于公益事业的美好印象，会受到社会舆论的好评，从而为企业赢得良好的声誉。

（2）扩大企业的社会影响。企业在对公益事业，尤其是对体育比赛、文娱活动的赞助过程中，企业的名称和产品的商标等都会频繁出现在新闻媒介的广泛报道之中，进而形成一种广告攻势，会使本企业的知名度大大提高，社会影响也会进一步扩大。

（3）博得社会公众的好感。开展公益活动首先是能使企业赢得与赞助项目直接相关的组织与公众的好感，同时也能使企业赢得其他社会公众的好感，从而产生一种口碑效应。

（4）提高企业的社会效益。开展公众活动之后，企业赢得了社会公众的普遍好感，其知名度与美誉度高了，整体形象也好了。这些虽然不能直接取得经济效益，但却为企业的生存、发展创造了一个良好的外部环境，提高了企业的社会效益。

三、赞助活动的类型

赞助活动主要有以下几种类型。

1. 赞助体育活动

由于体育比赛活动是新闻媒介热衷报道的对象,而且拥有众多的观众,对公众的吸引力大,因此,社会组织常常赞助体育活动,以增加对公众施加影响的广度和深度。赞助体育运动常见的形式有:赞助体育训练经费或物品、赞助体育竞赛活动、设立体育竞赛奖励项目等。

2. 赞助社会慈善和福利事业

为各种需要社会救助的人如孤寡老人、残疾病人、福利院儿童等提供物质、经费帮助,开展服务活动,以及济贫、捐助灾民,既是社会组织向社会表明履行社会义务的重要手段之一,又是社会组织改善与社区公众关系、政府公众关系的重要途径之一。

3. 赞助教育事业

教育是立国之本,发展教育事业是一个国家的基本战略方针。社会组织自觉地赞助教育事业,如捐资建立图书馆与实验室,设立某项奖学金制度、资助贫困学生、捐资希望工程等,既可以促进学校教育事业的发展,又可以为社会组织树立一种关心教育事业的良好形象。

4. 赞助文化生活

文化生活是公众社会生活的主要内容之一。社会组织积极赞助文化生活,不仅可以增进社会组织与公众的深厚感情,而且可以提高社会组织的文化品位和知名度。赞助文化生活的方式主要有:赞助拍摄与社会组织有关的影视片、资助文艺演出队伍、赞助文化演出活动等。

社会组织还可以赞助科研学术活动、各种竞赛奖励活动、环保事业、其他赞助活动。如赞助制作宣传用品、旅游图、日历等。

四、赞助活动的策划与实施

一般情况下,赞助活动能够在公众中形成良好的口碑。但是,在这里要提醒公共关系人员注意,赞助活动的公共关系效果不一定与赞助金额成正比,这其中的奥妙就在于如何能做到巧妙赞助。

1. 选好赞助对象

第一,要考虑所赞助的活动与本组织能否很和谐、自然地使公众联想在一起,能否对本组织产生有利的影响。

第二,要考虑所赞助的活动的社会影响,如媒介报道的可能性、报道频率和报道的广泛性,受益人是谁,受影响的公众的分布情况,影响的持久程度,活动本身能否引起人们的注意,能否产生"轰动效应"等。

第三,要考虑本组织在活动中与公众见面和直接沟通的机会有多少,以及赞助费用的多少和赞助的形式。

第四,应考察赞助活动对本单位的产品销售有无赞助价值。如果发现值得赞助,便可着手落实赞助。

2. 制订赞助计划

组织要在赞助研究的基础上制订赞助计划。赞助计划是赞助研究的具体化,因此赞助计划的内容应该具体、翔实。对赞助的目的、对象、形式、费用预算、具体实施方案等都应有所计划，并控制范围，防止赞助规模超过组织的承受能力。

3. 评估与审核赞助项目

这一步主要是针对具体赞助项目进行的，对每一项具体的赞助项目，赞助工作机构都应进行分析研究。首先对赞助项目进行总体评估，检查是否符合赞助方向，对赞助效果进行质和量的评估。审核则是结合计划进行，组织每进行一次具体赞助活动，都应有组织的高层领导或赞助委员会对其提案和计划进行逐项地审核评定，确定其可行性、具体赞助方式、款额和时机。

4. 实施赞助方案

组织要派出专门的公共关系人员，去实施赞助方案。在实施过程中，公关人员要充分利用有效的公共关系技巧，尽可能扩大赞助活动的社会影响；同时，应采用广告和新闻传播等手段，辅助赞助活动，使赞助活动的效益达到最佳峰值，争取赞助的成功。

5. 检测赞助效果

赞助活动结束后，组织应该对照计划，测定实际效果。赞助活动的效果应由组织自身和专家共同评测，尽可能做到符合客观实际。检测过程包括检查、收集各个方面对此次赞助的看法、评论，看是否达到预定目的，还有哪些差距，认为活动不理想的应该找出原因，并把这些写成总结报告，归档储存，为以后的赞助活动提供参考。

五、赞助活动的注意事项

社会组织的赞助活动中，作为一种投资行为和宣传方式，具有较强的政策性与技巧性，在实际操作中必须注意以下具体事项。

（1）开展赞助活动必须着眼于社会效益，以获得公众的普遍好感。一般地说，社会组织要优先赞助社会慈善事业、福利事业、公共市政建设以及文化教育活动。

（2）开展赞助活动必须符合法律规范。主要有两方面含义。

第一，赞助的对象要合法，要认真研究和确认被赞助的组织、个人或社会活动本身是否具有良好的社会声誉，是否有积极广泛的社会影响，以保证赞助活动取得良好的社会效益。否则，就会给公众以"助纣为虐"之感，不仅不利于实现赞助活动的目的，反而会损害组织形象。

第二，赞助的方式要合法，要严格遵守政策法规。违背政策法规，利用赞助搞不正之风，也会破坏社会组织的形象。

（3）开展赞助活动应当量力而行，不能凭一时冲动，感情用事。赞助经费的数额要在社会组织能够承受的范围之内。每年列出赞助总额预算，在预算范围内予以赞助。

（4）学会品鉴赞助对象。目前，社会拉赞助者众多，鱼目混珠，企业应加以仔细鉴别；对各种明显不能满足其要求的征募者，应当坦率而诚恳地解释组织的有关政策，不应为威胁利诱所屈服。必要时可以诉诸社会舆论和法律，以保障组织的合法权益。

（5）要注意留存一部分机动款项，作为遇到临时、重大活动时的备用款。

（6）在实际赞助活动中，企业应首先考虑赞助社会福利事业、教育事业及设施，这样容易获得社会各界的好感，而且意义深远。其次，要注意保留一部分机动款项，以备遇到临时性赞助机会时使用。再次，面对当前社会上盛行的摊派之风，组织或企业应保持清醒的头脑，对各种明显不符合企业赞助政策的征募者应拒之门外。如果对方无理取闹，必要时可以诉诸社会舆论或者法律。企业的社会赞助活动不是一个人说了算，也不能头脑发热就拍板，而是要努力做到有章可循、有的放矢、有条不紊。

赞助属于信誉投资，是通过为公益事业捐款捐物等形式培养广大公众与企业的良好感情。常见的赞助有体育活动赞助、教育赞助、学术活动赞助、某一职业性奖励基金赞助、宣传品制作赞助等。

任务训练

案例分析

海尔全力赞助深圳佳兆业

如今的职业足球，既是球员实力的比拼，也是球队赞助商财力的暗战。近期中甲俱乐部深圳佳兆业就收到了一笔外来赞助，海尔集团深圳分公司到访了佳兆业俱乐部，作为佳兆业俱乐部的官方赞助商，海尔集团表示将持续支持佳兆业俱乐部，同时希望在体育营销、粉丝运营、足球文化等多方面扩大与后者的合作。

作为目前的全球大型家电第一品牌，从财力方面来说，海尔集团并不逊色于现在中国足球圈内活跃的恒大、绿地等企业。深圳佳兆业去年就已喊出冲超口号，但由于球队内部发生了一些问题，冲超目标最终没能实现，但在海尔集团的鼎力支持下，佳兆业明年有望卷土重来。

但从另一个角度来看，海尔此番和深圳佳兆业的"联姻"，无疑会让许多青岛球迷感到憋屈。海尔的创始地是著名的足球城青岛，但这次海尔集团并没有选择赞助家乡球队，而是赞助了一家远在深圳的中甲俱乐部，这似乎与我们传统认知中的反哺思想有些背道而驰。按理说，青岛好歹有两家职业俱乐部，为什么海尔却选择南下深圳去开拓足球版图？仅仅只是生意人"市场为大"的理念在起作用？我们不得而知。

青岛足球近些年的发展较为曲折，青岛中能自降级之后一落千丈，如今已沦为中乙球队的他们迟迟无法重返自己的巅峰状态，而另一家青岛俱乐部青岛黄海虽然运营氛围较为健康，但球队实力有限，不具备冲击中超的能力，而且在今年卖掉马兴煜等主力的情况下，球队未来的发展必然更加困难，足球城没人扛得起大旗，海尔集团作为青岛本地的龙头企业却赞助了黄海的中甲对手佳兆业，这对青岛足球来说像是一种无声的嘲讽。

由于青岛足球常年的"积贫积弱"，青岛球迷无不希望本地大企业能够对职业足球施以援手。毕竟，青岛虽然不是大城市，但财力雄厚的企业还真不少，海尔便是青岛球迷最为期待的"救世主"。只不过，即便是当年青岛中能还在中超打拼时，海尔也一次都没有赞助过这家俱乐部，降级之后就更不用提了。青岛政府部门曾组织给中能、黄海两家俱乐部拉赞助，海尔也是反应最冷淡、最不热心的企业之一。如今，海尔高调与深圳的足球俱乐部合作，如此"岛内开花岛外香"的局面，不能不令人心生质疑。

青岛是中国为数不多具有足球文化的城市，但他们已经五年不曾拥有一支中超球队青岛的足球已经让青岛的球迷失望透顶，如今青岛本地的龙头企业又不待见家乡的足球发展，青岛足球的重新崛起，不知道要等到何时才能实现。

思考与讨论：

1. 在国人对中国极度失望的背景下，海尔为什么还要继续赞助佳兆业？
2. 为什么企业更多地赞助体育事项或项目？
3. 赞助还能社会组织带来什么好处？

回顾总结

本任务主要学习了公共关系赞助活动的概念、类型、开展程序及注意事项等知识内容。

课后实践

一、多项选择题

1. 赞助活动有（　　）意义与作用。
   A．为企业赢得良好声誉　　　　　　B．扩大企业的社会影响
   C．博得社会公众的好感　　　　　　D．提高企业的社会效益
2. 赞助的类型有（　　）
   A．赞助体育活动　　B．赞助社会慈善和福利事业　　C．赞助教育事业
   D．赞助文化　　　　E．赞助科研学术活动
   F．赞助各种竞赛奖励活动

二、简答题

1. 开展赞助活动应注意哪些事项？
2. 简述开展赞助活动的程序。

蓄力职场

掌握赞助活动的概念、作用、类型及开展程序，能够为社会组织策划并开展赞助活动提高组织的美誉度，树立良好的组织形象。

8.4 展览活动

一、展览活动的概念

展览活动也叫展览会（Traditional Exhibition），是一种综合运用各种媒介、手段，推广产品、宣传企业形象和建立良好公共关系的大型活动。其特点是：它是一种复合性、直观、形象和生动的传播方式；它提供了与公众进行直接双向沟通的机会；是一种高度集中和高效率的沟通方式；是一种综合性的大型公共关系专题活动，是新闻报道的好题材；带有娱乐的性质，可吸引大量公众。一般来说各社会组织都非常重视利用这一形式来塑造和展现他们的最佳形象。

二、展览活动的特点

展览活动是一种十分直观、形象生动的复合型传播方式。展览会是一种综合运用各种媒介推广产品、宣传组织形象和建立良好公共关系的大型公共关系专题活动，因此它具有如下突出特点。

（1）生动直观，能给公众留下深刻印象；
（2）具有一定的知识性和趣味性，能广泛吸引公众参加；
（3）便于新闻媒介采访报道；
（4）在展览会展地能充分与公众进行双向交流。

三、展览活动的分类

展览会是由一个或者若干个单位举办，具有相应资格的若干个经营者参加，在固定场所和一定期限内，用展销的形式，以现货或者订货的方式销售商品的集中交易活动。我们根据不同标准进行分类。

（1）根据展出的商品种类，可分为单一商品展览会和混合商品展览会。

（2）根据展览的性质，可分为有贸易展览会和宣传展览会。

（3）根据举办的地点，可分为室内展览会、露天展览会、流动展览会。

（4）根据展览规模上，可分为大型展览会和小型展览会。

（5）根据展览会的展出时间划分，可分为长期展览或固定形式展览会（如中国故宫博物院）、定期更换部分内容的展览会（如武汉展览会）、一次性展览会。

（6）根据展览会的内容可分为以下几种形式：①专业展览会，如汽车、服装、家具展览会等；②购买周展览，利用各大商店的橱窗、柜台陈列布置进行展览，时间为一周；③内部展览会，即在组织本部或租借场地举办以其发展历史为内容的展览会；④国外展览会，即参加政府在国外举办的商品展销或国际性商品展览。

四、开展展览活动的程序

1. 活动前期

（1）确定主题、创意、卖点、形式（确定大展、小展或专场）。

（2）预计商家数量、类型、活动内容、展会流程制定。

（3）拟定展会时间、地点。

（4）场地费用预算（场地租赁费、搭建管理费、保险费、场地保证金、水电费等）。

（5）确定参展商参展费用（将活动信息告知论坛部、运营部、技术部等协助部门，设定参展商类别及参展商数量，确定光地、标展数量及参展费用）。

（6）设计宣传、发布信息。

（7）物品准备：奖品、办公用品、文件（展会流程、人员安排表、订单统计表、商家名录、报名表、物品清单、通讯录等），人员准备等。

2. 活动当天

（1）现场协调：负责商家各项事宜、违规行为并调解、跟进当天活动效果、估算商家人流量、订单量、成交比、商家利润等数据。

（2）签到引领。

（3）开展活动、发放奖励。

（4）现场咨询及秩序控制。

（5）赞助商协商控制。

（6）后勤保障协调。

（7）现场报道协调。

（8）活动结束清场。

（9）订单跟踪。

3. 活动后期

（1）订单信息统计。

（2）资料收集、整理归纳。

（3）总结分析、撰写报告。
（4）后期宣传。
（5）业绩汇总、资料归档。

五、开展展览活动的注意事项

展览活动特别是大型的展览展销会，是一项综合性的、多维的、立体式的传播活动。办好一个展览展销会需要精心的组织，需要有关部门的密切配合以及必要的展览费用。公共关系部门责无旁贷地担负着组织者的角色，为了办好展览展销会需要注意以下几个环节。

（1）确定展览展销会的主题和目的。

（2）培训讲解及示范操作人员。培训内容包括：①各项目、内容的专业基础知识；②公关接待和公关礼仪方面的基本知识；③各自的职责、各种可能发生的突发性事件的处理原则和基本程序。

（3）成立专门对外发布新闻的机构。在展览展销会期间，新闻发布室应自始至终开放，随时收集参观者及展览展销会的有关信息，并与新闻媒体保持密切联系。

（4）展览展销会结束后，公共关系人员应注意收集新闻媒介对展览展销会的有关报道，总结经验教训，留档保存，作为下次举办展览展销会的参考依据。

任务训练

为某服装企业进行产品展览策划

训练目的：要求学生了解并掌握展览活动的程序及相关技巧。

训练背景：某服装企业推出了一系冬季新品，想举办一次服装展览活动，请帮助该企业进行展览策划。

训练要求：

1. 分小组进行，分别商讨展览活动策划方案。
2. 每小组推举 2 名代表上台分别介绍策划方案，配备 PPT。
3. 每组抽 1 名同学组成评分团，分别给各小组评分。
4. 最后由指导老师进行点评和总结。

回顾总结

本任务主要学习展览活动的概念、作用、类型、开展程序及注意事项。

课后实践

一、单项选择题

1. （　　）的目的是大做实务广告，促进产品销售。
   A．贸易性展览　　B．宣传性展览　　C．室内展览　　D．室外展览
2. 按参展的种类分，有单项展览会和（　　）。
   A．大型展览会　　B．综合展览会　　C．小型展览会　　D．宣传性展览会

二、简答题

一些企业在举办产品展览会时，展销的大都是积压品、处理品。你如何看待这一现象？

蓄力职场

掌握展览会的程序及相关技能，能组织各种类型的展览活动。

8.5 参观活动

一、参观活动的概念

参观活动是指社会组织为了让公众更好地了解自己或为消除对本组织的某些误解，组织和邀请有关公众前来本组织参观的一种专题活动。对外开放参观这种公关活动有时会起到意想不到的效果。

参观活动的对象既是考虑参观者的代表性，又要重视特定的目标公众，同时也要考虑组织的承受能力。如果参观者像潮水般涌来，组织就可能疲于奔命和应付，因此参观对象要仔细选择和确定。参观活动的对象主要包括以下几类。

（1）目标公众，包括客户、经销商、消费者、原材料供应者、生产协作者、运输部门等。

（2）一般公众，包括社会团体、学校、文化单位、社会各界代表、职工家属、社区居民等。

（3）股东公众，包括股东、证券商、证券专家和从业人员、证券主管部门等。

（4）党政部门，包括各级党政部门、主管部门、上级部门等。

（5）其他相关部门，包括银行、金融机构、保险公司、新闻媒介、司法部门、环保部门等。

（6）社会名流，包括专家学者、各类明星、新闻人物等。

（7）国外投资者、外国客商、观光者、新闻人物。

（8）各类慈善组织和社会福利团体。

要使开放参观活动取得良好的公关效果，必须做好周密的组织工作。

二、对外开放参观的目的、作用

对外开放参观的直接目的是增加组织的透明度，扩大组织的知名度，争取公众的理解和支持，表明组织存在是有利于社会和公众的，消除人们对组织的某些误解和疑虑，从改善与社区的关系。

组织既要认识公众、了解公众、研究公众，同时也要让公众认识自己、了解组织的各项工作。如果只允许公众透过玻璃看组织，让公众服从组织，而不去了解公众，尊重公众，不允许公众改造组织，那么最终也只会失去公众，被社会所淘汰。组织只有对外开放，才能充分与公众沟通，赢得公众的心。

在实行对外开放政策方面，西方发达国家的企业家与我们在观念上有较大的差异。发达国家的众多企业，都制造各种机会让社会了解自己，他们不仅安排专人接待来访者，而且还会主动地走出去，请别人进来参观、考察他们的企业。

然而，我们的众多企业却对上门的公众不予接待，将社会调查者、采访者、参观者拒之门外，更不用说邀请公众了。

组织的开放参观活动是让公众更好地了解组织,认识组织的重要活动,这对组织的知名度与美誉度有很大的影响。

(1) 提高社会组织的透明度。
(2) 增加社会组织的"人情味"。
(3) 为组织与公众直接沟通提供机会。
(4) 形成一种压力,促使组织总体素质的提高。
(5) 消除公众对组织的误解或疑虑。

三、开放参观前的准备工作

(1) 确定主题。任何一次参观都应确定一个主题。即想通过此次参观达到一个什么效果、目的,给观众留下一个什么印象。常见的主题有5个方面:
① 强调组织的优良技术水平及条件;
② 展示组织的优良工作环境;
③ 展示组织的成就及对社会的贡献;
④ 展示组织的精神风貌;
⑤ 展示组织的现代化管理水平及优势。
(2) 选择开放时机。对外开放时机是常年举行还是定期举行,要告示公众。定期开放的时间最好安排在特殊的日子里,如组织周年纪念日、工厂开工、各种节日等。不定期的对外开放应尽量避免在恶劣天气进行。
(3) 安排参观的线路与内容。
(4) 指定组织者。
(5) 做好宣传工作。

四、开放参观活动的组织实施

组织的对外开放参观,既是一种很好的公关活动,也是一项很繁杂的工作。因此,在组织对外开放参观时需认真研究一些问题。

1. 对外开放参观的人员安排

从有开放参观的构想起一直到活动的结束,都应有高层主管人员参与其事。组织大型的参观活动,最好成立一个专门的活动筹备委员会。委员会成员应包括:企业领导、公关人员、行政和人事部门人员等。还要根据参观的不同目的,选择不同的人参加,如果参观的目的是强调服务或产品,还要请销售部门人员参加。

2. 宣传材料发放

要想使开放参观获得成功,最重要的是做好各种宣传工作,准备一份简单易懂的说明书或宣传材料,发给参观者。

3. 参观线路规划

提前划好参观线路,防止参观者越过参观所限范围,出现不必要的麻烦和事故。有些组织的主管人员往往顾虑开放参观活动会使某些秘密技术或某些制造过程的细节泄露,其实,只要安排得当、向导熟练,就可以防止泄露事件。因此,不必在这方面有过多的顾虑。

4. 做好接待服务工作

对参观者应热情周到地做好接待工作,如安排合适的休息场所和备好茶水饮料;需要招待用餐的,也要事先做好安排;如果邀请的对象有儿童,更要特别小心,要准备点心、休息场所、必要的盥洗设备等，也可送一些印有介绍组织材料的玩具。如果是重要单位的重要人物的参观要由组织主要负责人亲自出场，热情迎送陪同。

（1）先给参观者放映介绍组织情况的幻灯片、录像片和电影资料等，分发说明书、宣传小册子，并请组织负责人讲话，帮助观众了解组织的概况。

（2）引导并陪同参观者沿预定路线参观，同时作必要的介绍、解说，回答提问。

（3）时间较长的参观，中间要安排适当的休息。

（4）参观结束后，可与参观者座谈，最后分发纪念品。

（5）在参观过程中，如果参观者提出特殊要求，工作人员要先与有关管理人员或负责人商讨后再作答复，以免妨碍正常工作或发生意外问题。

五、开放参观后听取意见

参观后可视情况举行代表座谈会，以征询意见及建议，致函向参观者道谢。

任务训练

案例分析

杜邦公司的开放参观活动

杜邦公司是靠炸药起家的化学公司，每当公司发生爆炸事件，原来均不让记者采访报道。但是，通过其他非新闻媒介渠道的传播，在公众中流行的谣言越来越多，最后甚至在社会上形成了一个很可怕的印象：把杜邦公司与杀人联系在一起了。对此杜邦本人深为忧虑，向一位在报界工作的朋友诉苦。

这位报界人士给他开了一剂"门户开放"的良药，建议他遇事干脆把事实真相告诉记者，由记者通过各种媒介告诉公众，这才有效地制止了各种谣言的传播。

后来，杜邦请他到公司担任新闻局局长之职。

从此杜邦公司改变了原来把自己封在象牙塔中的做法，不但在发生事故的时候将真实情况告诉新闻媒介，而且平时也搞宣传，他们设计了一个宣传口号叫做"化学工业能使生活更美好"，就是为了矫正过去各种爆炸事件而形成的那些坏印象。

思考与讨论：

1. 组织举行开放参观活动有哪些目的？杜邦公司的目的是什么？
2. 举行开放参观活动应注意哪些问题？

回顾总结

本任务主要学习了开放参观活动的概念、目的、作用以及组织实施等内容。

课后实践

1. 试根据某公司新产品开展一次新产品参观活动。
2. 公关专题活动中开放参观、展览展销会、赞助活动的开展程序分别是什么？

蓄力职场

掌握开放参观活动的相关技巧与技能，能够为社会组织独立策划并组织开放参观活动。

项目 9
公共关系基本关系管理

学有所获

知识目标：
1. 掌握公众的概念和特征。
2. 理解和把握公众分类的方法。
3. 理解和掌握组织与不同公众关系的处理。

能力目标：
1. 能够处理不同公众的关系。
2. 能够根据标准对公众进行分类。

案例导入

蒙牛怎么了

对于蒙牛而言，2008年、2009年，实在不是好的年份。先是被三聚氰胺波及，以至于巨亏9亿元，接着又被OMP事件伤得不轻，其最赚钱的特仑苏奶粉几乎遭到了致命的打击。蒙牛为了挽救消费者的信心，在销售严重下滑的情况下，在电视、广播中大做产品及形象广告，报纸上有关特仑苏品质卓越、质控严格的软文也连篇累牍，成效如何呢？看看各个活跃的论坛就可以知道了。"黑""恶心""崩塌""惊人"这样的关键词随处可见。甚至出现了媒体记者在个人社交媒体上揭露蒙牛雇用公关公司行贿未果的传闻。这不禁让人感慨那个策划了"向伊利学习，做内蒙古乳业第二品牌""超级女声""赞助'神五'""每天一斤奶，强壮中国人"等经典案例的蒙牛哪里去了？

问题：组织与公众的关系是什么？如何赢得公众？

知识导航

9.1 内部公众公共关系处理

内部公众即指组织的全体成员，包括组织的员工、股东、董事会、顾问、员工家属等，社会组织与这些公众所发生的关系，便称为员工关系、股东关系等。搞好组织内部公共关系具有重要意义。做好内部公众的工作，创造良好的内部环境，有利于吸引和留住人才，形成相对稳定的员工队伍，使他们充分发挥自己的聪明才智和创造力。有效的内部公共关系工作，可以在组织内部上下、左右之间建立更好的信息沟通，加强组织成员的协作意识、全局意识，有助于提高组织的管理水平和工作效率。使内部公众树立公共关系意识，开展全员公共关系，是组织对外做好公共关系工作的根本保证。

一、内部公众公共关系的概念

内部公共关系是组织内部纵向公共关系和内部横向公共关系的总称。对于组织结构而言，纵向公共关系是组织机构上下级之间的关系；横向公共关系是组织机构同级职能部门、科室、班组之间和员工之间的关系。现代组织是一个相互联系、相互依存的开放系统，内部关系是否融洽、团结、目标一致，决定着组织能否充满生机，能否具有竞争优势和发展潜力。建立良好的内部公共关系，是组织开展各类对外公共关系活动的基础和前提。内部公共关系能倡导平等、合理、亲密、富有活力的组织文化和精神，并使之逐步完善、稳定，形成组织的风格、特色和优良传统，以此来影响、熏陶和造就一批又一批优秀的组织成员，为组织的长盛不衰提供内在的动力。

二、内部关系的特征

内部公共关系建立在同一个组织群体内，具有紧密性、稳定性、可控性、逆向性四大特征。

1. 紧密性

组织内部公众的利益相连、目标一致，并且置身在同一个工作、生活、学习环境，需要频繁借助信息的沟通和交流，保持合作互助的紧密关系，共同围绕目标而不懈努力。在公共关系公众中，内部公众之间的关系紧密程度最高。一旦组织内部关系隔阂、疏远，必然会因矛盾、摩擦致使组织陷入形象受损、效益低下的困境。

2. 稳定性

组织内部公众是组织环境中的成员，在一定时期和条件下，组织内部关系是稳定的。只要组织能为员工提供宽松、愉快、且有利益保障的工作环境，组织内部的公众就能处处为集体利益着想，并为维护良好的组织形象献力献策。

3. 可控性

组织内部公众在组织管理体制设置范围内，需要服从组织的统一调配，其行为也需要受到组织的约束。同时，围绕共同目标，员工身上本能的自控能力，也能形成内部公共关系的可控能量。组织要通过健全管理体制，推行计划、预算管理，加强对员工的宣传教育和培训，促进员工意识、行为同组织的目标要求保持一致。

4. 逆向性

良好的内部公共关系能增强员工之间的协作互助精神，提高组织的综合效率。而组织内部排斥、敌意的公共关系，将激化组织内部矛盾，削弱组织的团体竞争力，制约组织的健康发展。

三、内部关系的主要功能

内部公共关系是传递信息、促进沟通、增进员工凝聚力和协作精神的桥梁，在组织中发挥着重要的能动作用，具有导向、规范、激励、辐射、凝聚五大主要功能。

1. 导向功能

内部公共关系是一种集体关系，它依附组织群体文化而存在，反映了广大员工的共同价值、共同利益和共同目标，组织中任何一个个体和小团体都必须融入在群体文化中，维护组织形象，为既定的目标共同努力。为此，组织要确立统一的价值观念和行为规范，正确地引导员工的思想、行为，充分发挥公共关系的感召力，使员工的一言一行都尽可能同组织的目标、利益联系起来。

很多组织都在强调团队精神、呼吁配合，但对于一个群体而言，实现配合的最有效方式是加强组织管理。在组织中，资源需要管理者去整合，否则就会群龙无首，再优秀的个体都将变得无所适从。

2. 规范功能

组织内部通常由不同文化、风俗背景的群体构成，这些群体的文化、风俗大部分是自发的、分散的、非正式的、不成文的。因为意识、形态、习惯等差异，自发、分散、非正式的文化、风俗会在一定程度上形成群体帮派，影响组织团结，不利于组织资源的整合。为使员工的价值观念、言语行为同组织目标实现的要求趋于一致，组织在尊重个人情感、文化的基础上，需要制定一套成文的行为准则，让员工能在彼此了解、相互融洽的公共关系环境中工作，减少摩擦、提高效率。

3. 激励功能

激励是通过外部刺激，使个体、集体产生荣誉和进取精神的行为。为表彰先进，鼓励开拓，使员工始终保持高昂的斗志，组织需要通过公共关系活动，建立激励机制，让每个员工、每个团体的进步、成绩都能受到肯定和奖赏，以诱导、激发员工启动潜在的工作热忱和动力，培养员工热爱集体、争创佳绩的开拓精神。

4. 辐射功能

内部公共关系活动以营造相互信赖、精诚合作、亲密融洽、积极进取的人文精神，优化资源配置，提升组织形象，提高组织效益为职责。良好的内部公共关系，不仅能对组织中各个员工产生感应，起到积极的带动作用，还能对社会公众产生影响，提高组织在社会中的知名度和美誉度。

5. 凝聚功能

内部公共关系活动能通过正确的引导和宣传，使员工的意识、行为、目标同组织的要求、目标高度一致，并能通过营造积极、进取、团结的人文氛围，增强员工的集体观念，积聚组织的向心力，使组织在和谐、紧密的团体中，创造绩优的经济和社会效益。

四、内部关系的构成

根据组织内部构成单位的划分，一个经济组织的内部公共关系主要由股东、员工、团体、领导者四个基本公众组成。

1. 股东

股东是按一定比例出资，享有股东会表决权和利润分配权，并在工商部门备案登记的投资者，是企业的所有者。

2. 员工

员工是指胜任各个岗位的工作人员。开展内部公共关系工作的主要任务是正确引导员工行为，充分调动员工积极性、创造性，使所有员工都能围绕组织目标同舟共济、不懈努力。在组织中，员工的言行举止受动机所支配，而动机又以需求为基础。现阶段，我国组织内部员工的需求大致分为安全需求、物质需求、精神需求、价值需求等。处于不同岗位、不同生活环境的员工其需求内容、层次是不一样的。所以，内部公共关系工作的核心是深入研究员工的需求结构，通过不断满足员工需求来激发员工的热情，塑造亲切、人性化的组织形象。

根据工作性质，员工可以划分成管理人员、技术人员、操作人员三种关系。管理人员是指各业务单位和职能部门的主管。在组织中，管理人员的水平、言行举止及管理威望对其管辖部门员工的效率、工作热情等因素产生直接的影响。管理人员往往期望值较高，掌握着组织大量的信息和资源，在组织、集体之间交流、沟通最为频繁，而且比其他员工更为关心组织的前途、利益和形象，在内部公共关系活动中占有举足轻重的地位。技术人员是从事专业技能岗位工作的人员，分布在供、产、销各个环节，是组织生存和发展的核心力量。他们独立性很强，尊重专业技能，具有较高的创造欲望，是公共关系不可忽视的一种内部关系。操作人员是位居生产或服务第一线的作业员，占员工公众的大多数，直接对组织的声誉、形象、效益产生影响。他们知识水平参差不齐、性格各异，较为看重个人利益，在内部公共关系中需要花大量的时间和精力与之调和。

3. 团体

组织内部的团体，是介于集体与员工个人之间，具有某些共性而集合在一起的群体，包括按职能划分设立的部门、车间、班组等正式团体，也包括因兴趣爱好、地域文化等特征自发联盟的非正式团体。内部公共关系管理了解各个团体的志趣、特点，明确岗位责权，加强沟通交流，协调内部关系，通过发挥团体作用，增强组织凝聚力，激发团体开拓性和创造力。同时，正确引导非团体的群体关系，丰富健康的团体活动，也是内部公共关系管理的一项重要任务。

4. 领导者

领导者是以处理决策性事务为主要职责的组织代表。他们在组织中处于特殊地位，对内部公共关系的工作效率和效果起着最为直接的影响。要求领导者具有强烈的公共关系意识，善于采取有利于公共关系推进的领导方法（比如：注重收集员工意见、建立积极进取的激励机制、推行民主管理等），通过在组织内营造一种团结、拼搏、和谐的人文氛围，使内部公共关系得到凝聚和升华。

五、员工关系

员工包括全体职员、工人、管理干部，员工是企业内部公众，是内部团结的首要对象。建立良好员工关系的目的，是培养组织成员的认同感和归属感，形成向心力和凝聚力。

1. 员工在社会组织中的重要地位

（1）员工是组织的主人，是组织的基本细胞，也是组织制定（订）一切方针、政策、计划、措施的对象。

（2）员工素质的高低、精神面貌是否积极、团结程度的好坏，都将关系到组织的命运成败。

（3）员工代表组织的形象。作为组织的员工，每天要同众多顾客打交道，他们的一言一行都代表着组织的形象，是组织与外界接触的触角。员工在维持组织生存、促进组织发展、树立组织形象等方面起着举足轻重的作用，是组织的一笔巨大财富。

2. 搞好员工关系的方法

（1）重视员工的物质需求。物质需求包括工资、奖金、福利及工作环境和休假。每个人都在物质社会中生活，对物质利益的追求是人类最基本也是最持久的动力，同时也是构成组织内聚力的先决条件。只有基本物质需要得到满足，员工才能真正做到无后顾之忧，才能安心地为组织工作。组织所支付的报酬应当同员工的劳动付出切实挂钩。组织还应进行及时地上下沟通，一方面全面、准确、及时地了解员工的生活状况和思想状况，倾听员工的意见和想法；另一方面，就组织的现有条件、分配方案及有关福利政策同员工进行全面沟通，消除误解以求得到员工的理解。

（2）重视员工的精神需求。精神需求包括赞扬、尊重、情感交流、晋升及参与决策管理等。

合理的经济报酬是调动员工工作积极性必不可少的条件，但是只有这一点还不够，因为人是社会的人，人的需求中还包括精神方面的需求，人的物质利益得到了基本保证之后，精神上的需求就成为主要的需求。信息共享和参与组织决策是员工精神方面最主要的需求。信息共享是唤起员工"主人翁"意识和对其地位确定的一个重要手段。尊重员工分享信息的优先权，使员工在分享中与组织融为一体，形成信任与和谐的气氛。让员工参与决策，其本身就表明对员工个人价值的肯定，它能使员工站在组织的立场考虑问题，形成员工"主人翁"的感觉。

要尊重员工，重视人才和培养人才。尊重员工主要表现为对员工人格的尊重，对员工为组织所作贡献的肯定，对员工意见的倾听与采纳，对员工生活和工作环境的关注以及让员工分享信息和参与决策。人才是组织宝贵的财富，是企业保持旺盛生命力的关键。重视人才就要尊重人才，充分发挥他们的潜能，"三流人才当一流人才用，往往能创造出一流的业绩；一流人才当三流人才用，只能创造出三流的成绩"。在科学技术迅猛发展的今天，重视人才更要懂得不断对人才进行培训，这也是满足一些人才自我实现的需要，使一些员工感到个人的职业发展前景，减少"跳槽"的机会。

六、股东关系

所谓股东关系就是组织与投资者的关系。股东有两类：一是人数众多的、分散的小股东，他们不掌握企业的经营权，但他们各自持有或多或少的股权，他们最关心企业的盈利状况；二是占有较多股份的大股东或社会名流，或由股东推选出来的董事会，他们人数不多，但代表股东管理企业，对企业重大决策和人事任免具有参与权和监督权。

在股东关系上，要做到以下几点。

（1）尊重股东的主人翁意识。股东一旦投资于组织，就意味着其利益与组织休戚相关，便很自然地萌发主人翁意识。在涉及股金运用和组织发展的问题上，应让股东享有决策层享有的知晓权，平时也应建立经常的信息通报关系，让股东充分了解、关心组织情况。

（2）吸引和激励股东参与组织经营活动。鼓励股东"献计献策"，提出合理化建议，激发股东身体力行，使之既可以是组织的消费者，又可以是组织的宣传者和推销者。

（3）保证股东应有的经济权益。首先是及时地发放真实的红利，其次是股东有要求退还或转让股金的权利。

（4）经常走访股东并重视董事在股东关系中的作用。走访股东，应被组织列入议事日程之中。如美国电话电报公司（AT&T）的管理人员每年要访问10万名有代表性的股东，向他们说明公司的财务状况并回答他们的问题。董事在股东关系中的作用是举足轻重的。选举、产生并代表股东利益的董事是股东关系中的一个重要因素。董事是对舆论有很大影响力的、重要的企业领导人，各种公司极力邀请董事出席股东的年度会议，并通过年度报告、中期报告、股东杂志等形式经常向董事通报公司业务和发展情况。

任务训练

案例分析

羊城药厂为员工"树碑立传"

广州羊城药厂1991年建立起一座碑廊。碑廊内耸立着5块2米多高的大理石碑。那上面篆刻的，不是什么英雄人物的业绩或高级领导人的题词，而是本厂195位普通员工的名字。原来，他们都是立功受奖的人员，厂里为他们"树碑立传"了。羊城药厂曾有一段时间境况不佳。为了扭转这种状况，该厂领导号召全厂员工振奋精神，积极献计出力，打好翻身仗。上述195位普通员工努力工作，为厂子的振兴作出了突出的贡献，立下汗马功劳。1990年，羊城药厂举行评奖活动，这195位普通员工分别荣获金羊奖、银羊奖和铜羊奖。

羊城药厂领导认为，广大员工是企业的主人。这195位有功人员虽不是什么英雄，但是他们发挥了主人翁精神，对厂子的翻身兴旺作出了突出的贡献，因此，他们的名字应该载入本厂史册，永志不忘。于是，就为这195位普通员工树起了记功碑。

这些记功碑树立起来后，在羊城药厂引起很大反响。碑上有名者感到自豪，受到鼓舞。他们决心为厂子的发展作出更大的贡献。而碑上无名者也感到学有榜样，干有方向，纷纷表示自己也要干出成绩来，争取自己的名字也被刻上记功碑。因为他们看到，那5块记功碑中的最后一块是空白的，它将留给后来人。一位小伙子说，他相信，通过努力，终会有一天自己的名字也会被刻在碑上。

思考与讨论：

1. 羊城药厂用了什么方法处理员工关系？
2. 处理员工关系的技巧有哪些？回顾总结

回顾总结

本任务主要学习了内部公众公共关系的概念、关系构成、特征、功能以及处理技巧等知识。

课后实践

一、单项选择题

1. 内部公众关系是社会组织的（　　），是公共关系工作的基础和前提。
   A．重要公众关系　　B．次要公众关系　　C．首要公众关系　　D．以上均不是
2. （　　）是指社会组织与投资者之间的各种关系的总称。
   A、员工关系　　B．股东关系　　C．金融关系　　D．政府关系
3. （　　）是组织最重要的外部公众，是组织生存的衣食父母。
   A．社区　　B．股东　　C．员工　　D．顾客
4. 最具影响力的社会组织是（　　）。
   A、政府　　B．员工　　C．社区　　D．顾客

二、多项选择题

1. 内部公众关系包括（　　）。
   A．顾客关系　　B．股东关系　　C．社区关系　　D．员工关系
2. 内部公众关系是（　　）。
   A．社会组织的首要公众关系
   B．公共关系工作的基础和前提
   C．现代社会组织正常运转的必要条件
   D．公共关系工作的重点

三、简答题

为什么说员工是企业财富？组织如何处理员工的关系？

蓄力职场

作为一名职场新人,首先应搞好与领导、同事的人际关系,拥有良好的同事关系是事业成功的基础。

9.2 外部公众公共关系处理

外部公众公共关系是指社会组织外部的公共关系,即与其运行过程发生一定联系的所有外部关系的总和,外部公共关系具体包括顾客关系、媒介关系、政府关系、社区关系、名流公众关系、竞争者关系等。

一、顾客关系

1. 顾客关系的定义及重要性

顾客关系又称消费关系,是商品经济社会中最重要的关系。狭义上的顾客仅仅是指市场上生活资料的消费者,这当然很重要,但是,公关的讨论涉及整个社会的文化特征,这就将顾客的含义扩大了,它不仅包含了生活资料的消费者,也包括生产资料的购买者和消费者,进一步还包括精神产品,如思想产品、科研成果等的购买者和消费者。

所谓顾客关系,是指工业企业或商业企业与其产品的购买者、经销者之间的关系。这里所说的产品包括生产资料、生活资料等物质产品和精神产品。处理好顾客关系对企业的生存发展具有重大意义。凡是提供某种产品或服务供大众消费的组织,都有顾客关系,顾客是企业组织生存的基础。因此,设法满足顾客的需要、建立起良好的顾客关系,是企业组织生存和发展的前提和保证。

企业组织处理好顾客关系的重要性体现在以下几方面。

(1)组织目标的实现直接取决于它与消费者之间的关系。任何社会组织都是为实现自己的任务和目标而建立的,离开了组织的任务和目标,组织的存在就失去了意义。组织的任务和目标,实际上体现着组织服务于社会的责任,没有服务对象即顾客,组织的存在不但失去了必要,而且连存在的可能都没有。因此,任何社会组织都是为顾客的需要而存在的,只有顾客存在,组织自身才能存在,顾客是组织存在的价值和可能。

(2)顾客对组织的态度、行为,对组织的生存能力、竞争能力和发展能力有重大影响。顾客关系是组织与服务对象的关系。形成良好的顾客关系,组织才拥有更多的服务对象或市场,组织的劳动成果才能得到社会的普遍承认和接受,组织的事业才能兴旺发达,也才能使组织的劳动成果通过顾客和市场转化为经济效益和社会效益,组织的任务和目标才能完成,组织的发展和成功才能成为现实。相反,没有顾客的支持与合作,组织的劳动成果就不能实现,不但无法转化为经济效益和社会效益,成为无效劳动,而且,形成劳动成果的劳动占用和劳动耗费会成为一种社会浪费,组织也就无法继续存在。

2. 顾客关系的处理

(1)树立顾客至上的观念。"顾客第一"而不是"利润第一"的经营观念是不可动摇的。只有树立了正确的顾客观念,才能在处理顾客关系时,采取正确的行动,取得良好的效果。相反,如果在错误的顾客观念指导下,就会采取错误的做法,其结果必然使顾客关系恶化。因此,顾客观念的正确与否直接关系到组织与顾客关系工作的成败,进而关系到整个组织的命运。国外许多组织都制定有关员工破坏顾客关系的处罚条例并明文规定："不准与顾客争吵，如与顾客发生争吵，不管员工的理由多么充分，都要受到严厉的处罚，轻则扣罚工资、奖金，重则开除。"

（2）为顾客提供优良服务和优质产品。诚信对企业是重要的，首先是货真价实，物有所值；其次在于真诚服务，表里如一。优良服务包括很多方面，包括向顾客事先说明有关产品及服务信息，服务过程中的文明礼貌、细致周到，服务的持久性等。产品质量是产品满足用户所具有的特征和性能的总和，它包括产品的适用性、安全性、可靠性及经济性等。质量是企业的命根子，国际知名企业无一不是将质量提高到这一高度来加以认识的。同时，在激烈的市场竞争之下，很多产品的生命周期越来越短，更新频率越来越快，所以要维持长久的市场占有地位，必须树立一个知名品牌，品牌是无形资产、无价之宝。

（3）妥善处理各种纠纷，认真对待顾客投诉。纠纷、投诉的发生，通常是由于顾客对产品质量、售后服务、服务态度等不满而引起的，顾客与组织发生纠纷时，实际上已经对组织的行为有所不满。在这种情况下，组织应及时、正确地处理顾客的投诉，并帮助顾客解决问题，这是搞好顾客关系不可轻视的重要环节。处理顾客的投诉除书信及电话之外，主要是和顾客直接对话。公关人员在处理顾客投诉时要做到诚恳、耐心、及时、认真。只有这样，才能使顾客满意，并能重新树立组织形象。

（4）正确引导顾客消费。面对众多产品、繁杂的市场主体和众多广告等，消费者的消费具有盲目性，因此对顾客消费进行正确引导是必要的，这样才能使盲目消费变成自觉消费，为组织创造稳定的顾客队伍，如技术示范、举办技术培训班、召开技术鉴定会、编印说明书等。

（5）拓宽与顾客沟通的渠道。协调顾客关系，同样离不开组织与顾客的沟通。一是要通过各种方式的调查研究，如通过问卷调查、座谈访谈等，主动了解顾客的需求并认真听取顾客的意见；通过妥善处理顾客投诉，及时、诚恳地为顾客排忧解难，维护顾客的权益，并将这些顾客的需求、意见、投诉作为做好和改进服务工作的依据。二是要通过各种媒介和渠道，如大众传播媒介、组织出版物和信函、展览和联谊活动等，积极做好对顾客的指导和引导以及咨询服务，不断提高组织的认知度、美誉度、和谐度。

二、媒介关系

1. 什么是媒介关系

媒介关系也称作新闻界关系，即与新闻传播机构（包括报社、杂志社、广播电台和电视台等）以及新闻界人士（记者、编辑等）的关系。媒介关系是公共关系工作对象中最敏感、最重要的一部分，也是现代传媒和社会公共科学的研究系列之一。一方面，新闻媒介是组织与公众实现广泛、有效沟通的必经渠道，具有工具性；另一方面，新闻媒介人员又是组织必须特别重视的公众，具有对象性。

新闻媒介属于大众传播媒介，它主要包括报纸、杂志、广播、电视四大媒体。新闻媒介关系是指社会组织与报社、电台、电视台等新闻单位以及众多的新闻宣传界人士的关系。新闻传播媒介是组织开展公共关系活动的重要工具，善于运用新闻传播媒介是公共关系人员的基本功。新闻媒介本身是社会组织的公众，同时组织又要通过新闻媒介这一传播工具与社会各界公众取得联系，因而搞好与这一重要公众的关系，对于充分发挥新闻媒介的宣传作用是组织公共关系工作的一个重要课题。新闻媒介作为向公众传播信息的工具，它具有信息内容真实、客观、公正、新鲜、准确、鲜明、生动，信息传播渠道畅通、无误、无阻，能使公众获得欲知、未知、应知信息等特点，因而，也可以说，与新闻媒介搞好关系是组织存在和发展的重要条件。

2. 媒介关系的重要性

媒介与公众合一，决定了媒介关系是一种传播性最强、公共关系操作意义最大的关系。因此，媒介关系往往在对外公共关系中被摆在最重要的地位之一。

与新闻界建立关系的目的就是争取新闻界对本组织的了解、理解和支持，以便形成对本组织有利的舆论氛围，通过新闻界实现与广大公众的沟通，密切组织与社会公众之间的联系。其他关系对象可能变化，唯有新闻界关系伴随始终——除非组织不再从事公共关系工作。要与新闻界总是保持融洽的关系；与新闻界交恶是愚蠢的；能够得到记者、编辑的信赖，是一个公共关系人员的最重要财富，是他的职业"本钱"。具体作用如下。

第一，良好的媒介关系就等于良好的舆论关系。新闻媒介报道的热点，往往成为公众的舆论话题，直接影响着公众的舆论。因此，组织公共关系的一项重要的任务就是努力构建一个良好的媒介关系。

第二，建立的良好的媒介关系是运用大众传播手段的前提。组织的信息能否被大众媒介所报道，以及报道的时机、频率、角度等，决定权不在组织的公共关系机构，而在专业的传播界人士如记者、总编那里。因此与新闻界人士建立广泛良好的关系，是成功利用大众传播媒介的必要前提。

第三，完善的媒介关系可以大大地推动现代传媒行业的发展。

3. 正确处理媒介关系

（1）熟悉新闻媒介，有针对性地开展公共关系活动。社会组织应了解并熟悉媒介组织的特点，不同的媒介组织有不同的业务性质和影响范围，社会组织的公共关系人员应该对此了如指掌，即使是媒介组织内部的结构、各部门的职责及其负责人，也应该掌握得越清楚越好。这样，社会组织需要通过新闻媒介进行公共关系传播时，就能有的放矢，不会强人所难。

（2）保持媒介渠道的畅通，建立广泛而密切的联系。公共关系工作与新闻工作有着不解之缘。一方面公关必须利用新闻媒介才能有效地实现自身的职能，另一方面新闻媒介也只有在与社会各界包括组织公关部和公关人员建立广泛联系的情况下，才能保持新闻渠道的畅通无阻。鉴于这样一种关系，组织公关机构应尽量协助新闻界人士开展工作，安排公关人员专门负责与新闻机构联络，与其保持经常性的接触，与记者交朋友，有计划、有步骤地建立、稳固合作的关系和友谊。这样一旦组织发生了重大新闻，特别是出现形象危机时，记者能以公正、客观的立场进行采访和报道。组织公关人员必须经常为新闻媒介撰写稿件，提供有新闻价值的材料或采访机会，随时告知有关组织发展的最新情况和动态，争取新闻媒介对组织的了解和支持。

（3）正视批评报道。一般来说，批评报道有两种情况，一种是内容属实，另一种是内容失实。对内容属实的批评报道，社会组织应该采取积极主动的姿态：一方面对新闻媒介的报道予以肯定，并感谢新闻媒介的舆论监督；另一方面应迅速组织力量，查明事件真相及其原因，采取积极有效的补救措施并认真总结经验教训，杜绝类似事件的再次发生，以实际行动表明接受批评的诚意，求得公众的谅解，逐步挽回影响。如果媒介的批评报道有失实之处，应该诚恳地向媒介提供真实情况，澄清事实真相，让媒介再做纠正性的报道，切忌采取暴跳如雷、兴师问罪的做法。

三、政府关系

1. 政府关系的概念

政府关系，是指社会组织与政府之间关系的总和，主要以政府主导，企业为主体，利用各种信息传播途径和手段与政府进行双向的信息交流，以取得政府的信任、支持和合作，从而为企业建立良好的外部政治环境，促进企业的生存和发展。

政府公众的主要对象为政府各行政机构及其工作人员，即组织与政府沟通的具体对象。任何社会组织都必须接受政府的管理和制约，因此需要与政府的有关职能机构和管理部门打交道，这是所有传播沟通对象中最具社会权威性的对象。比如工商、人事、财政、税收、审计、市政、交通、治安、法院、海关、卫检及环保等行政机构。

社会组织所面对的政府公众是一个特殊公众，其特殊性在于政府公众是一个拥有权力的公众，是综合协调、宏观调节社会组织行为的权力机构。政府与社会组织互为主客体，政府作为客体即公众；政府作为主体，是政府对各个组织开展的公共关系。因此，作为主体的社会组织和作为客体的政府之间的关系如何，将直接关系到社会组织的生存和发展。

组织与政府保持良好沟通的目的，是争取政府及各职能部门对本组织的了解、信任和支持，从而为组织的生存和发展争取良好的政策环境、法律保障、行政支持和社会政治条件。

2. 处理政府关系的原则

企业对政府的公共关系活动需要遵循一些基本的原则。

（1）服从政府的统一管理和领导。为了维护整个国家利益，甚至是全球利益，企业必须自觉服从政府的管理。即使这则法律、法令、政策、条例等使企业受到经济损失，如果没有周转的余地，企业也必须履行。如政府提倡反腐倡廉，要求工商企业组织在经济活动中应该教育管理人员和员工，不能违背廉洁奉公的原则；如果某些政府官员利用手中的权力进行权钱交易的腐败活动，企业的相关人员要坚决抵制，还可向主管当局检举，配合政府的工作。

（2）遵纪守法。企业是法人，对政府来说是一个团体公民。它的所有的活动和行为必须在法规所允许的范围内进行，就是说，对政府的公共关系活动必须合法。

对政府的公共关系不是阴暗的请客、送礼、拉关系，而是建立在公正、公平和公开基础上的。企业要守法才能在政府面前建立一个良好的政治形象，得到政府的认可，企业的权利和利益才能得到政府的保护，并且也会更赢得消费者的信任。反之，如果一个企业无视国家政府的政策和法律，为了企业利益从事违法勾当、偷税漏税、生产仿冒伪劣产品、违章作业，那企业就会受到法律的惩罚和政府的处罚，企业甚至被取缔，此时，更何谈对政府的公关，更何谈实现企业的目标，更何谈实现企业利益的最大化。

中国已成为世界贸易组织（WTO）等国际组织的成员，因此，我国的企业还必须遵守这些国际法、国家条约的规定和国际惯例。在海外的企业也必须遵守当地国家政府的法律和规定，甚至一些乡规民俗。这样才能与当地政府维持融洽关系。

（3）大力支持政府工作。如政府号召援助灾区人民、资助"希望工程"、赞助社会公益事业、维护社会治安等活动，企业应该根据自身的实际情况，力所能及地积极参与社会活动，努力地参与这些活动可以为政府公众分挑一些重担，客观上也可以赢得社会的好评和政府公众的赞赏。

（4）企业利益与国家利益和社会利益一致。企业是社会的一部分，一个局部的群体，有自己的目标和利益。政府则是代表国家维护全体人民的利益，是社会利益的代表。企业追求自己的利益是无可非议的，但这种对利益的追求必须与社会利益趋于一致性，才能得到政府公众的认可，从而获得政府公众的信任和支持。企业如果违背了局部利益服从整体的社会利益，不能很好地做到企业利益与社会利益一致性，政府公众则可能失去对企业的信任，那么，要想获得政府公众的帮助和支持、协调政府关系将成为一种不现实的空想。

3. 处理政府关系的方法

（1）加强与政府部门的信息沟通。政府作为国家权力的执行机构，代表国家利益和社会公众利益。企业要正确处理与政府的关系，首先要加强与政府部门的信息沟通，了解各级政府的职能、权力及工作程序，与政府部门建立正常的联系方式。因此，企业公共关系部门就要密切关注新闻媒介的动态，随时搜集政府部门下达的各种命令和文件，并尽可能根据政策法令的变化来调整企业的政策及活动。当然，企业与政府的关系也不是简单的绝对服从关系，如果企业在执行政策法令过程中，发现政府行为与实际出现偏差，则有责任向政府有关部门提出修正意见。

（2）为政府决策提供支持和帮助。一方面，企业尽量参政议政，影响政府的决策，使之向有利于自己的方向发展。随着国家、社会对民营经济的认可和重视，越来越多的企业家登上了政治的舞台拥有公共权力。如：联想集团有限公司董事局主席柳传志当选全国工商联副主席，海尔集团首席执行官张瑞敏当选中央候补委员；重庆力帆集团董事长尹明善、浙江传化集团董事长徐冠巨，分别当选为重庆市和浙江省政协副主席。如此，更便于企业组织和政府人员沟通，更便于及时了解政府对企业的政策和动向，也就更便于建立良好的政府关系，从而能得到政府更多的保护。

另一方面，树立支持政府工作为己任的观念。企业要赢得政府的理解与支持，就要树立支持政府工作为己任的观念。政府作为非营利性社会组织，一般财政支出较紧，但政府重大决策研究又需要资金支持。因此，企业应为政府的决策研究提供力所能及的资助。国外一些大公司的公共关系部门在这方面都作出过积极和富有成效的努力。当他们了解到政府需要进行重大决策，并需要调查研究的资助时，便主动向政府提供有力的资助。

（3）与政府人员建立良好、健康的亲密合作关系。企业要赢得政府的理解与支持，还要主动与政府人员建立密切的联系。如举办企业的周年庆等活动，邀请部分政府官员前来做客，并赠送企业的产品或服务礼券，一方面可以让政府官员更加了解企业的产品和企业的动态，对政府官员分析、制定各种行业政策有所帮助，另一方面使得他对企业的产品产生认同感，有利于在政府面前建立良好的企业形象。

（4）尽可能熟悉政府的职能部门的办事程序和方法。了解和熟悉政府公众的组织机构、职权职能、办事程序等状况是企业协调与政府公众关系的前提条件之一。因为各级政府组织一般来说是一个庞大的体系，企业并不需要与政府中所有的部门打交道。如果企业的公共关系人员对经常交往的政府公众的机构设置以及职权分工管理的状况比较熟悉，企业的每一次具体事务需要与哪一级哪一个政府职能部门联系心中有底，那么就能有效地减少企业的申请和报告遭遇诸如"公文旅行"甚至被"踢皮球"的现象，特别是当企业有紧急事务需要与政府相关部门沟通时，更能提高工作效率，有利于企业多次活动和工作的正常开展。

（5）由专人负责与政府公众的联系。一般情况下，企业的政府关系是由企业的领导人负责的。这些领导人由于与政府公众的某些官员直接接触比较频繁，双方相互了解，如果领导人与这些官员除了工作关系之外还能建立朋友关系，那么，双方之间的沟通就比较随和、顺利，交谈往往能直接切入主题，有利于提高沟通与协调的质量。特别当双方关系相当融洽时，政府官员往往还会主动地透露一些关系到企业生存、竞争和发展的国内与国际的方针、政策和法规的走向，这种走向的变化和发展趋势的信息，企业如能提前获悉，往往可以使企业在瞬息万变的市场化环境中"领先一步"。在我国成为WTO的一员，经济融入全球化程度不断加深，面对只承认"第一"、不承认"第二"的激烈的市场竞争的条件下，"领先一步"是有着非常重要的意义的。

四、社区关系

1. 社区关系的概念

社区是指社会组织或企业所处的一定的区域。企业社区关系则是指社会组织或企业与所在地政府、社团组织以及全体居民之间的睦邻关系，它是企业存在的自然根基，也是企业发展的社会根基。长期以来，社会组织由于有更"牢固"的社会关系，或者将注意力全部投向了左右社会组织发展的市场，往往忽略了对社区关系的运作，从而使社会组织陷入莫名其妙的困境：邻居投诉噪声扰民、企业员工办不了暂住证、结婚证等使员工不安心工作，一些地方甚至出现了当地居民堵住企业大门不准车辆进出的极端案例。这些不必要的麻烦都可能会给企业带来原本可以避免的损失。企业为了生存发展在市场上的攻城拔寨，实际上就是对一个个有形社区的占领。

企业组织与社区公众是一种"准自家人"的关系，发展良好的社区关系是为了争取社区公众对组织的了解、理解和支持，是为组织创造一个稳定的生存环境，同时体现组织对社区的责任和义务，通过社区关系扩大组织的区域性影响。社区公众不仅是企业组织所需要资源的直接提供者，而且是企业组织产品或服务的直接消费者。社区公众的认可与支持，是一个企业组织有形和无形资产形成、积累的基础与起点，它能使企业组织获得多方面帮助，有助于吸引人才，使员工形成自豪感，从而也有利于企业组织内部环境的优化。

2. 社区关系的表现形式

企业组织与社区公众的关系主要表现在以下几个方面。

第一，社区往往是企业组织的重要劳动力来源。社区公众指企业组织所在地的区域关系对象，包括当地的权力管理部门、地方团体组织、当地的居民百姓。社区关系亦称区域关系、地方关系、睦邻关系。社区是企业组织赖以生产发展的基本环境，是企业组织的根基。发展良好的社区关系目的是为了争取社区公众对企业组织的了解、理解和支持，为企业组织创造一个稳固的生存环境；同时体现企业组织对社区的责任和义务，通过社区关系扩大企业组织的区域性影响。所以，从当地社区中吸收的那部分职工，既关注并代表着当地社区的利益，又体现为企业组织内部公众。企业组织积极参与社区建设，有利于调动这一部分职工的积极性，激发其献身企业组织的工作热情。

第二，对于那些具有销售行为（无论是物质产品还是精神产品）的企业组织而言，社区公众是较为固定的经常的消费者，或者说"回头客"，某种意义上讲是企业组织所依靠的"衣食父母"，参与社区建设与其处好关系，有利于在社区树立形象、获得效益，并通过社区向更广阔的外部辐射，产生更大的正面影响，获取更大的效益回报。

第三，社区为企业组织提供部分服务，如交通、能源、邮政、治安保卫、孩子上学、婴幼儿入托等。发展良好的社区关系体现了企业组织对社区的责任与义务，为社区造福，为社区公众作贡献，通过社区扩大企业组织的影响。社区公众涉及当地社会政治、经济、文化、教育等各个方面和阶层，对企业组织客观上存在着各种不同的感受、要求和评价。由于处于同一社区，对企业组织的某一种评价和看法又极容易相互传播，形成区域性影响，从而形成企业组织的某一种公众形象。很显然，企业组织的社区关系好坏，直接影响着企业组织的社会公众形象。如果一个企业组织连左邻右舍的关系都处理不好，就很难在社会上获得良好的名声。因此，企业组织要提高自身在社区中的地位，就要主动承担必要的社会责任和义务。参与社区建设，与社区处好关系，有利于企业组织在上述领域获得更好的服务。

3. 社区关系的拓展与维护

（1）主动承担社会责任。社会组织要与邻里保持友好关系，维护社区环境和生态，协助社会教育，提高社区的福利，激励社区精神，协助社区解决棘手问题，如养老、就业、设施不足或损坏等。积极承担社会责任这是搞好社区关系的根本策略。

（2）主动加强信息沟通。社会组织要把自身的有关情况、服务项目、公益服务等不断告知给社区和居民，让社区了解社会组织希望共同努力振兴社区、多作贡献的良好意愿。同时，经常调查、了解社区工作人员和居民对社会组织的工作印象和服务评价，以及各种反映和意见，对于好的要坚持，不足的要迅速采取措施加以改进。

（3）主动参与社区公益活动。公益是社会组织事业的一个基础，也是社会组织事业的一个特征。为社区做好事，才能赢得社区居民的友谊，在必要时，社区亦会反过来支持组织。所以，社会组织要积极参与社区公益活动，除了养老本身相关的工作外，如兴办教育、发展文化、赞助体育比赛、帮助社区安置就业、支持残疾人事业、宣传社区的名胜古迹、吸引游客以繁荣社区、宣传社区资源以吸引投资、帮助社区搞好绿化美化、鼓励并赞助艺术家来社区演出、丰富社区文娱生活、资助社区卫生事业、维持治安秩序、保障社区公众安全等。这些活动都将不断强化社会组织在社区中的"热心人"形象。

（4）主动积极最大化开放自己。一要最大化吸引居民走进来，二要最大量的走到居民家中，让社区居民认识和了解社会组织。要定期或不定期地邀请社区各阶层人士来公司总部参观，并使参观活动独具特色，能够给参观者留下深刻的印象。通过开放参观树立企业的良好形象，增进公众对社会组织的了解和信任。

（5）主动增进情感交流。有了感情才能持久，良好的感情是避免和解决各种矛盾最高效"节能"的要素。要加深感情就要把社会组织的工作做到最好，把服务做到极致。同时，培养同社区居民的良好感情，不仅仅要把分内的工作做好，还必须通过一些有效的其他方式进行沟通，以便及时地了解社区的意见和态度，并使社会组织的服务和成绩迅速准确地传播出去。沟通的方式可以是多种多样的，如邀请老人、地方政府官员、社区工作人员、社区团体组织、学校、医院及居民代表一起聚会，加深了解，增进友谊；举办座谈会、招待会、讲座及体育活动丰富社区的文化生活，同时扩大社会组织在社区的影响。

（6）了解社区需要，有的放矢地积极参与社区的建设和活动。与社区建立良好的关系关键一点，是企业组织必须了解社区需要，有的放矢地积极参与社区的建设和活动。社区需要从企业组织那里得到的可以分为这几类：为社区上缴稳定的税金、利润和各项费用、基金，为社区创办、扶持各项公益事业，为社区创造一个良好的生态环境和人文环境，为社区待业人员提供充足的就业机会和良好的教育，提高社区的知名度。

在投其所好方面，韩国三星公司是个运作社区的高手。"作为一个以仁慈和道德为基本准则的好的、团结的公民，建立人们更好的共同生活的社团。"基于这个原则，早在1994年，三星公司就成立了专门的社团关系项目办公室，致力于通过实际行动支持和参与解决当地的问题。每年，三星公司为公益活动的支出都高达数千万甚至上亿美元。而在自己营造出来的良好社区关系中，三星公司也实现了自己做大做强的梦想。对企业而言，攻下社区堡垒，就等于迈出了走向成功的第一步。

五、名流公众关系

名流公众指那些对社会和社会生活具有较大影响力和号召力的有名望人士，如政界、工商界、金融界的首脑人物，科学界、教育界、学术界的权威人士，文化、艺术、影视、体育等方面的明星，新闻出版界的舆论领袖等。这类关系对象的数量有限，但对传播的作用很大，能在舆论中迅速"聚焦"，影响力很强。

建立良好的名流关系的目的，是借助名流的知名度扩大企业组织的公共关系网络，扩大企业组织的公众影响力，丰富企业组织的社会形象。通过社会名流去影响公众和舆论，往往能取得事半功倍的效果。协调企业组织与名流公众关系的意义和作用包括以下几方面。

1. 借助于社会名流的知识和专长

与社会名流建立良好关系，能充分利用他们的见识、专长为企业组织的经营管理提供有益的意见咨询。社会名流往往见多识广，或是某一方面的权威，企业组织的管理人士能够在与他们交往的过程中获得广泛的社会信息或宝贵的专业信息，无形中使企业组织增添了一笔知识财富、信息财富。

2. 借助于社会名流的关系网络

与社会名流建立良好关系，能通过他们良好的社会关系网络为企业组织广结善缘。有些社会名流虽然不可能为本企业组织直接提供所需的专业信息或管理咨询，但由于他们与社会各界有广泛的联系，或对某一方面的关系有特别重大的影响，企业组织便能通过他们与有关公众对象疏通关系，扩大社会交往范围。

3. 借助于社会名流的社会声望

与社会名流建立良好关系，能借助他们较高的社会地位，或具有某方面的权威性，或由于他们对社会的特殊贡献、突出成就等，而具有较高的知名度。另一方面，一般公众存在"崇尚英雄""崇拜明星"的社会心理。企业组织与社会名流建立良好关系，就将本企业组织的名字与社会名流的名望联系在一起，利用公众崇拜名流的心理，提高了本企业组织在公众心目中的位置。

六、竞争者关系

竞争者公众是指与本企业生产相同或相近产品，提供相同服务，从而具有同一市场的社会组织和个人。由于是同行，因此，彼此之间在客观上就存在着一种竞争的关系。

竞争是市场经济的特有现象，它的基本功能就是优胜劣汰，推动社会经济向更高层次发展。随着社会的进步、经济的发展、市场竞争规则的不断完善，在现代社会里，竞争关系不仅仅只是一种利益对立、此消彼长、弱肉强食、你死我活的关系，更多地表现为相互促进、相互支持、取长补短、共同发展的文明竞争态势。因此，企业组织公共关系工作应该从积极的意义上去正确认识竞争者关系，彻底摒弃小生产狭隘、自私的经营观念和竞争行为，树立现代企业组织光明正大、勇于竞争、善于竞争的新形象。

企业组织在竞争者公众中，协调同行竞争关系时应遵循以下原则。

1. 应切实把握正确的竞争目的

同行间竞争的最终目的应该是你追我赶，友谊竞赛，以谋求相互促进、共同发展。尽管彼此间竞争都是为了提高各自的经济效益，但他们的基本目的仍是为社会多作贡献。因此，应在竞争中牢牢把握正确的目的，而不能单从本位主义或小集团的利益出发，倾轧对手，搞垮同行。

2. 竞争的手段应光明正大

同行企业组织间的竞争决不能违背社会公德，采取尔虞我诈、互挖墙脚、损人利己的伎俩，这种竞争即使取胜也是不光彩的。应该提倡以科学经营管理、改进技术设备、提高产品或服务质量等正当方式展开竞争，从而能使胜者心地坦然而成为表率，败者心悦诚服而奋起直追。

3. 竞争不忘协作交流

同行间虽是竞争对手,但由于彼此根本利益一致、最终目的一致,因此,竞争对手同时又是伙伴关系。双方完全可以在共同目的的基础上,既竞争,又合作,具体如相互交流技术成果与经验,支援人力与物力、共同研究解决专业难点等。这一点表面看来似乎与竞争并无关系,但其实这是另一种意义的竞争,或者可说是提高了竞争的层次,因为能主动协作交流的一方最起码在形象、精神竞争上占了上风。

任务训练

案例分析

台塑集团的社区关系管理

王永庆是我国台湾地区的台塑集团董事长,在石油化工界被称为"经营之神"。但"经营之神"却有一系列的公关误区,且看他在社区关系处理上的欠缺。1995年,台塑集团在彰化的一个工厂,由于维护废气回收设备人员的工作疏忽,导致硫化氢毒气外泄,造成当地居民两死一伤的恶性事故。另外,在台湾南亚塑胶厂附近的辅仁大学,广大师生的身心健康一直饱受工厂废气的危害和威胁,他们也向台塑集团提出了强烈抗议。当这一系列危机来临时,王永庆怎么应对呢?他没有注意到环境污染的问题,更不愿承担责任。甚至当辅仁大学的学生提出污染问题时,他还诡辩说,南亚塑胶厂放出的废气不但不严重,而且他们作了很大努力,基本不构成危害。他还举出自己小时候由于贫穷点燃干草堆驱蚊虫的"经验之谈"说,气味虽然熏得人透不过气来,但可以"训练抵抗力"。学生们闻听此言,一片哗然。干草和毒气怎么能相提并论!这次社区公关的失误,对王永庆和台塑集团形象造成了很大的损伤。

思考与讨论:

1. 台塑集团的社区关系处理得怎么样?
2. 如何正确处理外部公众的社区关系?

回顾总结

本任务主要学习了公共关系外部公众如顾客、政府、媒介、名流公众、竞争对象等关系处理技巧。

课后实践

一、单项选择题

1. 组织公共关系对象中最敏感的公众是(   )。
   A. 政府　　　　B. 金融　　　　C. 新闻媒介　　　　D. 社区
2. 具有"准自家人"特点的公众是(   )。
   A. 股东　　　　B. 员工　　　　C. 社区　　　　D. 顾客
3. (   )关系是指组织与其同行业组织的关系。
   A. 竞争者　　　B. 政府　　　　C. 顾客　　　　D. 社区
4. 某企业因为分配方案不合理,严重挫伤了员工的工作积极性,这种纠纷属于(   )。

A. 内部公众纠纷　　B. 政府公众纠纷　　C. 社区关系纠纷　　D. 顾客公众纠纷

二、多项选择题

1. 下列属于外部公共关系的是（　　）。
   A. 顾客关系　　B. 政府关系　　C. 新闻媒介　　D. 股东关系
2. 公众纠纷处理的方法是（　　）。
   A. 诚恳、耐心地倾听　　　　　　B. 查清事实
   C. 解决纠纷　　　　　　　　　　D. 处理总结

蓄力职场

掌握各类公众关系的处理技巧，提高公关从业人员的技能，更好地为社会组织服务。

9.3　公众纠纷处理技巧

任何组织在处理与各种公众之间关系的过程中都难免会发生差错、出现失误，引起与公众的纠纷。

一、常见公众纠纷的种类

1. 内部公众纠纷

组织内部由于干群关系、部分关系、上下级关系错综复杂，如果出现处理不当或经营管理方面的错误时，就可能造成内部公众纠纷。例如，某企业因分配方案不合理，严重挫伤了员工的工作积极性；某企业单方面撤销与下级单位签订的承包合同，结果被承包方告上法庭，等等。由于处理不当或经营决策失误等都会造成不同程度的内部公众纠纷，为了营造和谐、健康的内部工作环境，企业组织必须妥善处理内部公众纠纷。

2. 顾客公众纠纷

顾客利益受到损害时，上门投诉、直接投书组织或在新闻媒介上对企业组织提出批评等，产生顾客关系纠纷。

3. 社区关系纠纷

由于企业组织的生产经营活动给社区的生态环境造成破坏或污染，危害了社区的正常生活与工作秩序，产生社区关系纠纷。

4. 政府公众纠纷

企业组织违背社会公众利益，拒绝接受政府有关部门的领导、监督、检查等，产生政府关系纠纷。

5. 媒介纠纷

因为新闻媒介的不利报道影响了企业组织的利益，企业组织与媒介发生的各种纠纷。

6. 其他公众纠纷

企业组织与原材料供应商、批发商、零售商、协作单位之间发生的矛盾和冲突。

二、公众纠纷处理技巧

妥善处理纠纷等于企业赢利。不同纠纷面临的公众不同，采取的对策措施也不同，处理公众纠纷没有一成不变、普遍适用的方法，但可按如下程序进行。

1. 诚恳、耐心地倾听

当公众纠纷发生后，公众或投书、来访、通过新闻媒体向组织提出严厉批评，不管采取何种方式，是否偏激，公关人员均应代表企业组织详细倾听公众的抱怨，这是最基本的态度；而且应尽可能站在对方的立场上为对方着想，缓解矛盾，争取公众在感情和心理上的共鸣，切不可与之发生冲突。

2. 向顾客道歉，并查清事件的原因

在听完公众的抱怨之后，应立刻向公众真诚地道歉，以平息公众的不满情绪，并对事件的原因加以判断、分析。产生纠纷的原因主要有两种。

（1）由于外界的误解、谣言、人为破坏造成。

（2）由于组织内部的不完善造成。

3. 果断行动，解决纠纷

在查清事实的基础上，基于事实迅速拟定解决方案。在提出解决方法时，应该站在公众的立场，尽量满足公众的要求，充分与公众交流意见，争取与公众达成谅解。

（1）迅速、准确地答复公众的投诉和质询。如果公众的投诉合理，应立即表现处理意见，或退货或赔偿；如果是乙方员工的态度问题，应马上赔礼道歉，而且最好是肇事者来道歉；如果接到的是信函投诉，应记下对方的地址，待处理完后，立即向对方汇报。

（2）果断采取实质性行为，解决纠纷。如果问题是由于外部原因造成的，企业组织应配合市场检查部门、法律部门迅速采取措施，并通过媒介不断公布事实真相、澄清事实、反驳谣言、消除误解。具体可以通过记者招待会、公众代表座谈会散发调查结果，刊登广告、诉诸法律等手段维护自己的声誉。当然，在处理纠纷的过程中，组织不能满足于通过声明的方式偿清事实，应抓住机会进一步完善自身的工作，在解决纠纷的同时树立良好的企业组织形象。

4. 处理总结，避免类似问题再发生

事件处理完后应了解公众对事件处理的满意程度，从中吸取经验教。改进工作，不让同样的问题再发生。公关人员处理公众纠纷，不能满足于消除公众的不满；更重要的是通过公众的不满找出企业组织工作上的薄弱环节，并加以改进。否则的话，虽然通过补救措施消除了这个公众的不满，但同样的抱怨还会发生，这个问题实际上等于没有解决。可以说，公众的每一次抱怨都为企业组织变得更好提供了机会。

任务训练

案例分析

与社区沟通的重要性

上海纺织局第三医院为医治患了癌症的病人，新建了医用直线加速器机房，机房有着良好的防护设备，以防止高能 X 射线的泄漏。但是，令医院始料不及的是当时日本电视连续剧《血疑》风靡上海，剧中女主人公因受辐射而患上绝症的不幸遭遇，给那些居住在机房附近的居民心中蒙上一层阴影，大家都怀疑自己正处于高能 X 射线的辐射之中。于是，居民由恐惧到愤怒，继而奋笔疾书，向区防疫站、区环保局、区人大代表抗议，表示："医院这样做不道德！直线加速器必须停机！"居民的抗议引起了医院的高度重视。然而，要停掉直线加速器是不可能的，当时上海仅有几台直线加速器，每逢医院开机治疗时，那些被癌症折

磨得痛苦万分的病人，早早就在候医室长椅上排起一长溜儿的队伍。况且，医院对直线加速器释放出的高能 X 射线是有严格防护措施的。直线加速器机房四周的墙壁是 1.2 米厚的钢筋水泥墙，放置机器的房间有 2 米厚的钢筋水泥墙。因此，开机时很少有 X 射线泄漏，即使有微量的射线泄漏，对人体也无害。可是这一切，居民并不了解。为了消除居民心头上的阴影，协调好医院与社区公众的关系，医院抓住"门户开放、双向沟通"这一问题的关键，采取了一系列公关措施。第一，医院摘下"机房重地，闲人免入"的牌子，请进居民群众，让他们参观了解直线加速器，由医生讲解直线加速器的工作原理和医治癌症的作用，消除人们对它的神秘印象。第二，请区防疫站总工程师重新实地测试，并对居民最怀疑的一堵墙做了技术处理，直至居民感到满意为止。第三，召开居民座谈会。会上，区防疫站总工程师公布了测试数据，有关技术人员介绍了高能 X 射线的特点及防御方法。第四，实地走访。院方派出有关人员深入居民家中，对其中一居民反映家中电视机晚上 10 点后图像不清的问题进行实地勘察，结果表明这户居民家中的两台电视机，一台本身有毛病，另一台则是天线选择不当。为了进一步消除居民疑虑，院方请他们到机房，观看正在开机时机房内电视机清晰的图像，证明其丝毫不受高能 X 射线的影响；同时院方还告诉居民们，晚上 10 点后院内直线加速器早已停机，所以不存在 X 射线影响电视机图像清晰的问题。

医院的这一系列公关活动解开了居民心头的疑团，他们纷纷表示对医院的理解和支持，为医院创造了一个良好的外部环境。可见，组织公共关系的目的就在于**赢得公众，树立组织的良好形象**。

思考与讨论：

1. 如何评价医院的做法？
2. 从中你得到了什么样的启发？

回顾总结

本任务主要学习了公众纠纷处理的相关技巧。

课后实践

一、单项选择题

（　　）是企业取得成功的关键。
A．股东关系的协调　B．员工关系协调
C．赢得顾客信赖　　D．股东与员工关系的协调

二、简答题

1. 坚持"顾客第一"的公关原则体现在哪些方面？
2. 举例说明媒介关系的重要性。
3. 作为一名消费者，你认为自己有哪些权利和要求？

蓄力职场

公关从业人员要和各类公众进行交流与沟通，因此要掌握与各类公众相处的技巧与技能，为职业生涯打下良好的基础。

项目 10

公共关系危机管理

学有所获

通过完成本项目，学生应该掌握如下知识点：
1. 公共关系危机的含义、特点、原因与类型。
2. 公关关系危机的预防。
3. 公共关系危机处理的原则。
4. 公共关系危机处理的程序。
5. 公共关系危机处理的对策。

案例导入

北京时间2016年8月2日晚间，某品牌大屏旗舰手机正式发布。对于这款旗舰手机，该公司领导层对它信心满满。然而，2016年8月24日到31日，韩国、美国消费者连续爆出五六起该型号手机出现电池爆炸事故，中国市场也在9月18日出现了首例同类事故，且在不到24小时之内出现了第二例。对此，该品牌方面一直强调9月1日后在国内售出的产品没有电池质量问题，而以上两例事故中的手机均是9月1日后售出的Note7国行正品。

此前，由于发生多起爆炸事故，该公司宣布将在全球召回250万部存在电池安全隐患的该型号手机，不过中国市场销售的同款手机并不在召回之列。此举引发中国消费者的强烈不满，"使用不同电池"的说法也难以令人信服。随后，由于国家质检总局（即现在的国家市场监督管理总局）的介入，该公司启动在中国的召回计划，宣布召回通过该公司官网的社区等渠道销售的1858台该型号手机。这安慰性的补救措施，自然无法平息众怒。歧视性的"双重标准"引发的争议还在继续，两起手机爆炸事故的发生，再一次将该公司置于舆论的风口浪尖，说这是该公司手机在中国市场的生死存亡之秋，应该不算过激的判断。

然而，相比于该公司手机的安全问题，该公司的危机公关行动的能力更加令人担忧。"炸机门"发生后，该公司及其电池供应商于8月19日发表声明称，爆炸原因与电池并无直接关系，"推测发热源来自电池本体之外，很大可能存在其他外在因素引起发热问题"。20日，事件再次发生反转，有媒体报道称，18日中国市场出现2次该品牌手机爆炸事件是为得到赔偿金的炒作。该公司宣布，正在讨论对主张虚伪爆炸的2名中国消费者进行刑事起诉等法律应对。

可以看出，该公司的公共关系策略是这样的：不惜一切代价，动用包括媒体在内的一切可以动用的资源和力量，先撇清自身责任，转移话题和公众视线，无论如何，安全度过这一波来势汹汹的信任危机再说。用中国的一句成语就是：浑水摸鱼。

很多时候，小算盘打得越精，越是缺乏大智慧的表现。该公司越是急不可耐地证明自己的无辜，越是让人对其产品安全疑窦丛生。一方面，理论上说，国内这两起手机爆炸案并不能绝对排除炒作的可能性，但问题是，这样的结论由利益相关方——该公司及其手机电池供应商得出，而非独立第三方做出，有多少公信力可言？换言之，在权威结论出台之前，该公司以及电池供应商就大肆进行责任归属和有罪推定,既当运动员又当裁判员,是否有扰乱视线、误导舆论的嫌疑?

【思考-讨论-训练】
1. 这一事件中,该公司可以进行自我辩护吗?为什么?
2. 该公司这样做,会给中国消费者什么感受?
3. 如果让你给该公司一些帮助,你会提出哪些建议?

知识导航

10.1 公共关系危机概述

现代社会中,各种危机时刻存在。公共关系危机管理是现代管理领域的一个新的研究课题。现代组织的公共关系人员必须了解公共关系危机产生的原因,树立公共关系危机意识,做好公共关系危机的预防工作,并能根据公共关系危机管理的原则、程序、策略妥善处理各种危机事件,使组织转危为安。危机不能消灭,但要正视危机、转化危机。根据公共关系管理职业工作活动顺序和职业教育学习规律,"公共关系危机管理"任务可以分解为以下子任务。

公共关系危机也称公关危机,是指由于主观或客观的原因,企业组织与公众的关系处于极度紧张的状态,企业组织面临十分困难的处境。例如,企业组织因产品质量不合格、劳资纠纷、法律纠纷、重大事故等被媒体曝光给企业组织带来的危机,它会令企业组织美誉度遭受严重考验。

一、公共关系危机的特点

1. 必然性与偶然性

危机的必然性是指危机不可避免,即只要有公共关系就会有公共关系危机,必然性是公共关系作为开放复杂系统的结果。危机的偶然性是指危机的爆发往往是由偶然因素促成的,偶然性则决定于系统的动态特征。由于公共关系大系统是开放的,每时每刻都处于与外界的物质、能量信息的交换和流动之中,其中任何一个薄弱环节都可能因某种偶然因素而导致失衡、崩溃,形成危机。

2. 突发性与渐进性

冰冻三尺,非一日之寒。公共关系危机的爆发是一个从量变到质变的过程,酿成危机的因素是一个累积渐进的过程,通过一定的潜伏期的隐藏和埋伏后,如果未能得到有效控制,它就会继续膨胀,就会形成组织公共关系危机的总爆发,并迅速蔓延,产生连锁反应,使公众与组织关系突然恶化。

3. 破坏性与建设性

危机一旦出现,在本质上或事实上都会起破坏作用,不只是对组织而言,也是对社会而言的。因此,应尽力防范和阻止。根据系统学的观点,危机既有破坏性特征,又有建设性特征。认识危机的破坏性,才不会掉以轻心、麻痹大意;认识到危机的建设性,才会采取主动姿态,沉着冷静而满怀信心地面对危机,为组织建立富有竞争力的声誉,树立组织的形象和为组织的重大问题创造机会。正如伟达公关公司一位经理所说:"危机,即危险加机遇。"对受损的组织形象的恢复要有迅速的、切实有效的危机对策。

4. 急迫性与关注性

组织公共关系危机总是在短时间内猛然爆发,具有很强的急迫性,一旦爆发会造成巨大影响,又令人瞩目。它常常会成为社会和舆论关注的焦点和讨论的话题,成为新闻界报道的内容,成为竞争对手发现破绽的线索,成为主管部门检查批评的对象。总之,组织公共关系危机一旦出现,它就会像一颗突然爆炸的"炸弹",在社会中迅速扩散开来,对社会造成严重的冲击;它就会像一根牵动社会的"神经",迅速引起社会各界的不同反应,令社会各界密切关注。因此,若控制不利,必然产生严重后果。所以必须牢记"兵贵神速"这一兵法格言,强调危机公关管理方案的时效性。

二、公共关系危机产生的原因

美国危机管理专家诺曼·奥古斯丁形容说:"危机就像普通的感冒病毒一样,种类繁多,难以一一列举。"的确,经营管理不善、市场信息不足、同行竞争,甚至遭到恶意破坏等,或其他自然灾害、事故,都可能使得现代组织处于危机四伏之中。分析危机发生的原因,对于制定正确的预防和处理对策有着十分重要的意义。企业组织危机产生的原因很多。以企业为例,由于经营管理不善、市场信息不足、同行竞争甚至遭到恶意破坏等,或其他自然灾害、事故,都可能使其处于危机四伏之中。引发组织公共关系危机的原因很多,大体可以分为组织自身原因和组织外部原因。通过原因分析,公共关系人员可以有针对性地进行危机预防或处理。

1. 企业自身原因

引发企业公共关系危机的内部环境原因主要由以下几个方面。

(1)企业素质低下,缺乏危机意识。企业素质包括企业领导素质和职工队伍素质,特别是企业领导人员,如果不能正确处理组织长远利益与近期利益的关系,往往会出现管理的短期行为,这将扩大组织素质与现代生产经营活动客观要求之间的差距。如领导人与员工言行不当,影响了企业形象。有很多企业在得到一定成绩稳步发展时往往沾沾自喜,缺乏危机意识,对危机丧失了警惕,走向了"灭亡"的不归路。

(2)经营决策失误,法制观念淡薄。这是造成经营性危机的重要原因。组织管理水平越高,管理效率越高,发生危机的可能性越小;相反,管理者缺乏有效措施、管理方法不科学、缺乏有效沟通等,引发企业危机的可能性就越大。

企业不能根据内部和外部条件的现状及变动趋势正确制定经营战略和公共关系战略,使企业生产经营活动得不到公众的支持,而遭到困难无法经营,甚至使企业走向绝路。同时,企业是否具有法律意识,是否知法、守法,是否将企业的经营活动置于法的监督、保护之下,这对于正确开展经营活动、规范企业管理行为、树立良好的企业形象有十分重要的意义。然而,事实上,有的企业法律观念淡薄,置国家法律于脑后,霸气十足,随意践踏公众作为人的起码权利,最终酿成危机。

(3)工作不规范。缺乏严格的规章制度和员工的行为规范,表现在管理制度不健全,无章可循。

(4)公共关系决策失误,活动组织不力。一是领导的素质不高;二是对行情发展趋势所做的判断不正确;三是缺少市场周密调查,作出不科学的决断,表现在方向失误、时机失误、策略失误。在市场竞争中,企业公共关系活动如果不能发挥应有的作用,本身就隐藏着危机。企业要想取得公共关系活动的成功，就得做好公共关系活动的组织工作，准备工作做得越充分、越扎实，公共关系活动的成功率就越高，反之就会引发危机。特别是在与外部公众的交往过程中，在与消费者的交易过程中，由于各自利益的不同有可能引起摩擦和纠纷，企业如果应对得当，就能使摩擦和纠纷消弭于无形，反之就会引发危机。

2. 企业外部原因

企业所处的外部环境是异常复杂的，某一方面发生变化，尤其是突如其来的变化，都会给企业以重击，使企业陡然陷入困境，企业形象面临前所未有的挑战。引发企业公共关系危机的外部环境原因主要有以下几个方面。

（1）不可抗力。不可抗力原因可以分为自然灾害和建设性破坏两个方面。天然性自然灾害，如山脉河流、海洋、气温等所形成的灾害，是不以人的意志为转移的，它往往给组织带来意想不到的打击。正所谓："人在家中坐，祸从天上来。"建设性破坏灾害是一种人为的灾害，它是指人类由于短视、疏忽、决策失当等原因，没按客观规律办事所酿成的破坏。

（2）体制和政策因素。国家的经济管理体制和经济政策是企业难以控制的外部因素，它对企业的经营和发展产生着重大影响和制约作用。一般来讲，任何企业都希望国家经济管理体制和经济政策有利于本企业的生存和发展，但这些希望又在某些特定的情况下无法实现，如果体制不顺，政策对企业发展不利，那么企业就可能在经营活动中遭遇很大风险，出现严重问题，甚至陷入一种欲进不能、欲退不忍、欲止不利的困境。在这种情况下，出现一种公共关系危机是完全可能的。特别是传统经济体制的约束、传统思想观念的影响、行业封锁、产品垄断、条块分割的种种弊端，诸如此类的人为因素，甚至可以把企业逼上绝境。

（3）恶性竞争。恶性竞争即不正当竞争，是指在市场经济活动中，违反国家政策法令，采取弄虚作假、投机倒把、坑蒙拐骗等手段牟取利益，损害国家、生产经营者和消费者的利益，扰乱社会经济秩序的不良竞争行为。恶性竞争作为企业公共关系危机的一个外部因素，使本企业面临严重的经营危机和信用危机，从而发展为企业公共关系危机。在现实生活中，一些不正当竞争者或者散布谣言，恣意损害竞争对手的形象，可能导致企业严重的公共关系危机。乳业巨头蒙牛就出现过个别员工诋毁伊利的事件。

（4）社会公众误解。有的公众会因获得信息的缺乏或偏听一面之词对组织形成误解。尤其是当组织在产品质量、原料配方、生产工艺、营销方式、竞争策略等方面有了新的进步、新的发展、新的探索，但公众一时还不能适应，或一时认识跟不上，用老观念、老眼光主观判断，草率下结论，更易弄出一些危机事件来。这包括几个方面：一是服务对象公众对组织的误解；二是内部员工对组织的误解；三是传播媒介对公众的误解；四是权威性机构对组织的误解，等等。无论哪一类公众对组织的误解，都有可能引发组织的危机。特别是传播媒介和权威性机构的误解，更可能使误解范围扩大，程度加深，形成对组织极为不利的舆论环境。

除了上述所列危机发生的原因之外，还有下列原因：劳资争议以及罢工、股东丧失信心、具有敌意的兼并、股票市场上大股东的购买、谣言、大众传媒泄露组织秘密、恐怖破坏活动、组织内部人员的贪污腐化等。组织只有在广泛收集有关信息的基础上，对造成企业公共关系危机的原因进行深入分析，才能拿出充分的依据，为公共关系危机的管理奠定坚实的基础。"把握症结，对症下药"应成为企业牢记的信条。

三、公共关系危机的种类

按照不同的分类标准，可将危机分为多种类型。

1. 根据公共关系危机产生的不同原因分类

（1）组织自身行为不当引起的危机事件。组织自身行为不当引起的危机事件主要指组织自身因管理不善，存在产品质量问题，以及内部员工行为不当等问题而损害公众利益，从而引起公众的不满，使组织形象和产品形象受到直接致命的打击的危机事件。对于组织而言，这类危机事件所占比例最大。

（2）组织外部突发事件引发的危机事件。组织外部突发事件主要指因公众使用组织产品不当、因竞争对手或个别敌对公众故意破坏等原因而引起的使组织形象受到损害，名誉受到损失，以及组织因遭受自然灾害、火灾蔓延、疾病传播等不可控因素而引发的危机事件。

这类突发事件，虽然不是组织的过失，但由此造成的危机事件具有较大的残酷性、悲剧性，涉及的范围广、破坏性大，因此往往会给组织带来巨大的人、财、物方面的损失，因其存在不可预测性，事发突然，令组织措手不及而损害了公众利益，极易引发公众的不满情绪。如果处理不当，更是会严重冲击组织形象。

（3）媒体失实报道引发的危机事件。媒体失实报道引发的危机事件，既不是组织自身行为过错引起的，也没有什么组织外部突发事件的发生，是由于新闻媒介报道内容失实造成的，但因新闻媒介对公众舆论的导向作用，极易引起公众对组织的误解与反感，因而损害了组织在公众心目中的良好形象。

2. 根据公共关系危机内容分类

（1）信誉危机。它是指公关组织由于在经营理念、组织形象管理手段、服务态度、组织宗旨、传播方式等方面出现失误造成的社会公众对组织的不信任，甚至怨愤的情绪。信誉危机也称形象危机。信誉危机是真正意义上的公关危机，它是组织形象在公众心目中的倒塌，是公关工作的重大失误，如不及时想办法挽救，很快就会波及组织的其他领域，带来灾难性的损失。

（2）效益危机。它是指组织在直接的经济收益方面面临的困境。例如，同行业产品价格下调；原材料价格上涨；行业的恶性竞争；该产品市场疲软，产品过剩；组织的投资出现了偏差等。

（3）综合危机。它是指兼有信誉形象危机和经济效益危机在内的整体危机。这种危机的爆发往往是出现了影响重大的突发性事件，而且情况总是从信誉危机引起，由于处理不及时，或者是事态发展太快而造成了经济利润的全面下降，促成了互相联系的连锁损失。

3. 根据危机形式分类

（1）点式危机。它的出现是独立的、短暂的，和其他方面联系不大，产生的影响比较有限，它往往是产生在一定范围内的局部性危机，这也是一种程度较轻的危机状况。

（2）线性危机。它是指由某一项危机出现的影响而造成的事物沿着发展方向出现的一系列、接二连三的危机连锁现象，根本原因在于事物之间的联系。如果某一环节上出现偏差且不及时处理，造成失控，那么困难的局面就会像多米诺骨牌一样发生连锁反应，最终由一次危机演变成一系列的危机。

（3）周期性危机。它是一种按规律出现的危机现象。例如，某些产品的销售，有旺季，也有淡季，当进入淡季后，就要有相应的处理措施，以应付不利的局面。这种周期性困难是一种可以预测、能够预防的危机。

（4）综合性危机。它是指在一个社会组织中，突然出现了兼有以上几种危机汇成的爆炸性危机。它一般是先因点式危机处理不得力造成了线性危机，再加上其他因素的作用，使危机的事态急剧恶化，短期内迅速发展成一种一败涂地的重度危机局面。

除了以上几类危机情况外，在公关中经常遇到的还有根据公关危机危害程度的不同将危机分为一般性公关危机和重大型公关危机。前者程度较轻，是局部性的，危害小；后者情况严重，是整体性的，危机深重。另外，根据公关危机事件呈现的状态，还可以分为隐性公关危机（即某些局部要素上的隐患）和显性公关危机（即已经形成事实的整体性危机事件）。

任务训练

案例分析

"黑公关"之"安勇事件"

公共关系作为现代社会文明的产物，在企业传播、品牌构造等方面发挥着举足轻重的作用。随着行业的不断壮大，一些不以商业道德为底线的"黑公关"近年来也层出不穷，涉及租车、乳业、饮料食品业等多个行业。"安勇事件"就是这一系列事件的典型代表。

2010 年 7 月起，"深海鱼油造假严重"和圣元奶粉"性早熟"等新闻相继被媒体报道，并在网上广泛流传。最后矛头直指伊利实业集团股份有限公司生产的"QQ 星儿童奶"和"圣元奶粉"，并有愈演愈烈扩展至其他品牌的风向。

伊利集团公司迅速向呼和浩特市公安局经济技术开发区分局报案，警方经过为期两个多月的调查发现，这起看似商战的事件，确系"一网络公关公司受人雇用，有组织、有预谋、有目的、有计划，以牟利为目的实施的"损害企业商业信誉案。整个操作链由蒙牛"未来星"品牌经理安勇、北京博思智奇公关顾问公司（现改名"友拓"）一手策划操作。最终，安勇及博思智奇公司的数名员工锒铛入狱。

多行不义必自毙。命运多舛的中国乳品行业，如何才能恢复消费者的信心？伤害自己，伤害行业，最终伤害的依旧是消费者。而这样没有底线的公关公司，对其他客户是否也会再策划出如此"震撼"的事件？又有多少个行业会在这样的不良竞争中走向不归路？

思考与讨论：

分析该公关危机的特点、种类以及引起的原因。

回顾总结

本任务主要学习了公共关系危机处理的准备工作，公共关系危机处理原则，公共关系危机处理策略以及针对企业内部以及外部人员处理的对策、公共关系危机处理的善后工作、新媒体公共关系危机处理技巧等。

课后实践

一、填空题

1. 根据危机形式，公共关系危机可以分为（　　　）、（　　　）、（　　　）、（　　　）四类。
2. 根据公共关系危机内容，公共关系危机可以分为（　　　）、（　　　）、（　　　）三类。

二、名词解释

1. 公共关系危机
2. 线性危机

三、简答题

1. 公共关系危机有哪些特点？

2. 引起公共关系危机的企业内部原因有哪些？

蓄力职场

通过网络等媒体，收集并整理一个公关危机案例，或者访问本地一家企业，与其消费者服务部门进行交流沟通，了解近年该企业接受的消费者投诉事件，完成以下练习。

（1）列出该公共关系危机产生的原因，要求 3 条以上。

（2）辨别该公共关系危机的种类。

10.2 公共关系危机预防

在西方国家的教科书中，通常公共关系危机预防称作危机管理（Crisis Management）或危机沟通管理（Crisis Communication Management），原因在于，加强信息的披露与公众的沟通，争取公众的谅解与支持是危机管理的基本对策。

危机管理是企业、政府部门或其他组织为应对各种危机情境所进行的规划决策、动态调整、化解处理及员工培训等活动过程，其目的在于消除或降低危机所带来的威胁和损失。通常可将危机管理分为两大部分：危机爆发前的预计、预防管理和危机爆发后的应急善后管理。

危机管理是专门的管理科学，它是为了对应突发的危机事件，抗拒突发的灾难事变，尽量使损害降至最低点而事先建立的防范、处理体系和对应的措施。对一个企业而言，可以称为企业危机的事项是指当企业面临与社会大众或顾客有密切关系且后果严重的重大事故，而为了应付危机的出现在企业内预先建立防范和处理这些重大事故的体制和措施，则称为企业的危机管理。

一、公共关系危机预防的概念

公共关系危机预防是指企业通过危机监测、危机预警、危机决策和危机处理，达到避免、减少危机产生的危害，总结危机发生、发展的规律，对危机处理科学化、系统化的一种新型管理体系。

危机预防管理的要素主要有以下几项。

（1）危机监测。危机管理的首要一环是对危机进行监测，在企业顺利发展时期，企业就应该有强烈的危机意识和危机应变的心理准备，建立一套危机管理机制，对危机进行检测。企业在越是风平浪静的时刻越应该重视危机监测，在平静的背后往往隐藏着杀机。

（2）危机预警。许多危机在爆发之前都会出现某些征兆，危机管理关注的不仅是危机爆发后各种危害的处理，而且要建立危机警戒线。企业在危机到来之前，把一些可以避免的危机消灭在萌芽之中，对于另一些不可避免的危机通过预警系统能够及时得到解决。这样，企业才能从容不迫地应对危机带来的挑战，把企业的损失减少到最低的程度。

（3）危机决策。企业在调查的基础上制定正确的危机决策。决策要根据危机产生的来龙去脉，对几种可行方案进行对比并分析各自的优缺点后，选择出最佳方案。方案定位要准、推行要迅速。

（4）危机处理。第一，企业确认危机。确认危机包括将危机归类、收集与危机相关信息确认危机程度以及找出危机产生的原因，辨认危机影响的范围和影响的程度及后果。第二，控制危机。控制危机需要根据确认的某种危机后,遏止危机的扩散使其不影响其他事物,紧急控制如同救火一般必须刻不容缓。第三,处理危机。在处理危机中,关键的是速度。企业能够及时、有效地将危机决策运用到实际中化解危机,可以避免危机给企业造成的损失。

二、公共关系危机预防管理程序

公共关系危机管理是指公共关系从业人员在危机意识或危机观念的指导下,依据管理计划,对可能发生或已经发生的公共关系危机事件进行预测、监督、控制、协调处理的全过程。公共关系危机管理主要包括危机预测、危机防范、危机识别、危机处理及危机善后等五个方面。

1. 公关危机预测:监测环境,制定图表

成立公关危机管理委员会,对企业内外部环境做详细周密的分析和检测,其内容包括可能发生哪些危机,危机可能具备的性质和规模等,并对危机进行分类列表。例如:A 表示最可能发生的危机,如产品质量、媒介关系、环境变化等;B 表示次级危机,如广告误解、合作伙伴违约等;C 表示再次级危机,如产品投毒等。

2. 公关危机防范:日常贯彻,严格控制

制订公关危机管理计划,即制订一个具体的、有针对性的、可操作性强的危机公关管理计划。计划应结合公司实际,考虑市场的变化,具有一定弹性。

树立全员公关,让员工参与危机管理,把计划应用在企业运转的全流程中,并确保被严格执行。做好内部培训,把所有程序的执行落实到每个人的头上,责权明晰,并设立人员监督,定期检查。

3. 公关危机识别:正确区分,制定对策

拥有公关危机识别能力非常关键,应尽快识别危机。市场变化瞬息万变,公司内部千头万绪,问题越早发现,处理越容易,所花代价越小;否则,一旦等到事态扩大到无法收拾就会比较麻烦。

4. 公关危机处理:注重沟通,迅速行动

一旦危机不可避免地发生了,要临危不乱,重在沟通,快在行动。要做好内外部沟通工作:对内要统一口径,避免内部的猜疑和谣言,保证用一个声音对外;对外沟通要及时,不能只是以"电话无人接听""等待鉴定结果""企业负责人不在""我们会对整个事情负责"等笼统的理由来搪塞,应尽快发布真实的进展信息。只有在内部充分沟通的基础上,及时进行外部沟通,并且在沟通的过程中,站在消费者利益的角度诚恳地认识存在的错误,表现企业负责任的态度,才能赢得公众的理解。

5. 公关危机善后:总结经验,重视反馈

公关危机管理善后包括对内和对外两部分。对内整顿,总结经验,找出不足,制订一个更切实可行的危机管理计划;对外则将公司可能造成的不良影响列成表格,重视双向反馈,根据不同对象、程度、方面进行具体分析,并制定出有效的应对策略。如在媒体上进行公益宣传,召开新闻发布会,与相关部门保持良好接触,设立一个与公众自由交流的渠道等。

三、公共关系危机预防

公共关系危机事件虽然因其突发性而很难准确预测,但是,公共关系人员如果能够以积极的态度加以防范,就可以把损失减到最低,甚至可能从根本上杜绝某些危机事件发生。

1. 公共关系危机的识别

识别公共关系危机是指公共关系工作者在日常的公共关系工作中，通过一些事物的现象和自己长期的工作经验，对危机事件出现时的及时发现和判断。具备识别公共关系危机的能力相当重要，它可以使组织的损失在及早发现的情况下得到降低。公共关系危机的识别包括两个方面：一种是潜伏性危机的识别；另一种是外显性危机的发现。

（1）识别潜伏性危机。组织出现潜伏状态下的公共关系危机时，公共关系工作还处在表面正常的状态，但是隐患已经在某些因素和环节中存在。例如，2017年初，韩国零售业巨头乐天在中国消费者中遭到前所未有的抵制，表面上是因为"萨德"系统在韩国的部署，其实真正的原因是乐天管理高层长期忽视公共关系，团队中缺乏专业的政府公共关系、危机公共关系、媒体公共关系专家，各善于在社区公共关系、媒体公共关系上投资，公共关系经费集中用于"政府公共关系"。很多人说乐天是不幸而"首当其冲"，其实，早在几年前乐天的负面新闻就很多。

（2）发现外显性危机。比起潜伏状态，显性状态下的公共关系危机比较容易被发现。稍有一些公共关系经验，或者是任何一个人都可以判断显性公共关系危机。因为它是既成事实的危机状态，而且多是影响较大的突发性危机，常常以重大的损失作为标志，容易为人所重视。但是，对于重大的显性危机的危害程度的认识和判断却需要很多的公共关系经验和很高的判断水平，因为它涉及对危机处理的决策和处理手段的制定，以及处理措施的实施。

2. 公共关系危机的预防

要做好公共关系危机的预防，组织及公共关系人员必须做好以下几个方面的工作。

（1）树立危机意识。组织的全体成员在日常工作中都应该有危机意识，尤其是组织的领导者、高层管理人员和公共关系人员更应该树立这种危机意识。这样可以把工作做在前头，把矛盾消灭在萌芽状态。特别是公共关系人员，日常工作应保持与内部公众和外部公众的协调和沟通，在公众中树立组织的良好形象，某些原本可能发生的危机事件就可消弭于无形之中。如海尔集团总裁张瑞敏说，海尔"永远战战兢兢，永远如履薄冰"。

（2）建立专门机构。组织在进行机构设置时，有必要组建一个有权威性的、有效率的公共关系危机处理专门机构，或为常设的公共关系危机处理小组，由组织的领导人担任组长，公共关系人员和部门经理作为小组成员。这些成员分工明确、责任分明，一旦发生危机事件，小组立即投入工作。只要各司其职，很快就能摸清危机事件的实质，工作也能井然有序，必然会呈现虽紧张但不慌乱的局面。

（3）强化危机预警。预警的主要任务是：加强信息的搜集、分析、整理工作，随时把有价值的信息提供给危机事件处理小组。加强与组织内部成员和组织外部公众的沟通，以便获得更多更有价值的信息，及时掌握情况、发现问题，把矛盾力争消灭在萌芽状态。有重点、有目的地选择社会公众作为沟通对象，扩大企业的正面影响。要经常性地进行市场调查和预测，分析自己的市场竞争力，了解同行业竞争对手的情况，以便调整自己的经营管理，不断预测市场前景，寻找可能产生危机的因素，尽量把这些可能引发危机事件的因素事先化解掉。

（4）制定危机预警方案。公共关系危机预警方案是组织在全面分析预测的基础上，针对危机事件出现的概率而制定的有关工作程序、施救方法、应对策略措施等的方案。完整的公共关系预警方案一般包括危机处理的对策、具体运作方式和注意事项等，并以书面的形式表现出来。其侧重点在于具体危机出现后如何施救处理。

（5）组织危机预演。为了提高危机期间的危机实战能力，检测危机处理协调程度，完善并修正危机应急预案，组织有必要定期对危机应急方案进行模拟演练。让有关人员对危机爆发后的应对措施有一个大体的了解，积累一定的危机处理经验。危机预演的形式很多，可采用录像观摩、案例学习、计算机模拟危机训练、实战性小组演习等。

（6）做好危机预控。公共关系部门在日常管理中搜集到相关信息，预感到可能有危机事件发生时，就应立即启动危机预警机制，积极做好防范工作，包括舆论宣传、信息沟通、内部动员、全面部署，力争在危机发生后把损失降到最小。同时，还应该认识到，由于危机事件有其突发性的特征，在平时就应该强化对可能发生的危机的预测，并且与处理危机的相关单位建立良好的合作关系，一旦发生危机，能够立即启动这个合作网络。平时加强沟通、增进了解，建立起相互信赖、相互支持的友好合作关系，危机发生时，就会相互支援、并肩战斗，有利于解决危机。

任务训练

案例分析

农夫山泉"标准门"风波

2013年3月15日，某南方网站报道农夫山泉水中出现黑色不明物。对此，农夫山泉回应称，含有天然矿物元素的瓶装水在运输储存过程中，有时会受到温差等影响而析出矿物盐，并不影响饮用。

3月22日，中国广播网报道，有消费者投诉农夫山泉瓶中有不少棕红色的漂浮物。经过厂家检测得出的结果是，棕红色的不明物质为矿物质析出所致，水可以正常饮用。农夫山泉总裁办主任钟晓晓在接受采访时也坚称，农夫山泉生产工艺肯定没有问题。

3月25日，某南方网站报道农夫山泉丹江口水源地污染。对此，农夫山泉回应称，媒体所报道的不整洁区域距离其公司取水口下游约1.4公里，对取水质量并无影响。此外农夫山泉取水口水源符合《瓶装饮用天然水》（DB33/383—2005）天然水源水质量要求。

4月9日，《国际金融报》报道，《瓶装饮用天然水》（DB33/383-2005）标准是浙江地方标准。广东万绿湖水源地的产品未采用本省标准，仍采用对水质要求较低的浙江地方标准。

4月9日，华润怡宝在钓鱼台国宾馆发起《中国瓶装水企业社会责任倡议书》（2013年），向国内瓶装饮用水企业发起全面承担企业社会责任的倡议，旨在倡导做有责任的企业，做有责任的品牌。

陷入"标准门"之后，农夫山泉一直保持沉默，4月11日，农夫山泉终于在其官方微博做出郑重声明：农夫山泉饮用天然水的产品品质始终高于国家现有的任何饮用水标准，远远优于现行的自来水标准；农夫山泉产品的砷、镉含量低于检测限值，含量低至无法检出；霉菌和酵母菌亦均无法检出。近期针对农夫山泉的一系列报道是蓄意策划的，隐藏在幕后的就是国有控股饮用水企业——华润怡宝，并暗示21世纪网也参与了所谓的"策划"。对此，21世纪网已发表严正声明予以驳斥。农夫山泉还邀请电视、报纸和网络媒体以及消费者对农夫山泉水源、生产过程和产品品质进行全面的实地访问和监督，拟邀请人数不少于5000人。

4月11日晚，华润怡宝发布声明称："我公司从未以任何方式对农夫山泉声明中所提到的做法予以任何形式的参与；作为一家有社会责任的企业，我公司一贯反对任何企业不正视自身问题、推卸自身责任，通过利用媒体转移公众视线将自身危机转嫁给竞争对手的任何行为；我公司保留对农夫山泉采取法律行动的一切权利。"

4月16日，华润怡宝声明称，为维护自身合法权益，已向深圳市南山区人民法院对农夫山泉提起诉讼，该诉讼已于2013年4月15日被该院正式受理。

农夫山泉也将矛头对准了曝光媒体。《京华时报》等媒体报道了农夫山泉水质标准低于国家标准。4月14日，农夫山泉进行回应，称《京华时报》所谓的"相对于农夫山泉从未从严修订标准，其从宽修订标准却显得非常积极"完全是置事实于不顾，颠倒黑白，并称《京华时报》无知，甚至在15日的微博中放出狠话："你跑不掉，也别想跑。"对此，《京华时报》官方微博16日上午发微博回应："标准面前，你跑不掉，也别想跑。"

4月15日，农夫山泉声明，称其标准中甲苯、亚硝酸盐指标限值是严于自来水标准的，并称"就一两项指标就判定整个标准谁高谁低是毫无法律依据的"。对此，中国民族卫生协会健康饮水专业委员会秘书长马锦亚表示："我们看一个标准的高与低，更重要的是关注其中对人体有害的指标，哪怕你只有一项低于国家标准，你的标准就是不如国标。"

4月18日，马锦亚还表示，农夫山泉不仅没有正视自己的问题，还公开指责本协会是"莫名其妙的协会""信口雌黄"，决定将农夫山泉从协会中除名。

4月19日，《京华时报》发表声明称，对于本社指出的农夫山泉执行的地方标准在部分指标上低于国家标准一事，农夫山泉不正视自身存在的问题，反而反复通过强调"产品品质高于国家标准"来混淆视听，转移视线，并通过言语恐吓、制造舆论影响等手段，打压媒体责任，挑战新闻媒体的舆论监督职责，严重侵犯了本社名誉权。本社保留对农夫山泉股份有限公司的上述行为采取法律行动的一切权利。

思考与讨论：

分析并总结企业公共关系危机管理的经验与教训。

回顾总结

本任务主要学习了公共关系危机管理程序，对潜在以及外线公共关系危机的识别，公共关系危机的预防措施等。

课后实践

一、填空题

1. 危机公共关系是指组织对危机事件进行（　　）、（　　）以及（　　）的一系列活动过程。
2. 识别公共关系危机是指公共关系工作者在日常的公共关系工作中，通过（　　）和（　　），对危机事件出现时的及时（　　）。
3. 公关危机管理善后包括对内和对外两部分。对内（　　）（　　）（　　），制订一个更切实可行的危机管理计划。对外则将公司可能造成的不良影响列成表格，重视双向反馈，根据不同（　　）、（　　）、（　　）进行具体分析，并制定出有效的应对策略。

二、名词解释

公共关系危机预警方案

三、简答题

1. 公共关系危机管理程序包括哪五个方面？
2. 公共关系危机的预防要点包括哪些内容？

蓄力职场

通过网络等媒体，收集并整理一个公关危机案例，或者访问本地一家企业，与其消费者服务部门进行交流沟通，了解近年该企业接受的消费者投诉事件，分析其在公共关系危机预防上的经验与不足，以及如何改进。

10.3 公共关系危机处理技巧

一、公共关系危机处理的准备

以企业为例，公共关系危机是一种客观存在的现象，它会不时地出现在企业面前，已经成为企业常态化的一项重要工作。公共关系危机处理的准备工作一般有以下几个方面。

1. 危机应急准备

企业公共关系危机一旦出现，企业就应对其作出反应。具体的准备工作内容如下。

（1）了解危机事件。当危机事件发生时，企业负责人首要的事便是召集企业高层听取关于危机事件的报告。报告应由一线员工或亲历员工汇报，力求准确、全面、详尽、客观，以便对危机事件进行全面、正确的评估。当高层人员听完汇报后，必须在最短的时间内对危机事件的发展趋势、对企业可能带来的影响和后果、企业能够和可以采取的应对措施以及对危机事件的处理方针、人员、资源保障等重大事情作出初步的评估和决策。

（2）成立临时机构。当企业负责人对危机事件作出了初步的评估和决策之后，紧接着的工作便是立即成立临时的公共关系危机处理专门机构。其主要作用是内外通知和联络、为媒介准备材料、成立公共信息中心，加强对外界公众的传播沟通。临时的专门机构是危机处理的领导部门和办事机构，一般由企业的主要领导负责，公共关系人员和有关部门负责人参加。成立这样一个机构，对于保证危机事态能够得到顺利和有效的处理是十分必要的。

（3）制订危机处理计划。危机处理机构首要的工作便是根据现有的资料和情报以及企业拥有或可支配的资源来制订危机处理计划。计划必须体现出危机处理目标、程序、组织、人员及分工、后勤保障和行动时间表以及各个阶段要实现的目标。其中还须包括社会资源的调动和支配、费用控制和实施责任人及其目标。计划制订完成并获得通过后，策应小组便立即开始进行物质资源调配和准备，而核心小组成员则要立即奔赴危机事件现场，展开全面的危机处理行动。

2. 危机处置准备

经过第一环节采取应急准备行动之后，企业要从危机反应状态进入积极处理状态。在这一环节关键是要遵循正确的工作程序，融积极性与规范性于一体，确保有效地处理危机。

（1）积极主动，勇于担责。危机发生后，要重视危机的处理态度，高层领导直接面对危机，要比工作人员更容易取得事半功倍的效果。企业应主动承担义务，积极进行处理，以消费者利益为重，赢得公众的理解和支持。

（2）迅速隔离危机险境。在公共关系工作中，危机险境的隔离应重点做好公众的隔离和财产的隔离，对于伤员更是要进行无条件的隔离救治，这也是危机过后有可能迅速恢复企业形象的基础。

（3）控制危机蔓延态势。在严重的恶性事件爆发后的一段时间内，危机不会自行消失；相反，它还可能进一步恶化，迅速蔓延开来，甚至还会引起其他危机出现。因此，必须采取措施控制危机范围扩大，使其不致影响其他事物。

（4）查明危机事件真相。危机发生后，如果没有人能站出来说些什么，那么谣言听多了，也就成了真理。因此，企业出现危机事件后，应及时组织人员深入公众，了解危机事件的各个方面，收集关于危机事件的综合信息，并形成基本的调查报告，为处理危机提供基本依据。

（5）制定危机处理对策。企业危机处理人员提交危机事件的专题调查报告之后，应及时会同有关职能部门进行分析、决策，针对不同公众确立相应的对策，制定消除危机事件影响的公共关系方案。

（6）联系信息发布媒体。公共关系人员应及时与媒体联系，以便通过媒体及时向外界发布危机事件的相关信息，如危机事件的基本情况、组织所采取的措施等，以此来赢得公众的信任。

二、公共关系危机的处理原则

1. 快速时效原则

危机发生后，要在最短的时间内挽回组织的损失，维护组织的形象；及时、果断、快速地处理，采取有力措施，稳定地控制局面，防止危机失控。

2. 积极原则

积极调查判断，积极提出解决方案，主动投入调查、了解、分析、判断、决策工作，寻求最佳的解决方案，争取专家的帮助和公众的支持与谅解。

3. 冷静真实原则

必须主动向公众讲明事实的全部真相，不遮掩，否则会增加公众的好奇、猜测乃至反感，要防止误解。

4. 信任责任原则

不找客观理由推卸责任，要建立信任，无论事件的危害有多么严重，作为组织也要勇于承担责任，做到不推卸、不埋怨、不寻找客观理由。

5. 全局团结原则

考虑全局影响，不就事论事；要妥善安排危机后续事宜；动员企业全体员工团结一致，献计献策，共渡难关。

三、公共关系危机的处理策略

危机是一种客观存在的现象，它会不时地出现在企业面前。所以，对危机进行处理就会显得更为迫切。公共关系危机的处理策略有下面几个环节。

1. 采取紧急行动

（1）了解事件真相。当危机事件发生时，企业负责人首先要做的便是召集企业高层听取关于危机事件的报告。报告应由一线员工或亲历员工汇报，力求准确、全面、详尽、客观。如果隐瞒一些可能涉及自己或公司责任的事实或情节，会影响对危机事件的全面正确评估。

（2）成立临时专门机构。临时的专门机构是危机处理的领导部门和办事机构，一般由企业的主要领导负责，公关人员和有关部门负责人参加。成立这样一个机构，对于保证危机事态能够顺利和有效地进行处理是十分必要的。

危机处理的专门机构主要有三方面作用：一是内外通知和联络；二是为媒介准备材料；三是成立公共信息中心，加强对外界公众的传播沟通。

（3）制订危机处理计划。根据现有的资料和情报以及企业拥有或可支配的资源来制订危机处理计划。计划必须体现出危机处理目标、程序、组织、人员及分工、后勤保障和行动时间表以及各个阶段要实现的目标，其中还须包括社会资源的调动和支配、费用控制和实施责任人及其目标。

2. 积极处置危机

（1）积极主动，具有高度的责任感。危机发生后，企业应主动承担义务，积极进行处理。

（2）迅速隔离危机险境。应重点做好公众的隔离和财产的隔离，对于伤员更是要进行无条件的隔离救治，这也是危机过后有可能迅速恢复企业形象的基础。

（3）控制危机蔓延态势。在严重的恶性事件爆发后的一段时间内，危机不会自行消失，相反，它还可能进一步恶化。因此，必须采取措施，控制危机范围的扩大，使其不致影响别的事务。

（4）查明危机事件真相，收集相关信息。危机发生后，如果没有人能站出来说些什么，那么谣言听多了，也就成了真理，所以应及时组织人员，深入公众，了解危机事件的各个方面，收集关于危机事件的综合信息，并形成基本的调查报告，为处理危机提供基本依据。

（5）高层领导直接面对危机，要比工作人员更容易取得事半功倍的效果。

（6）要重视危机的处理态度，牢记"精诚所至，金石为开"。在危机发生后，企业要诚恳地公开自己的态度，对人们而言，感觉更胜于事实。

（7）分析研究，确定对策。企业危机处理人员提交危机事件的专题调查报告之后，应及时会同有关职能部门，进行分析、决策，针对不同公众确立相应的对策，制定消除危机事件影响的公关方案。

（8）及时与媒体联系，发布信息。美国明尼阿波利斯的诺维特银行突然失火，大火吞噬了16层的银行大楼，很多人惊慌失措，储户们一心急于提款，对他们来说，银行失火就意味着他们的钱也着火了。失火后，银行总裁通过广播和电视告诉储户，他们的款项和其他物件都很安全，整栋大楼已经投保，各分行照常营业，并在银行对面设立了"临时"办公室，集中处理客户及媒体的来信，记者还可与总裁直接通话。银行的一些职员身穿易辨认的红白色且有银行字样的T恤在街上奔忙，以引导顾客去银行营业部。最后银行顺利地度过了这场灾难性的危机。

3. 汇报结果，总结经验教训

危机事件解决方案的达成和实施，并不意味着危机处理的过程已结束，对企业来讲，最为重要的一个危机处理环节便是总结经验教训。这个环节之所以如此重要是因为企业可以从这个环节中发现企业经营管理中存在的问题，并且有针对性地进行改进和提高，同时企业还可以从中总结经验，并对之进行发扬光大。

四、公共关系危机的处理对策

公关危机的处理对策包括总对策和具体对策。其中总的对策要求是重视事实，迅速调查，妥善处理，做好善后工作，再造组织形象。而具体则要在全面掌握情况以后，根据不同的公众对象分别采取不同的对策。

1. 企业内部对策

迅速成立处理事件的专门机构；辨明情况、制定对策；安抚受损人员及相关人员；奖励有功人员。

（1）在危机初期，及时向内部员工宣布危机处理小组成员、宣布本组织对待危机的态度，并且对员工提出一些应对危机的要求。

（2）在危机稳定期，及时向内部公众通报危机事件的发生时间、地点、有无伤亡，以及本组织处理危机事件的基本原则、方针、具体的程序与对策。将制定的危机处理方案通告各部门及全体员工，以便统一口径、统一思想、协同行动。

（3）在危机抢救期，及时向内部员工通报造成危机的原因、给直接受害者造成的损失，以及波及公众范围、影响深度、事态发展趋势、事态是否得到有效控制等情况。

（4）在危机处理末期，一方面对危机处理工作进行评估，总结经验、找出不足，奖励在处理危机事件中表现突出的有功人员，处罚危机事件的责任者，并通告有关方面；另一方面通过危机事件教育员工，齐心协力共渡难关。

2. 针对受害者的对策

认真了解受损情况，实事求是地承担责任，并诚恳道歉；冷静听取受害人的意见，作出赔偿损失的决定；避免发生不必要的争执；给受害人以同情和安慰；派专人负责处理受害者的要求，并给予重视。

（1）组织要全面了解危机，以及危机所造成的有关损失情况，并主动承担相应的责任，给公众留下一个责任感强的组织形象。同时，要全面提供善后服务，以维护此时可能已经岌岌可危的公众形象。

（2）危机事件若造成伤亡，一方面要立即进行救护工作或进行善后处理；另一方面应立即通知其家属，并尽可能提供一切条件，满足家属的探视要求。

（3）要积极倾听各方面公众的意见，并合理赔偿损失。对于受害者家属的过分要求，公共关系人员应心胸坦荡，坚决避免在事故现场与受害者发生争辩与冲突。另外，在合适场合与相关公众研究处理问题时，也要做到有分寸地让步，应该注意拒绝的方法与技巧。

3. 针对新闻媒介的对策

实事求是、不回避、不隐瞒；设置临时记者接待场；主动向新闻界提供事实真相和相关的信息，并表明自己的态度；在事实结果没有明朗之前，不信口开河、妄加评论，与新闻界密切合作，表现出主动和信任；以客观公正的态度表明自己的看法，不带有主观情绪；借助新闻媒介表达自己的歉意，并向公众做出相应的解释。无论哪种情况，公关人员都不能用"无可奉告"来抵挡公众及新闻媒介。气急败坏的否认不但于事无补，反而"越描越黑"。

（1）在危机发生时，企业或组织内部一定要就如何向新闻媒介公布事故，以及公布时如何措辞等有关事项先在内部统一认识和口径。

（2）由权威人士发言提供准确信息。一般来说，公布本企业或组织事故的时候，最好是由总负责人出面，以示企业或组织对危机的重视程度，这样也会给公众和媒介留下较好的印象。

（3）对于企业或组织自身来说，在事实完全弄清楚之前，不要轻易对事件作出评论，也不要对危机发生的原因、损失，以及其他方面的任何可能性进行揣测。

（4）危机发生后，企业和组织要主动向新闻媒介提供真实、准确的消息，公开表明组织的立场和态度，帮助新闻媒介做出正确的报道。对新闻媒介不可采取隐瞒、搪塞、对抗的态度。

4. 对上级主管部门的对策

危机发生之后，应及时、主动地向上级组织进行实事求是的报告，不要文过饰非，更不要歪曲事实真相。在处理危机的过程中，应该定期汇报事态发展的状况，求得上级领导部门的指导、援助和支持。危机事件处理完毕，应向上级领导部门详细报告处理的经过、解决的方法、事情发生的原因等情况，并提出今后的预防计划和措施。

5. 对业务往来单位的对策

危机发生后，应尽快如实地向有业务往来的单位通报事故发生的消息，表明组织对该事件的坦诚态度，并以书面的形式通报正在或将要采取的对策和措施。如有必要，还可派人直接去各个单位面对面地进行沟通与解释。一旦处理完毕，应用书面形式表示歉意，并向给予理解、援助的单位表示诚挚的谢意。

6. 对消费者的对策

事故发生后，组织要及时通过各种可以利用的渠道，如零售网络、广告媒介等，向消费者说明事件的经过、处理办法及今后的预防措施；热情接待消费者团体及其代表，因为他们代表消费者的利益，在新闻界很有发言权，应热情并慎重地接触。

设立专线电话，以应付危机期间消费者打来的大量电话，要让训练有素的人员接听专线电话。以尊重消费者权益为前提，制定危机事件处理的对策和措施。迅速查明和判断受到危机事件影响的消费者类型、特征、数量、分布区域等情况，并通过不同的传播渠道，向消费者发布事故梗概书面材料，公布事故处理意见。

7. 公共关系危机处理新闻发布会

通过新闻发布会向社会告知真相、表明态度，要掌握报道的主动权，控制事态的发展。召开新闻发布会要注意以下几点。

（1）及时召开新闻发布会，向新闻媒体提供信息。如果组织反应太慢，会让人感觉组织的态度傲慢，而且也会给谣言以可乘之机。

（2）选择合适的新闻发言人。新闻发言人一般应是企业公共关系部门的负责人，由其向媒体公布组织的解释。

（3）做好新闻发布会的策划、准备工作。尤其是做好发布信息的内容的准备工作。对于公众比较关心的问题要考虑周全，并有合理的解释和满意的答复。

（4）统一口径，确认对外发布的信息，提供完整的信息和背景资料。

（5）撰写新闻稿。在撰写新闻稿时要做到：标题要表明立场、旗帜鲜明；内容应完整、清晰；注意多用事实说话；避免使用行话或专业术语；应表明新闻发言人的联系方式。

（6）当重大危机发生后，组织最高领导应该在新闻发布会中出面，以表明对事件的重视态度。

（7）邀请政府主管部门或其他具有公信力的第三方参加，以提高新闻发布会的权威性。

（8）在现场尽力配合记者，向记者提供现场传真、电话、电脑、网络等通信办公设备，以消除其敌对情绪。

五、公共关系危机处理的善后

危机处理的善后是危机管理循环周期中最后的一个环节，对危机管理循环周期中的其他环节起到反馈作用，在危机管理中具有重要意义。一方面，要对危机事前、事中管理工作进行总结分析和有效反馈，提出针对性改进措施，进行危机管理体系的修复，实现组织变革，提高组织应对危机的处置和恢复能力，防范类似危机发生。另一方面，通过对已发生的危机事件和处理过程进行调查和评估，认知危机本质与影响，对危机后期恢复与重建进行有效指导，防范次生危机发生。

危机发生后应注意对组织形象进行重新建树。可充分运用传播工具进行连续性的正面报道，将企业在危机后所采取的一系列修正措施及服务方针告诉公众，使公众能真正了解组织及行为,并能逐步对组织重新产生信任感。还应增加组织在承担社会责任、重视社会利益方面的活动与投入,通过积极参与社会活动向公众展示组织回报社会、服务桑梓的良好形象。同时还要进一步密切与政府部门、权威机构和著名人士、意见领袖的关系,积极参与地方建设,充分重视权威部门的监督、检查并争创优秀,邀请著名人士和意见领袖为组织出谋划策,以充分利用他们的影响力,帮助组织重树形象。

任务训练

案例分析

SK-II 的危机

1975 年,一个日本僧人在北海道一座古老的酿酒作坊发现酒糟中的酵素,可以让女人抛弃岁月的痕迹。

1980 年,此配方的化妆品,由日本 MAXFACTOR 公司推广上市。

1991 年,该化妆品被 P&G 收购。

1999 年,该化妆品进入中国内地市场。

2004 年,在中国内地销售额已经达到高端市场的前三名。

2005 年 4 月,已在中国内地建成 78 个专柜。

2005 年,一位名叫吕萍的江西消费者,听信 SK-II"连续使用 28 天,细纹及皱纹明显减少 47%"的广告宣传,购买了一支 25 克包装的 SK-II 紧肤抗皱精华乳。使用后出现皮肤瘙痒和灼痛,于是将 SK-II 告上了法庭。

2006 年 9 月 14 日,国家质检总局通报称,SK-II 品牌系列化妆品日前在广东被检出禁用物质铬和钕。

2006 年 9 月 15 日,SK-II 声明,强调其产品的安全和质量有充分保障。

2006 年 9 月 16 日,SK-II 抛出复杂的"退货程序"和歧视性"霸王条款",成为 SK-II 事件升级的"导火索"。

同日,北京、广州、大连等地 SK-II 专柜问题产品相继下架。SK-II 第三次发出声明。

2006 年 9 月 18 日,上海、北京、济南、杭州等地遭遇消费者退货潮。

2006 年 9 月 21 日,上海市 30 多名消费者由于对 SK-II 设置的重重退货门槛及"霸王条款"不满,将公司大门的玻璃砸碎。

2006 年 9 月 22 日凌晨,SK-II 紧急发出声明,决定暂停其在中国的产品销售。

同日,香港有线电视报道称,倩碧、兰蔻、迪奥、雅诗兰黛四个品牌的化妆品被香港标准及鉴定中心查出含有铬、钕等违禁物质。

同日晚,央视《经济半小时》栏目就"SK-II 事件"进行了报道。

SK-II 留给消费者的服务电话也很难接通,整个退货过程和后续服务过程一片混乱,基本看不出宝洁公司的诚意。

同时,《经济半小时》栏目还追踪报道了亚洲地区其他国家对于该事件和该产品的态度。据了解,韩国、新加坡也对 SK-II 产品进行了检查,并实施了下架要求。

思考与讨论：

1．从材料中顺序出现的年份，分析"时间"与企业形象的关系；分析"时间"与处理公关危机的关系。

2．发生危机后，如果你是媒体记者，你会关注哪些问题？如果你是消费者，你最关心的是什么？请分别拟出5个问题，并以企业高层的身份，对提出的问题做好回答，作为回应媒体和消费者的资料。

3．分析该企业在处理危机时存在哪些问题，如果你是企业高层，你会怎么做？请列出处理该危机的程序。

课后实践

一、填空题

1．公共关系危机处理的原则包括（　　）、积极原则、（　　）、（　　）、（　　）。

2．危机处理企业内部对策中，在危机稳定期，及时向内部公众通报危机事件的（　　）、（　　）、（　　），以及本组织处理危机事件的（　　）、（　　）、（　　）。

二、简答题

1．简述公共关系危机处理的准备工作。

2．简述危机公关中针对新闻界的具体对策。

蓄力职场

通过网络、报刊等媒体，收集并整理一个公关危机案例，或者访问本地一家企业，与其消费者服务部门进行交流沟通，了解近年该企业接受的消费者投诉事件，然后完成以下练习。如果你是该事件中的公共关系主管，你会如何处理该公共关系危机？请列出你的处理方案，要求5条以上。培养公共关系危机管理意识和实践应用能力。

项目 11
公共关系文书管理

学有所获

通过完成本项目，学生应该掌握如下知识点：
1. 公共关系文书的特点。
2. 公共关系文书写作的一般要求。
3. 公共关系事务类文书的写作格式与要求。
4. 公共关系礼仪类文书的写作格式与要求。
5. 公共关系活动策划文书的写作格式与要求。

案例导入

公共关系新闻稿

7月10日上午8时，由市卫生协会主办、我校承办的"融入社区·相约健康"社区卫生基础知识竞赛决赛在市中医医院举行。经过上一轮的笔试初赛和本次的口试决赛，知识竞赛圆满结束。本次决赛，通过必答、抢答、风险题三个环节的激烈角逐，最后由胜山镇农村卫生协会代表队胜出，获得比赛的一等奖。同时，龙山镇农村卫生协会代表队、庵东镇农村卫生协会代表队、三北镇农村卫生协会代表队获得二等奖；新浦镇农村卫生协会代表队、掌起镇农村卫生协会代表队、周巷镇农村卫生协会代表队、逍林镇农村卫生协会代表队获得三等奖。

【思考－讨论－训练】

该新闻稿体现了哪些基本要素？

知识导航

11.1 公共关系文书概述

"内求团结，外求发展"是每一个现代社会组织开展公共关系活动时所追求的目标。那么，如何实现这一目标呢？途径多种多样，但其中极为重要的、不可缺少的一种就是公共关系文书写作。任何一个公关从业人员要想成为从事公共关系事业的多面手和优秀人才，就必须系统而全面地掌握公关文书写作的方法与要求。

公共关系文书是指为实现公共关系目标和开展公共关系活动而制作使用的各种书面材料，也称公共关系文书。公共关系文书与一般应用文书有一些共同点，如实用性、程式性、广泛性、时效性等。但公共关系具有独特的职能，因而公共关系文书具有不同于其他应用文体的独特之处，如目的鲜明、内容客观、主动传播、针对性强等。

一、公共关系文书的特点

公关文书是为实现公共关系目的和开展公共关系活动而制作使用的各种书面材料。公关文书与一般应用文书有一些共同点，如实用性、程式性、广泛性、时效性等。但由于公共关系独特的职能，使公共关系文书具有不同于其他应用文体的独特之处，甚至如广告、新闻、公文、计划、总结等，一旦纳入公关范畴，也就或多或少具有了新的特征。

1. 鲜明的目的性

公关写作既不能无病呻吟，在没有什么问题时有意制造问题，也不能无的放矢，在不知道自己的组织或公关活动要达到什么目的时盲目写作，只有在既明确要解决什么问题，又明确要达到什么目的时，才能进行写作。这样写出来的公关文书才能真正解决问题，达到组织或公关活动的预期目的。公关组织的创造力在于"协调"，因而可以说，公关文书写作的目的正是协调各方面的关系。这种协调从宏观上看，可分为内部协调和外部协调两个方面。

2. 反映的客观性

公共关系活动的一项主要工作是传播信息，而一般来说，传播信息这一工作本身并不难，难的是如何客观地、实事求是地传播信息。因为，信息传播是否客观、实事求是，与组织、公众皆有利害关系。

公关文书写作要客观地传播信息，首先，必须客观地掌握事实，公关人员在调查、了解有关事实时，应不带偏见，而且必须杜绝主观随意性，力求事实的公正与真实；其次，公关文书在写作时对材料的要求要非常严格，必须认真鉴别，反复核实，实事求是，不容许有任何虚构。

3. 传播的主动性

社会组织是公共关系的主体，是关系调节的主方，同样，处于关系主导地位的社会组织的公关文书写作，也必须在关系调节中积极主动。

公关文书写作的主动性，首先表现在内容上，它是为公共关系活动服务的，是为了了解公共关系活动中存在的实际问题，对公共关系活动起着直接的作用。例如，公关新闻稿是为了把组织好的有关信息传播给公众；公关计划是为了给公共关系活动绘制出蓝图，安排好工作进程。这些都应该是积极主动的，而不是被动的。其次，在瞬息万变、丰富多彩的公共关系活动中，一切公关文书的写作都不可能是永恒不变的，不是一种机械式的固定模式，而是因人、因事、因时、因地而宜的。公关写作要主动根据具体情况灵活运用，才能获得理想的传播效果。另外，公共关系以及公关写作本身也处于一个动态的过程，不会永远停止在一个水平上。因此，公关文书的写作要适应公共关系实践的需要，必然是变化发展的，正是这种丰富多彩的表现，才充分体现了公关写作的主动性这一特征。

4. 很强的针对性

公关文书写作还有一个明显的特征就是针对性。这里所说的针对性，主要体现在以下几个方面。

（1）有明确的涉及范围和对象。一般的文章或文学作品所涉及的读者范围及对象是笼统的，既没有明确的规定，也没有很强的制约力。但公关文书写作却不然，无论是策划、信息咨询或大众传播文书，还是人际沟通及组织内部公务类文书，读者对象一般都有明确的范围或特定的公众。

（2）针对具体问题而写作。公关文书写作，总是针对公共关系活动或组织的存在与发展中的具体问题而进行的，因而写成的文章，一般都有高度的针对性。

（3）选择特定的惯用程式。所谓程式，指在长期的实践中总结形成的有关内容要素、行文格式、书写位置以及一些习惯用语等方面的基本要求。

二、公共关系文书的写作要求

1. 公关文书的沟通性

公关活动可以借助于写公函、拍电报、写书信、发请柬、发聘书、送慰问信、送表扬信等，达到传递信息、安排工作，争取社会效益和经济效益的目的。公关工作的沟通是双向的，公关文书的使用也要考虑反馈效应。理解、信任、支持与合作，是在相互交往中建立的，公关文书可以作为联络感情的纽带、架设友谊的桥梁。

2. 公关文书的竞争性

开展公关活动要善于利用文字手段，在同行或同类产品中，利用自己的优势去争取社会与公众的支持与赞誉，进而树立组织的公关形象，开拓并占领广大市场，在竞争中求得组织与产品的生存与发展，使自己立于不败之地。

3. 公关文书的时效性

作为传播、服务的工具，公关文书必须公开、迅速、通畅地发挥作用。它的写作要快、传递要快、反馈要快，要紧密配合市场经济的发展，联系贯彻国家现行方针、政策的实际，及时地抓住时机开展工作，求得高速度、高效率。时间就是生命，就是金钱，任何迟滞都会使公关文书失去作用。

4. 公关文书的务实性

公关文书的写作是一种实用写作，每种文书的起草都要明确写作目的、意图，从公关工作实际出发，提出和解决现实中的问题。

5. 公关文书的可信性

公关文书必须说真话、办实事，与公众坦诚相见，凡是文书上承诺的就要执行守信。

6. 公关文书的简洁性

公关文书是处理公务的实用文，为便于沟通、交往与传播，必须去粗取精，简明概括，切忌拖泥带水。

7. 公关文书的规范性

为便于流通与管理，提高用文的效率，公关文书的写作必须按习惯通用的格式与要求进行写作。

8. 公关文书的精美性

公关文书不仅要求内容的新与实，而且对文面的设计也要求庄重大方、热烈而富有艺术感染力。

9. 公关文书的准确性

运用语言的准确严密，合乎逻辑与语法，合乎事实与政策，是公关文书用语的基本要求之一。

任务训练

案例分析

社区公共关系简报

据悉，我院所在社区群众还普遍存在着卫生知识贫乏、生活习惯不健康和自我保护意识不强等问题。近日，我院响应市卫生局的号召，组成了社区卫生服务中心健康艺术团，以"创建健康城市、构建和谐商城"为主题，通过歌舞、小品、相声等群众喜闻乐见的艺术形式，在社区、农村宣传科普知识，向广大居民介绍疾病预防控制、治疗、保健等知识，将健康送进千家万户。健康艺术团将舞台表演、农民健康体检教育读本等宣传资料发放、心肺复苏急救知识演示和健康知识有奖问答穿插进行，使台上台下形成了良好的互动氛围，许多村民纷纷表示，医院以这样活泼的方式为农村开展卫生宣传十分深入人心，很贴近老百姓生活，既能观赏节目，又能学到健康知识。

思考与讨论：

该公共关系简报体现了公共关系文书的哪些特点？

回顾总结

本任务主要学习了公共关系文书的特点，以及公共关系文书写作的一般要求。

课后实践

简答题：

1. 公共关系文书的特点有哪些？
2. 公共关系文书写作的一般要求是什么？

蓄力职场

理解并掌握公共关系文书的特点，以及公共关系文书写作的一般要求，为公共关系文书的写作打下基础。

11.2 常见公共关系文书写作

一、公共关系事务类文书的写作

（一）公共关系企划书

公关企划书是企业系统地科学地策划公关活动的一种书面材料。公关企划书通常要明确的内容有活动主题、活动目标、综合分析、活动程序、传播与沟通方案、经费预算等。

1. 活动主题

主题的拟定应言简意赅，并易于公众理解、记忆。

2. 活动目标

活动目标既应与企业总体目标相一致，又应能够体现某次活动的具体特点。简而言之，活动目标应是企业总体目标在某次活动中的具体体现。

3. 综合分析

综合分析包括对企业概况的介绍、产品简况、市场分析、消费者分析。在单个活动的企划书中，综合分析可以略去，但企划者必须对上述企业的概况、产品、市场、消费者等四个方面的情况有较深入的了解，否则企划会难免不切实际。

4. 活动程序

说明本次活动的基本安排，什么时间由什么人做什么。

5. 传播与沟通方案

指活动宣传通过什么样的传播媒介进行传播沟通。

6. 经费预算（略）

（二）公共关系简报

公共关系简报，是机关团体组织内部交流、汇报情况的文字材料或刊物，包括工作简报、信息简报、会议简报、动态简报等多种。另外，动态、简讯、内部参考等都属于简报的范畴。写作时应事先制订编写计划，通过通信系统或个人组织稿件，采用汇编、摘编、编写等方式，按版面要求，设计报头、行文与报尾，把名称、期数、编印单位、日期、份数、按语、发送单位等一一列清楚。简报多数为内部使用，有的也可直接向外发送，但要注意发送的范围与要求，不能像报纸一样到处分发，人人使用。简报的编发有定期和不定期两种。简报不是正式公文，不具备法律效力和行政效力。

简报具有以下特点。

第一，简明扼要。抓住事物的实质，抓住代表性的典型材料。

第二，迅速。像新闻一样快编、快写、快印、快发。

第三，真实。材料确凿，反复核实，表述讲究语法逻辑。

第四，新颖。立意要新，情况要新，抓新人、新事、新问题。

1. 公关简报的写作内容

公关简报是公关业务活动的简要报道。公关简报可以反映以下内容。

（1）有关组织形象的材料，文献检索，调查了解到的内部公众和外部公众的意见、评价和要求。

（2）组织内部工作生产情况和思想状况等方面的动态、经验、趋势。

（3）公共关系部门开展的一些公共关系活动。

（4）公共关系部门对各项工作的咨询意见和建议。

（5）公共关系有关会议。

2. 公关简报的写作要求

要求内容如下。

（1）简报的写作要用第三人称。

（2）简报的写作要求重点突出，有明确主题思想，做到主题单一，内容集中。

（3）简报的写作必须及时、准确、客观，内容真实，据事实直说，不夹杂评述性意见，但编者按除外。

（4）简报的写作必须简短、通俗，有可读性、指导性。

（5）简报的写作格式要规范。

3. 公关简报的写作格式

具体格式如下。

（1）报头。报头应占简报首页的1/4到1/3。居中写简报的名称，要用较大的字体；名称下方写简报编号"第×期"；简报编号下面的左侧写编发单位，右侧写简报的印发日期；报头与正文部分用一条横线隔开。

（2）正文。正文是简报的内容所在。正文分导语、主体、结尾三部分。正文的标题与新闻的标题相似，应力求简明、准确、扼要地概括出正文的内容；主体是简报内容的主干和中心部分，主体的内容要抓住关键问题，把本单位在贯彻执行上级指示、开展工作中出现的情况集中地反映出来，与之无关的琐碎小事不能上简报；正文的结尾，要用括号注明写稿单位和写稿人名字。

（3）报尾。报尾在简报的最后一页下方，标明两条平行横线，在横线内注明本简报的发送范围和印发份数。

（三）公共关系新闻稿

社会组织要宣传自己的形象，提高知名度，打出"牌子"，获得更多公众的认识和支持，借助大众传播媒介和舆论导向是非常有效的手段，其中一个很好的办法就是将各种信息通过新闻稿形式，借助新闻传媒迅速传播开来。因此，有人将公共关系新闻称为"不花钱的广告"。

新闻稿是组织公关部门（人员）撰写的以目标受众为宣传对象的文字作品，包括提供给媒介的消息和通讯。撰写新闻稿，是公关人员利用大众传播媒介对公众施加影响的重要手段，也是组织与新闻界保持密切联系的纽带和桥梁。

1. 一般新闻稿

一般新闻稿，也就是人们常说的"消息"。它往往以鲜明的主题、简练的文字，迅速、及时地反映现实生活中新近发生的具有特定意义的事件，并因此而成为新闻媒介最经常使用的一种文体。一篇新闻稿通常包含6个基本要素，也称6个W，即who（何人）、what（何事）、when（何时）、where（何地）、why（何因）、how（何果）。除以上6个W外，公共关系从业人员撰写消息稿的目的是供新闻媒介刊发，所以，不能仅满足于对6个W的掌握，最好还要加上2个W，即什么主题（what theme）和什么意义（with what meaning）。

（1）新闻稿的结构。新闻（消息）一般由标题、导语和主体组成。新闻中时常也要介绍一些背景资料，但由于它不是一个单独的组成部分，无固定地位可言，因而不能被看作新闻结构的一个独立层次。新闻结构组成部分中还有个结尾，但对多数新闻来说，结尾不是非有不可的。

① 标题。新闻的标题，可以说是一篇新闻稿的点睛之处，它能迅速地向读者提供简要的信息，同时又能吸引读者的注意，使读者产生阅读这篇新闻的愿望，所以必须精心加以拟定。

新闻稿的标题形式有单行标题（只有一个主标题）、双行标题（一个主标题，一个引标题或副标题）、三行标题（一个引标题，一个主标题，一个副标题）。一般来说，内容比较简单的新闻稿，有一个主标题就可以了。内容比较重要而且包含信息较多的新闻稿，则需要添加副标题和引标题，以构成更加完整的标题。

【知识拓展】

标题格式范本

单行标题如：
（1）松下中国区域脱胎换骨 家电业务缩减到30%
（2）200多家候选企业将角逐电信供应商百强
（3）红色之旅成春游主力

双行标题如：

祖国是最大的阳光家园
——温家宝总理与因艾滋病失去亲人的孤儿、老人共度除夕

三行标题如：

亲商　护商　为商
福州全方位推进开放型经济
实际利用外资超过 80 亿美元，世界 500 强落户 31 家

② 导语。导语是新闻的开头，一般来说，它是提炼新闻精髓并提示主题，以吸引读者阅读全文的第一句话或第一段话。有时在西方的一些新闻中也较常见有两个以上的段落。因此，我们可以概括：导语是以凝练的形式、简洁的文字表述新闻中心内容的开头的一个单元或部分。

导语的关键是"导"字，它应当起到引导、诱导、前导的作用，也就是说，它应当用简洁的语言，写出最主要、最新鲜、最吸引人的事实，给读者留下深刻的印象。因此，导语写作要求开门见山、中心突出、简明扼要、生动有趣。新闻稿的导语一般有以下几种写法。

a. 直叙式。直叙式是一般新闻稿最常用的导语写作方式，即把所要传播的信息中最重要的事实，用直叙的方式简明扼要地加以点出，以方便读者把握。比如：

根据美国《商业周刊》排出的 1998 年公司销售和盈利座次，通用汽车公司的销售收入虽比上一年下降了 6%，但仍以 1613.2 亿美元稳坐头把交椅；福特汽车公司则以 220.7 亿美元的盈利额高居榜首。

b. 提问式。提问式是把新闻稿所要传播的最重要的信息，用提问的方式开头，并作简单回答，以此来构成导语。这种方式容易引起人们的兴趣和注意。比如：

最近一个时期，市场上供应的酱油的质量如何？质检专家告知说：经检测，那些品牌酱油，质量均稳定可靠，可放心食用。

c. 结论式。结论式是在导语中，把新闻稿所要传播的有关事件的最终结论先行点出，然后再在文章的主体中展开具体阐述。这种方式比较适用于一些带有研讨性质的活动（会议）的新闻报道。比如：

面对即将来临的 21 世纪，中国公关事业必须在全球化这一大背景下加快本土化进程，从而使公关研究、公关教育和公关实践都有一个质的飞跃——这是 × 月 × 日在上海兰生大酒店召开的"上海国际公共关系研讨会"上与会人员达成的共识。

d. 引语式。引语式是用新闻事件中某一重要人物的语言构成导语。通过这一人物的简要表述，点出所要传播的信息中最重要的事实。比如：

"亚太地区的经济发展近年来一直保持着旺盛的活力。其中，中国发挥了重要的作用。"这是联合国亚太经济社会委员会秘书长 ××××× 在有 30 个国家和地区参加的第 × 届亚太国际贸易博览会开幕式上透露的信息。

e. 描写式。描写式是一开始先对新闻事实发生的现场情景进行简洁、生动的描述，适当渲染气氛，以引起人们阅读的兴趣。这种方式适用于一些描述社会性大场面活动而又篇幅较长的新闻稿。比如：

鲜花与彩旗共舞，欢迎四海宾朋莅临西藏的巨幅标语四处可见，浓郁的节日气氛把拉萨装扮得分外妖娆。9 月 1 日，世界屋脊迎来了盛大的节日——西藏自治区成立 49 周年。

③ 主体。主体是新闻的躯干或主干部分，也是新闻的展开部分。好的导语对下文的展开固然十分重要，但是，如果仅有一个出色地提示了新闻主题的导语，而没有在主体部分用

新鲜生动的材料来阐明和表现主题,这条新闻仍然不能算是一条好新闻。

一般来说,新闻主体应当具备以下两部分内容:一是对导语提出的主要事实、问题或观点进行具体的阐述或回答,使导语部分的内容借助于一连串丰富的材料而得到进一步的说明和解释,使新闻诸要素更为明确和详细;二是用附加的次要材料来补充导语中没有涉及的新闻内容,提供新闻背景,说明事件的来龙去脉,使新闻内容充实饱满,主题更加突出。

主体部分常见的结构形式有以下两种。

a. 以事件的重要程序为序组织材料。这种主体结构形式是常说的倒金字塔结构。这种写作方法,多用于动态新闻。所谓倒金字塔结构,就是大头在上面,小头在下面。具体来说,一篇新闻,先是把最重要、最新鲜的事实放在导语中,主体部分的内容则依照重要程度呈递减的顺序来安排:较重要的材料往前放;较次要的往后放;最次要的放在最后面。这种叙述方式的优点是,重点突出,阅读简便,同时便于编辑删减、修改稿件。

b. 以事件的时间先后为序组织材料。这种主体结构形式,通常是按事件发生的时间顺序来组织材料,事件的开始是新闻稿的开头,事件的结束为新闻稿的结尾。这种结构方法比较适用于内容较为复杂但线条单一的新闻的写作,如报道节日游行盛况、一些重大事件、一场灾祸、一次球赛等。这种叙述方式的优点是,能够清楚地反映新闻事件的来龙去脉和前因后果,使人们对事件的全过程有一完整印象,适合一般读者的阅读习惯,在实际写作中也较容易掌握。

(2) 新闻稿的类型。以写作特点来区分,新闻(消息)可以分为动态性新闻、经验性新闻、综合性新闻和评述性新闻这四类。

① 动态性新闻。所谓动态性新闻,是对新近发生或正在发生的事件和活动的报道。它重在揭示事物发展、变化的特征,用于反映社会生活中的新气象、新情况、新问题,是最基本、最常见的一种新闻报道形式。

② 经验性新闻。所谓经验性新闻,是指对一个社会组织乃至于一个行业领域的先进经验、成功典型的新闻报道。这类新闻往往偏重于交代情况、介绍做法、反映变化与效果,较多提供背景材料,因而篇幅比其他类型的新闻要长一些。

③ 综合性新闻。所谓综合性新闻,是指把发生在不同地区或部门的性质相似又各有特点的事件综合起来,从不同侧面阐明一个共同的主题思想,反映一个时期内带有全局性的情况、成就、趋势或问题的新闻报道。它纵览全局、报道面广、声势较大,给人以较为完整的印象。常见的综合新闻有两种类型,一种是横断面的综合,一种是纵深度的综合。

④ 评述性新闻。所谓评述性新闻,是指一种口述且评、夹叙夹议的新闻报道体裁。它在"用事实说话",在报道具有普遍意义的新闻事实的基础上,结合形势和动向,对事实进行适当的分析、评述,揭示其本质意义,指明其发展趋势,以指导实际工作。

2. 新闻通讯

新闻通讯,亦是新闻媒介传播信息的基本文体之一。它的特点是通过对现实生活中有关事件和人物的真实而详细的报道,更加生动、具体地传播某一方面信息,表现某一主题思想,从而给读者留下更为深刻的印象。

(1) 新闻通讯的类型。新闻通讯可以分为事件通讯、人物通讯、工作通讯。所谓事件通讯,即以记叙事件为主的通讯,这类通讯侧重于较为生动地报道某一事件的详细过程,虽有人物出现并给予一定描述,但不作着力刻画。所谓人物通讯,即以记叙和刻画人物为主的通讯,这类通讯侧重于描写某一人物或人物群体,让读者对这一人物或人物群体的思想、行为有一形象感受。所谓工作通讯,即以反映综合性事件和经验为主的通讯,这类通讯往往以点带面，视野较为开拓，或提出一些问题，或总结些带指导性的经验，有时近似于调查报告，但在文法上更为生动形象。

(2) 新闻通讯的写作要点

① 要认真把握素材，反复提炼主题。通讯面对的是事件的全部纷繁复杂的事实和素材，要求在生动描写的同时，尽可能表现出较为深刻的主题思想。这就需要写作人员认真把握原始素材，提炼出既富时代感又精心独到，有一定深度的思想内涵来。

② 要精心构思，写好通讯的开头和结尾。新闻通讯是一种带有一定文学性的新闻文体，讲究结构的完整合理，尤其强调文章的开头和结尾。

③ 善于抓取和选择典型事件。这对于一些以写人物为主的通讯和某些综合性的工作通讯来说尤其重要。

④ 通过生动细节的形象描绘来烘托事件和人物。消息以叙述为主要手段，只需把事件说清即可，一般不用生动描写。通讯是一种有文学色彩的新闻体裁，则应该通过有关细节描写，生动、形象地描绘人物，反映事件，以烘托气氛，增强感染力。

⑤ 注意叙述、描写、议论和抒情手法的有机结合。通讯的主要表现手法是叙述和描写，但可以穿插运用议论和抒情的方法，以增强文章的思想性和感染力。

(四) 公共关系广告

1. 公共关系广告（简称公关广告）的定义

公共关系广告是公关实务活动中塑造组织形象、传递新信息的一种宣传方式。它公开面向广大公众，具有传播性和告知性。它借助一定的媒介进行有计划的、非个体的活动，具有接受性和说服性。它融语言、文字、音乐、美术、摄影等为一体，具有综合性。它对传播信息、加速流通、认识与审美具有重要作用。它常用的媒介有印刷媒介、电子媒介、物体媒介等。一般而言，公关广告侧重于介绍、宣传社会组织的情况，树立其社会形象，提高其知名度和美誉度。公关广告与商业广告，无论在运思创意、艺术表现，还是在传播方式等方面，差异都不大，不过仔细考虑，还是有所区别的。

(1) 广告目标不同。商品广告的目标是有效传递商品信息，促发消费者的热情，实现直接经济利益。公关广告的目标，则主要是向社会、公众介绍组织的相关情况，如组织规模、资源状况、运营情况及发展前景等，争取社会公众对组织的关心、了解、赞许和合作。公关广告可被形象地称为"攻心广告"。

(2) 广告作用不同。商品广告的作用是直接、迅速、及时地传播经济信息，而公关广告则体现着组织的经营管理理念，在组织的经营管理中处于全局性、战略性的地位，贯穿于经营管理的全过程。社会公众也通过这种广告认识组织。

(3) 传播周期不同。商品具有时间性的特点，制约了商品广告的时效，故而商品广告的传播周期比较短。而公关广告旨在宣传介绍组织本身，公众对组织的认识、接受需要经过一个相对漫长的时间。因此，经常地、不间断地对组织进行广告宣传是唯一奏效的手段。

2. 公共关系广告的类型

公关广告因具体目标不同可分为不同类型。

(1) 公司（企业）广告。公司（企业）广告是以提高企业的知名度和树立良好形象为主要目标的广告形式。任何企业都有一块招牌，它的名称（包括商标）和声誉如同企业的财产一样是构成企业存在的基石。从某种意义上说，牌子比财产更重要，没有财产，可以创造财产；牌子要倒了，企业的生命也就完结了。为此，许多企业家十分重视企业广告。

（2）响应广告。每个组织与社会各界都有密切的关联，一方面有需要各界广泛理解和支持的意愿，另一方面也有希望通过一种途径向社会表达自己乐于支持政府和各界活动的意愿，因而就产生了这一"响应广告"。其主要内容是对政府的某种活动或社会生活中的重大事件表示响应和支持。

常见的"响应广告"是祝贺性的广告。例如，某公司新开业以同行的身份刊登广告致以热烈祝贺，这是表示愿意携手合作，共同繁荣，也是表示欢迎正当竞争。许多时候这类广告的做法是，向新开业单位赞助若干广告费，并在该单位的开业广告上署名祝贺，该单位通常也会以某种方式表达谢意。

祝贺广告对受贺方和祝贺方都有好处。受贺方可以极大地提高自己的知名度，有效地向社会显示自己的横向联系能力，从而含蓄地表现自己的光明前景，同时也可节省一笔广告费用。至于祝贺一方，虽说是出钱为别人做广告，但于自己也不无裨益：首先可以借助这类广告，广结良缘，建立友善关系；其次可以提高声望。这对一个小的或原先知名度甚低的企业来说，花不多的钱，把名字登在报上，是值得的。况且，若能多次以祝贺者姿态出现，那声名必定日渐远扬。

（3）倡议广告。倡议广告是以企业名义，率先发起某种社会活动，或提供某种有意义的新观念的广告。如"献给母亲节有奖征文启事"，每年5月第二个星期日是传统的母亲节，《北京青年报》与中华乌鸡精厂决定共同举办"中华乌鸡精献给母亲节"有奖征文活动，讴歌无私的母爱，提倡尊重母亲的风气。创意广告一般来说要有明确的主题和目标，以表明企业对社会活动的关心、支持与积极参与的态度。

（4）致歉广告。致歉广告，顾名思义是表示歉意的广告。常见的致歉广告有两种。

① 向公众赔礼道歉的致歉广告。刊登这类广告，往往是由于刊登者本身出现了差错，并殃及某些公众利益。这类广告的制作，并无多大窍门，关键在于是否有勇气。不少企业明知做错了事，损害部分公众利益，但怕事态扩大，败坏形象，因而想方设法地保全面子、遮盖真相，不敢主动认错，这种做法常常适得其反。明智的做法是，除采取补救措施，如停产整顿、查办失职人员、向客户赔偿损失等外，还应公开刊登广告赔礼道歉，这样才能挽回损失，重新确立自身的良好形象。

② 向公众排除误解的致歉广告。这类广告是以致歉的形式，向公众更正事实，排除误解。如消费者手持劣质产品，上门责难，经检查责任又不在生产厂家或发现消费者拿的是冒制品，这时，应该怎么办？登报"严正声明"未尝不可，但从公关角度看，用硬碰硬的"声明广告"不如改用语气谦和的致歉广告为好。1986年，山东一家洗衣机厂收到了许多顾客的对于洗衣机质量差的投诉后，立即派人调查，结果发现，导致洗衣机质量低劣的根本原因在于铁路运输部门野蛮装卸。于是，该厂在报上登了一则广告，称由于未能及时发现运输环节存在的问题，致使已损坏的产品到达顾客手里，为此，深表歉意，并表示今后尽力避免类似事故发生。这种主动从自己身上找过失并公开致歉的做法，同发表义正词严的声明相比，更能显示企业真心服务大众的诚意。

（5）公益广告。公益广告是就某些行为、观念、道德或哲理向社会公众进行告知、提示、劝导和警示的社会性广告。其主要内容涉及社会的方方面面，如社会公德、文明礼貌、风俗习惯、生态环境保护、慈善救灾、交通安全、禁赌戒烟、防火防盗、心理教育、亲情友情等。

公益广告具有双重作用，对于社会来说，其作用在于提高整个社会公民的素质，唤起整个社会公民对社会责任和社会问题的正确认识和密切关注，以促进社会的文明进步和健康发展。例如:"江河并非万古流,生命离不开水""还记得天空的颜色吗?保护环境,减少大气污染""知识的富有才是真正的富有"等。

从另一方面讲,由于公益广告是社会良知的体现、社会进步的象征、社会文明的标志,因此,它也可以给组织带来无法估量的社会效益。例如:"夜深了,请您调低电视机音量,以免影响邻居休息""今天下雪路滑,保险公司提醒市民请注意交通安全"等。这种细心、及时、真诚的提示,缩小了公众与组织之间的心理距离,树立了组织对公众的关心、爱护,赢得了公众的喜爱。

公益广告成功的基础在于抓住公众的心理,研究公众的需要。例如,"曾几何时,我们奔波于事业,陶醉于爱情,却忽视了饱经沧桑的母亲。回家,哪怕打一个电话!"这则朴素的公益广告,唤醒了忙碌于现代社会的人们对亲情的珍视,对家的思念,很容易使人们产生共鸣。

由于公益广告用极其凝练、富有艺术性的文字和创意性的画面与公众达成一种感情上的沟通和心理上的契合。因此,很容易使公众对组织产生某种认同感,从而改善和强化公众对组织的印象,是社会组织树立形象、赢得公众信任和支持的一种有效手段和策略。

3. 公共关系广告写作时应考虑的因素

(1) 目标。必须清楚地了解所要达到的目的,而且必须是了解广告的单一目标而不是多重目标,广告中的一切都应该为目标服务。在编辑广告的时候,要去掉任何没有对目标进行深入发掘的词句或录像。

(2) 事实。只有在对所有与事件有关的事实进行谨慎而全面的检查之后,才能为广告选择出一个特定的目标,只有这样,才能根据信息就自己和竞争对手的优、劣势作出有意义的判断,并且找到一个能利用自己的优势或攻击对手劣势的广告目标。公关广告文案写作中要严格遵循客观事实,语言表达精确清晰,正确处理好艺术表现与客观真实的关系。

(3) 公众。在进行广告写作前,应该对自己的目标受众的特性有全面的了解,知道他们的欲望、需求和价值观。

(4) 媒体。在撰写公关广告前,必须清楚你正在为哪个或哪些媒体写稿,首先要考虑的问题就是满足媒体的技术要求。一个为报纸准备的广告可能不符合杂志的要求,肯定也不符合电台、电视台或其他网络新媒体的要求。

4. 公共关系广告文案的写作艺术

公关广告文案一般由标题、正文、广告词和随文四个部分构成。

(1) 标题。标题的拟写在公关广告文案的写作中有特殊的意义,公关广告的主旨体现在标题上。标题应当具备"立即引起注意"和"阅读向导"功能,要能有效抓住公众心理,使之瞩目,造成一种视觉冲击力,把广告主旨迅速传递给公众。例如,一化妆品公司的广告标题"如何让35岁以上的女人看上去更年轻";一个鲜奶广告的标题"从中国台湾第一至世界金牌,统一鲜奶就是最好的鲜奶"。前者一下就能抓住读者的注意力,而后者则以简洁的文字把产品的高超品质、权威认证及企业的自豪感、荣誉感等主要信息都集中在标题中呈现出来。

公关广告的标题写作在形式上可以分为直接标题、间接标题和复合标题。直接标题要求把最重要的事实和情况,开门见山地公之于众,直接标题的优点在于简洁明了,不足之处在于信息传递过于直露浅白,往往不能诱导公众阅读下文。间接标题则不在标题中明确显示广告的主要信息或主题,采用含蓄、迂回的手段,巧妙地引发公众的兴趣使之关注正文,获取信息。复合标题在形式上常由两个或两个以上标题构成,与多行式新闻标题相类似,在创意上往往将上述直接式和间接式两种类型的标题有机组合。

（2）正文。正文应当解释公共关系的主旨，向公众提供企业和组织信息的细节。常见的公关广告写作体式，有陈述体、说明体、论证体、文艺体。叙述是陈述体文案的主要表达方式，以陈述性的语言来介绍广告内容，有脉络清晰、交代明白、立见主干的效果。说明体文案旨在用说明的方法将广告内容介绍和解释清楚，往往给公众以客观、实在的感觉。论证体文案主要是展示有关权威的鉴定评价、获奖情况、典型用户的见证、典型的实例来说明广告内容的真实性、可靠性。文艺体文案主要借助文艺的形式，如诗歌、散文、故事等形式来表现广告内容，具有生动活泼、形象鲜明、感染力强的特点。

（3）广告词。广告词，也可以说是广告口号，它是组织在广告运作中长期而反复使用的、简明扼要的、具有口号性质的、表现组织精神理念或商品特性的语句。广告词经反复宣传，便能不断地强化公众对组织形象及其品牌的一贯印象。广告词的语句一定要简短易记，朗朗上口。语句过长，就难以理解记忆，难以广为流传。一般，广告口号字数最好控制在10字之内，最长不宜超出20字，语言风格越趋向口语越佳。

（4）随文。随文也称附文、结尾语，是广告文案的结尾部分。随文中一般标出组织名称、地址、电话、网址、联系人员等信息。这一部分不是广告文案的必备部分，可以根据实际需要决定写或不写。

二、公共关系礼仪类文书的写作

（一）公共关系柬帖

柬帖是公关信件、名片、卷子的统称，公关柬帖是一种简便、亲切、自然的沟通形式和礼貌的传播、交际工具，是组织在公关活动中最常用的文书。作为日常社交和公关活动中经常使用的沟通媒介，它可以向公众迅速、简洁地传递信息、通报事务、表达情感，因而也是一种不可或缺、十分方便的联络工具。

公关柬帖不同于普通信函和通知，它比普通信函更庄重、更正式，对对象也更礼貌、亲切和尊重。一般来说，只有在重大活动或节庆、会议等场合才使用柬帖。公关柬帖常用的形式有请柬、邀请函。

1. 请柬

请柬，又称"请帖"，是邀请某人某单位参加某项活动的专用文书，多用于重要的庆典宴请活动，或特别性的集会、聚会，多数使用统一印制、美观大方的现成式样。使用时根据需要填写：被请单位或个人的名称或姓名，与会时间、地点、会议内容、安排、敬语，发文单位、日期。用于个人活动的，以用书信的方式邀请对方，打印或手写均可。请柬不仅要交代各项事宜，以利于对方准时参加活动，还要表示诚意与热情，使对方乐于接受。

一份规范的请柬，无论如何设计，一般都由封面和内页（正文）两部分组成。特制的专门请柬的封面，一般应写明什么会议（活动、宴请）的请柬。若社会组织为控制成本，一次印制较多请柬以供多个不同的活动所用，也可只写"请柬"两字，在相应部位可配上组织的标识。

2. 邀请函

请柬作为对客人发出邀请的一种专用函件，虽然规格颇高，但因其内页篇幅有限，所以正文部分除写明邀请的意向，活动的内容、时间、地点以及提请被邀请者注意的有关事项外，不可能对活动的内容作进一步的介绍。有些时候由于对活动内容及主办者缺乏了解，许多人可能会不参加。在这种情况下，就需要用到邀请函。

邀请函作为对客人发出邀请的另一种专用函件，一般用 A4 纸印，可套色，也可单色，外观形式上虽不如请柬考究，但邀请函最大的优点是它有足够的篇幅，可对一次活动的背景情况、具体内容以及规模和形式等方面作较为详尽的介绍和说明，从而引起被邀请者的关注。

（二）公共关系发言稿

公共关系发言稿一般可分为公关致辞和演说稿。

1. 公关致辞

在公共关系活动中，有许多迎来送往的场合，需要有关人员致辞常见的致辞有欢迎词、欢送词、祝贺词和答谢词等。这类致辞的结构，一般由标题、称呼和正文三部分组成。

（1）标题。标题的写法：一种是只写"欢迎词""欢送词""祝贺词"或"答谢词"即可；另一种是在"欢迎词""欢送词""祝贺词"或"答谢词"前加上一定的修饰限定词语。

（2）称呼。标题的下一行顶格写致辞对象的称呼，称呼后加冒号。称呼要用尊称，一般在称呼前加上表示敬意、亲切的修饰语，如"尊敬的""敬爱的""亲爱的"等。在被称呼者的姓名后加上职务、职称。称呼对方单位名称或个人姓名时必须用全称，不得用省称、简称。

（3）正文。正文包括开头、主体、结尾三部分。开头应首先表明这一致辞的主旨。主体部分则是结合活动的特定内容和出席对象的具体情况，围绕致辞的主旨进行适当阐述。结尾比较简单，一般是向致辞对象表示祝愿、祝福或希望。

2. 公关演说稿

撰写公关演说稿是公关从业人员日常承担的工作之一。演说稿和致辞相似的地方，在于两者都是在一定的场合、面对特定的公众所发表的讲话。但相比之下，致辞更多地用在一些礼仪场合，主要用来表达某种情感和意愿；演说则较多地用在展示性的场合，主要用来宣传某一观点、推荐某一形象。

撰写演说稿，应注意把握以下几点。

（1）标题。通常演说稿的标题为"在××场合的演说"，以免和其他演说稿相混。但在实际演说时不必照背照念。

（2）称呼。演说稿的称呼，一般情况下，可以对这一活动的主持人特别提出加以称呼，而对在座领导则不必如此。即以"尊敬的×××先生（女士、小姐）"称呼主持人，再以"尊敬的各位领导、女士们、先生们、朋友们"这些泛称涵盖所有在场人员。如果演说的场合并无明确主持人，则可以省略对主持人的称呼。在某些比较随意的场合，只需简单地称呼"各位朋友"。

（3）正文。演说稿的正文分为三个部分，即开场白、主体和收尾。

演说稿的开场白事关能否马上吸引听众的注意，但一般字数却不多。在撰写时，一般可采用下列几种方式：一是开门见山，直奔主题，一般用于比较正式的场合；二是先作简单的自我介绍，让人们对自己产生兴趣；三是由某一看似不相干的话题突然切入，激发人们的好奇心理；四是抓住现场情境，即兴发挥，适当调侃，活跃气氛。

演说稿的主体部分是整篇演说的最核心部分。主体部分的撰写，根据内容需要和具体场合、听众的不同，可有各种方式，但不管用什么样的方式，有三点是必须要注意的：一是要突出演说主题，不在次要问题上多作解释和说明；二是逻辑严密，结构紧凑，围绕主题层层推进，具有较强的说服力；三是表述通俗流畅，力求口语化。

演说稿的收尾部分，一般有下列几种方式：一是概括演说的主题，加深听众印象；二是提出希望或发出倡议，激发听众的情绪；三是提出一个或几个思考的问题，让人感到意味深长、意犹未尽。这几种方式，可以根据不同情况灵活运用。但都应注意，收尾应尽可能干脆利落，不拖泥带水。

（三）公共关系书信

公共关系书信是在公共关系活动中使用的一种书信体的礼仪类文书。

1. 贺信

贺信是表示祝贺的专用书信。贺信既可以宣读也可以通过邮寄送达对方。贺信的写作格式与一般书信大致相同，由标题、称谓、正文、结语、落款几部分组成。写作要求内容切合具体的祝贺情境，感情真挚，喜庆色彩浓郁。贺信以书面表达为主，语言力求简练、明快、生动、流畅，恰当地使用对偶、比喻等修辞手法，使贺信显得优美文雅。

【知识拓展】

贺信

××计算机公司：

贵公司落成开业，是商界也是企业界的一件大喜事。在此谨向你们致以热烈的祝贺！

贵公司拥有一支由软件专家组成的庞大队伍，技术力量相当雄厚，必定能够开发出具有竞争力的软件系统。对于满足用户的需求，活跃我国的计算机市场，定会起到重要作用。

祝贵公司开业大吉，宏图大展！

××公司全体员工同贺
×年×月×日

2. 感谢信

感谢信是一种礼仪文书，用于商务活动的许多非协议的合同中，一方受惠于另一方，应及时地表达谢忱，使对方在付出劳动后得到心理上的收益，它是一种不可少的公关手段。

感谢信在写作时应篇幅简短，中文200字左右即可；对收信人为自己做的好事了然于胸，不要忘了什么；把对方给你带来的好处都写清楚，不要含糊其词；表示感谢的话要合乎商家往来习惯，语气不应过于卑屈。

【知识拓展】

感谢信

江苏××电缆有限公司于×年×月×日在南京举行隆重开业典礼，此间收到全国各地许多同行、用户以及外国公司的贺电、贺函和贺礼。上级机关及全国各地单位的领导、世界各地的贵宾、国内最著名的电缆线路专家等亲临参加庆典，寄予我公司极大希望，谨此一并致谢，并愿一如既往地与各方加强联系，进行更广泛、更友好的合作。

江苏××电缆有限公司
董事长：×××
总经理：×××
×年×月×日

三、公共关系活动策划文书

（一）新闻发布会文案

1. 写作要点

要确定新闻发布会日期、地点、新闻点等。文案的重点是挖掘好新闻点、制造好新闻效应。文案还要拟定详细邀请名单、会议议程、时间表、发布会现场布置方案等。

【知识拓展】

新闻发布会文案

一、主办单位××

发布主题：××公益救助活动新闻发布会暨启动仪式。

二、发布时间、地点

1. 新闻发布会时间：××年×月×日上午9：00时。
2. 发布地点：××大酒店。

三、组织工作

由组委会负责，负责来宾签到、贵宾接待、材料分布等。

四、主持人××

五、邀请媒体及有关领导

1. 新闻媒体：《潇湘晨报》、红网、三湘健康网以及湖南多家电视台。
2. 有关领导：×××××。
3. 医院代表（每家参与医院3~4人）：××××。
4. 地市：××。

六、会场布置

1. 鲜花。
2. 发布会会场背景：悬挂横幅，悬挂公益救助活动宣传海报（宣传画）。

七、发布会前宣传氛围的渲染

1. 组织媒体记者为公益救助活动新闻发布会，采写专题新闻报道。
2. 参与活动的地市新闻单位（地市电视台）要找角度、出亮点、精心组织，分别作好专题新闻宣传报道，并加大在潇湘晨报地市主页版块上的新闻宣传力度。

八、议程安排

上午9：00，主持人宣布新闻发布会开始。

1. 主办单位领导就公益救助活动的意义、目的、主题、内容、时间安排进行发布，公益救助活动的有关筹备情况。
2. 医院代表讲话。就医院参与公益救助活动的意义与医院对活动的支持方式发表意见，同时倡导更多的医院参与到医疗公益救助的活动来，强调此次活动的公益性。
3. 承办方讲话。阐明承办此次公益救助活动的意义与报名活动的条件与方法。
4. 启动仪式。

2. 注意要点

新闻发布的新闻点不要与重大新闻事件撞车。要确定组织者与参与人员，包括广告公司、领导、客户、同行、媒体记者等，与新闻发布会承办者协调规模与价格签订合同。要按计划开始发布会，发布会程序通常为来宾签到、贵宾接待、主持人宣布发布会开始、正式会议议程、会后聚餐交流、有特别公关需求的人员的个别活动。在新闻发布会召开后，要监控媒体发布情况，整理发布会音像资料，收集会议剪报，制作发布会成果资料集，评测新闻发布会效果，收集反馈信息，总结经验等。

（二）新颖出奇事件策划文案

1. 写作要点

新颖出奇事件策划是策划人员利用新颖出奇制胜之法而进行的促销策划。这种促销的心理学原则就是利用消费者求新、求奇的心理而进行的活动策划。新颖出奇事件策划活动分成几大块：地点的选择、现场的控制、媒体的配合与社会的关注、消费者与商家及品牌的互动。

2. 注意要点

新颖出奇事件策划，配以一个利于传播、充分引诱顾客创造性的主题，是非常关键的。除此之外，还可以配以让人出奇意外的促销工具，比如地点宜选择在人山人海的城市广场，时机宜选择在节日期间，这些都会保证消费者的参与性，提高宣传的轰动性。

（三）新闻策划文案

1. 写作要点

新闻策划是指在发现或者制造、预测新闻之后，通过具体部署，有计划、有步骤地通知媒介，使新闻得以诞生。商业行销中的新闻策划与推广，是企业主有意识地选择和安排某些具有新闻价值的事件发生，或者利用某些具有一定新闻价值的事件，由此制造出适于传播媒介报道的新闻事件。美国著名传播学家威尔伯·施拉姆将这类事件称为"媒介事件"。

打造企业知名度和品牌的一个重要途径便是新闻策划。一个企业的形象和理念经常在媒体上出现，成为媒体关注的焦点，其知名度自然就会得到提升。BMS企业顾问公司曾经发布了一份名为《提醒企业做品牌要善用新闻公关》的报告，在这份主要针对北京居民的调查报告中，有一个非常重要的结论——树品牌，新闻更有力。报告称，北京居民更多地是从新闻报道中建立了对公司和品牌的信任和喜好，从某种意义上说，出新闻越多的公司，其品牌认知度越高。北京居民对国内品牌认知的手段基本上是新闻报道（57%）、看公司的广告（46%）、感受和口传（28%），例如，海尔、微软、联想等公司频频在新闻报道中亮相，在消费者心目中树立了很好的品牌形象。BMS公司对调查数据所作的交叉分析表明，在通过广告手段建立自己对国内品牌的认知的人群中，有七成还要再通过新闻报道加以印证；而当人们通过新闻或公司专题报道了解一家公司和它的品牌后，则有近44%的人对公司所做的广告不再看重。这个数据进一步表明，新闻和相关的报道对公众的影响力要远高于广告。

新闻策划实质上是对新闻的一次有意识的深层挖掘，如寻找某个相关的纪念日、某种庆祝活动、某项产品开发、某种赛事参与等，其目的在于尽可能促成具有新闻价值的事件发生。就企业本身而言，则可以从以下几个方面挖掘新闻点：新产品；企业领头人；行业地位；事件；企业管理方法。

【知识拓展】

美国××公司的鸽子事件

一、选题

美国××公司52层高的新总部大楼竣工后，一大群鸽子竟飞进了总部大楼的一个房间，把这个房间作为它们的栖息之处。不多久，鸽子粪、羽毛就把这个房间弄得很脏。面对这种情况，公司的公关顾问认为这是扩大公司影响的一个好机会。如果举行一次记者招待会、设计一次专题性活动、散发介绍性的小册子等，都可以把总部大楼竣工的消息传播给公众，但这些方法太常规，很难引起轰动效应。现在一大群鸽子飞进52层高的大楼内，这本身就是一件很吸引人的事。于是策划人员下令关闭所有门窗，不让一只鸽子飞走，并采取了一系列行动。美国××公司正是巧借飞来的"鸽子"制造新闻，吸引媒介纷纷前来采访、报道这一事件，使广大公众通过媒介报道，先对鸽子感兴趣，继而对公司大楼和公司本身产生深刻而良好的印象。

二、报道方案设计

（一）事件制造

第一时间通知了动物保护委员会，请其速派员前来协助处理这件有关保护动物的事。动物保护委员会接到电话后十分重视，并立即派有关人员携带网兜来捕鸽。然后，公司又通知新闻机构。

（二）报道范围

把此次事件的具体经过、时间地点、事发缘由以及各方反馈链接其他事件进行全程报道。

（三）报道重点

为保护动物，"动物保护协会将派出工作人员前往××公司新落成的总部大楼捕鸽"。

（四）报道的规模和进程

第一阶段：立即赶往现场。进行现场报道，采访目击者，进行事件的初步报道即事件本身的报道。收集现场图片配以报道。

第二阶段：追踪报道。继续跟进事件的发展进行报道，与有关部门取得联系，获取他们对此作出的反应，看法以及公开言论等，还要收集群众的看法和信息意见反馈。

第三阶段：社会各界人士的评论分析。整个报道规模持续至事件结束，配以大量的记者进行各方面的系列采访调查。

（五）制订发稿计划

体裁以消息和评论为主并配合社会舆论的言论。表现形式以文字稿件加大幅图片为主；还可向外约稿收集更多信息。版面设计，刚开始争取以头版进行报道，配以大图片。之后跟进报道的内容可排在二版或三版。视情况而定。

（六）报道结构与报道方式

报道结构可以是两种：①线型结构式，即报道方式连续式；②组合式，再链接到其他类似事件。

（七）新闻报道的效果

由于新闻界认为这是一条有价值的新闻，于是电台、电视台、报社等媒介纷纷派出记者进行现场采访和报道。从捕捉第一只鸽子落网，前后共花了3天的时间。各新闻媒介通过消息、特写、专访、评论等形式进行了连续报道，引起了社会公众浓厚的兴趣，自然也就把公众的注意力也吸引到××公司以及公司刚竣工的总部大楼上来了。

2. 注意要点

成功的新闻策划是使本不具有新闻特征的事件成为新闻，也即从平凡的工作中找出新闻。为了获得消费者的注意力，抓住消费者的"眼球"，广告人以及企业主在新闻策划这片大海中"八仙过海，各显神通"。但新闻策划是企业经营者手中握着的一柄双刃剑，在布满荆棘的竞争之路上，用得恰当，这柄剑就会成为企业披荆斩棘的利器；用得不好，这柄剑也会成为企业发展的绊脚石。

（四）专题报道策划书

写作要点：当企业不满足于单个或零星的新闻事件策划时，会想到策划专题系列报道来集中、持续、系列化地加强传播。专题报道策划较新闻报道策划的篇幅长、题材深，牵涉的方面多，是营销策划中比新闻策划更为复杂、要求更高的一种策划方法。专题报道策划的内容通常要包括背景分析、策划的优势和渠道、策划方法等内容。

任务训练

1. 学生分组，根据不同主题每组模拟编写一种公共关系文案。
2. 分析其中的注意事项与写作要领，并讨论公共关系文案的重要性。
3. 将分析讨论结果制作成 PPT，分小组演示分享。

教师注意事项：
1. 由生活事例、企业经营事例导入对公共关系文案的认识。
2. 提供一些公共关系文书的简单案例，以利学生讨论。
3. 分小组点评，并计入平时成绩。

回顾总结

本任务主要学习了各类型常见公关关系文书的写作，包括公共关系企划书、公共关系简报、公共关系新闻稿、公共关系广告、公共关系危机事件处理书、公共关系柬帖、公共关系发言稿、公共关系书信以及各类型公共关系活动策划文书。

课后实践

一、简答题
1. 公共关系请柬写作包括哪些具体要素？
2. 公共关系广告包括哪些类型？

二、写作题
请就学校建校 60 周年之际，针对回校的校友，写一篇公关欢迎稿件。

蓄力职场

理解并掌握公共关系文书的写作格式和注意要点，会根据不同情况，有针对性地撰写各类公共关系文书，增强文书写作能力以及公共关系文书应用能力。

项目 12
公共关系礼仪管理

学有所获

通过完成本项目,学生应该掌握如下知识点:
1. 了解公关礼仪的内涵、基本原则和在公关工作中的作用。
2. 熟悉个人形态礼仪的内容和要求。
3. 熟悉公关工作礼仪的基本内容和要求。
4. 能在公关工作中正确使用相关礼仪知识。

案例导入

美国总统与公关礼仪

美国著名的老资格政治公关专家罗杰·艾尔斯,为美国总统竞选人效力了二十多个春秋,美国人称之为"利用媒介塑造形象的奇才"。1968年,当尼克松总统同约翰逊竞争白宫宝座时,艾尔斯精心指导尼克松在一次电视竞选演讲中克服自卑心理,在赢得竞选方面取得了连尼克松也想不到的奇效。

1984年,里根参加总统竞选。起初公众对他的印象不佳,觉得他年龄大,又当过演员,有轻浮、年迈之感。但他在政治公关顾问艾尔斯的协助下,在竞选讲演时,注意配合适当的服饰、发型与姿势,表现得庄重、经验丰富,样子看上去也非常健康,努力改变了公众对他的不佳印象,结果取得了成功。

1988年美国总统竞选,在8月份以前,美国民主党总统候选人杜卡基斯猛烈攻击老布什是里根的影子,嘲笑他没有独立的政见与主张。当时老布什的形象是灰溜溜的,全美的舆论都称赞杜卡基斯,在民意测验中,老布什落后杜卡基斯十多个百分点。于是老布什请来了公关奇才罗杰·艾尔斯。艾尔斯从公共关系的角度指出了老布什的两个毛病:一是讲演不能引人入胜,比较呆板;二是姿态动作不美,风格不佳,缺乏独立和新颖的魅力。

这些缺点使公众产生他摆脱不了里根的影子的印象。艾尔斯帮助老布什着重纠正尖细的声音、生硬的手势和不够灵活的手臂摆动动作,并让后者讲话时要果断、自信,体现出强烈的自我表现意识,这样言谈举止才能成为千万人瞩目的中心。在1988年8月举行的共和党新奥尔良代表大会上,老布什做了生动且有吸引力的接受提名讲演,这几乎成了他同杜卡基斯较量的转折点。经过之后一系列的争夺,老布什最终获得了竞选胜利。

知识导航

12.1 公共关系礼仪概述

一、公共关系礼仪的概念

在西方,"礼仪"源于法语的"etiquette",原意是法庭上的通行证,要求进入法庭的人必须遵守规矩和行为准则。当"etiquette"一词进入英文后,就有了"礼仪"的含义,意思是"人际交往的通行证"。在中国,礼仪是一个复合词,由"礼"和"仪"两部分组成。在现代社会,礼仪的含义比较广泛,指的是人们在相互交往的过程中,相互之间为了表示尊重、敬意、友好、关心而约定俗成的、共同遵守的行为规范和交往程序,是社会人际关系中用于沟通思想、交流情感、表达心意、促进了解的一种形式。

公共关系礼仪,简称公关礼仪,指的是组织在开展公共关系活动中,为了树立和维护组织的良好形象,在开展公共关系活动时所必须遵循的尊重公众,讲究礼貌、礼节,注重仪表、仪态、仪式等礼仪程式规范。公关礼仪是由公关礼貌、公关礼节、公关仪式三要素组成的。公关礼貌是指在交往中所表现出的敬重和友好的行为,如守时、尊重女性、面带微笑等。公关礼节是礼貌在语言、行为、仪表等方面的具体规定,如拜访客人的礼节、致意的礼节。公关仪式是一种具有固定性质的礼貌、礼节,如奠基仪式、庆典仪式、迎宾仪式等。

公共关系礼仪是组织风貌、员工精神状态、公关人员工作水平和专业技能的最集中体现,也是公关沟通和社会交往的方法及处理公关事务所必须遵循的行为准则。

二、公共关系礼仪的作用

公关人员讲究公关礼仪的作用表现在以下三个方面。

1. 提升个人素质

公关人员的素质是公关人员个人的修养和个人的表现。教养体现细节,细节展示素质。作为从事公共关系活动的人员,应该从我做起,只有在每一件小事上都注重礼仪修养,做到"内慧外秀",才能树立起良好的个人形象。

2. 塑造组织形象

礼仪的基本目的是树立和塑造企业及个人良好的形象。良好的礼仪修养是公关人员必备的素养,是公关工作的前提,同时也可以塑造良好的组织形象,从而更好地开展公关工作。比尔·盖茨说过,"企业竞争,是员工素质的竞争",进一步讲就是企业形象的竞争。

3. 建立和谐关系

公关礼仪能调解冲突、化解矛盾、消除分歧、增进理解、达成谅解、调适人际关系,使之趋于和谐,建立起相互尊重、彼此信任、友好合作的关系,进而有利于各种事业的发展。

三、公关关系礼仪的原则

1. 真诚尊重原则

真诚是对人对事的一种实事求是的态度,是待人真心真意的友善表现,真诚和尊重首先表现为对人不说谎、不虚伪、不骗人、不侮辱人,所谓"骗人一次,终身无友"。其次表现为对他人的正确认识,相信他人,尊重他人,所谓心底无私天地宽,真诚的奉献,才有丰硕的收获，只有真诚尊重方能使双方心心相印，友谊地久天长。

2. 平等适度原则

平等在交往中，表现为不骄狂，不我行我素，不自以为是，不厚此薄彼，不傲视一切、目中无人，不以貌取人或以职业、地位、权势压人，而是时时处处平等谦虚待人。唯有此，才能结交更多的朋友。适度的原则是交往中把握分寸，根据具体情况，具体情境而行使相应的礼仪。如在与人交往时，既要彬彬有礼，又不能低三下四；既要热情大方，又不能轻浮谄谀；要自尊不要自负；要坦诚但不能粗鲁；要信人但不要轻信；要活泼但不能轻浮。

3. 自信自律原则

自信是社交场合可贵的心理素质，一个有充分信心的人，才能在交往中不卑不亢、落落大方，遇强者不自惭，遇磨难不气馁，遇侮辱敢于挺身反击，遇弱者会伸出援助之手。

4. 信用宽容原则

信用即讲信誉。孔子说："民无信不立。"与朋友交往，应言而有信。在社交场合，一要守时，与人约定时间的约会、会见、会谈等，绝不拖延迟到；二要守约，即与人签订的协议、约定和口头答应的事，要说到做到，即所谓：言必信，行必果。故在社交场合，如没有十分的把握就不要轻易许诺他人，许诺做不到，反落了个不守信的恶名，从此会永远失信于人。宽容是一种较高的境界，容许别人有行动与见解自由，对不同于自己和传统的观点和见解要能容忍。站在对方的立场去考虑一切，是争取朋友最好的方法。

5. 沟通互动原则

礼仪的核心是尊重，目的是互动。要表达对交往对象的尊重，达到互动的目的，是需要通过沟通来实现的。公关人员要让公众了解自己的尊重、诚信和善意，言谈、举止就必须符合礼仪规范，把自己的意图以最佳的方式传递给对方，这就要求公关人员在公关交往中使用公关礼仪时，要始终进行积极、有效的沟通，以期达到互动的交际目的。

四、公关人员的礼仪修养

1. 真诚

交往时，待人要真心诚意，表里如一。待人真诚的人，也会得到别人的信任。表里不一、口是心非、缺乏诚意的人，即使在礼仪形式上做得无可指责，最终还是得不到他人的信任，使交往难以继续。

2. 热情

公共关系人员对人要有热情。热情会使人感到亲切、温暖，从而缩短他人与你的感情距离，让别人愿意与你接近、交往。但热情过分，会使人感到你虚情假意，因而有所戒备，无意中筑起一道心理防线。过多的吹捧语言、勉强他人吃饭喝酒，会使人不堪负担，陷于难堪。而交往时的冷漠，会使人难以接近，甚至产生误解。

3. 大方

公共关系人员需要代表组织与社会各界人士联络沟通，参加各种社交活动，所以要讲究姿态和风度，既稳重端庄，又落落大方，举止自然。讲话、表演、道歉、走路等都要大方，表现出自信和成熟，使人感到你所代表的组织可敬重。

4. 幽默

公关人员应当争取交往中的位置。言谈幽默风趣，使他人觉得因为有了你而兴奋、活泼，并使人从你身上得到启发和鼓励。这样，你就会成为交往中的核心，他人乐于与你在一起，围在你的周围，有利于你开展有关工作。

5. 注意小节

有的人做事大大咧咧，行为没有拘束，不拘小节，如进入他人会议室，推开门就往里闯，展览会上随便触摸展览品，当众掏鼻孔、剔牙齿等，不拘小节，反映出一个人的行为修养较差。在社交场合，不注意小节的人是不受欢迎的。作为一个公关人员，注意小节，彬彬有礼，是最起码的交往行为规范。

总之，开展公共关系工作，应拥有一些素质优良的公关人员。良好的公关礼仪修养，是公关人员优良素质的体现，也是搞好公关礼仪的基础。

任务训练

案例分析

2000年的悉尼奥运会，中国运动健儿的出色表现征服了各国观众，但极个别中国人的不文明习惯却给他国运动员、记者留下了不好的印象。有媒体报道，中国记者团几乎每个人都配备了移动电话，铃声是非常特别的音乐，在很嘈杂的场所也可以清楚分辨是不是自己的电话。但在射击馆里，当运动员紧张比赛的时候，这种声音就显得特别刺耳。组委会为了保证运动员发挥出最佳水平，在射击馆门前专门竖有明显标志：请勿吸烟，请关闭手机。也不知是中国的一些记者没看见还是根本不在乎，竟没有关机。其实，把手机铃声调到"振动"并不费事。王义夫比赛时，有中国记者的手机响了，招来周围人的嘘声和众多不满的目光。有外国人轻轻说："这是中国人的手机！"在陶璐娜决赛射第七发子弹的关键时刻，中国记者的手机又一次响了……

思考与讨论：

1. 分析此案例中不符合礼仪的地方。
2. 模拟此案例背景下正确的公关礼仪。

回顾总结

本任务主要学习了公共关系礼仪的概念、公共关系礼仪的作用、公共关系礼仪的原则，以及公关人员礼仪修养。

课后实践

一、填空题

1. 公关人员讲究公关礼仪的作用表现在（   ）（   ）（   ）三个方面。
2. 良好的（   ），是公关人员优良素质的体现，也是搞好公关礼仪的基础。

二、名词解释

公共关系礼仪

三、简答题：

1. 简述公共关系礼仪的原则。
2. 简述公关人员的礼仪修养。

蓄力职场

理解并掌握公共关系礼仪的概念、作用、原则，并且学习养成公关人员的礼仪修养，为做好公关实践工作打下基础。

12.2 公共关系个人形象礼仪

个人形象礼仪指一个人在容貌、举止方面保持美好的礼节规范和要求，主要包括仪容礼仪、举止礼仪和服饰礼仪等。

一、仪容礼仪

整洁是仪容礼仪最基本的要求。要做到面容清洁、头发光顺、口腔清爽、手部洁净。注重个人卫生礼仪，经常洗澡、洗头，保持身体各部位干净；保持口腔清洁，早、中、晚都应刷牙漱口；每隔三个月，最长半年应洗一次牙。有些男士，衣冠楚楚，一开口却满嘴黑牙、黄牙，斑斑驳驳，很不雅观。吃了辛辣食物后，应及时漱口。衣服保持干净整洁。内衣、内裤应勤洗勤换，一般1~2天应换一次；衬衫领口、袖口保持干净，1~2天换一次，不要等非常脏了再换；皮鞋应锃亮无灰土。参加社交活动之前，应简单修饰一下自己，除了身体各部位要干净之外，还要注意修面、剪鼻毛、剪指甲，男士应剃胡子、梳理好头发，女士也应整理好发型。

二、举止礼仪

举止礼仪是指人们在社交活动中各种表情与姿态行为的规范，包括人的站姿、走姿、坐姿、面部表情等。

（一）站姿

中国人素有"站如松、坐如钟、卧如弓、行如风"之说，优美而典雅的站姿，是发展人的不同质感动态美的起点和基础。站姿也是我们在交际场合中第一个引人注视的姿势，是最容易表现人的特征的姿势。

1. 站姿的基本要领

抬头、挺胸、收腹，双腿直立，膝盖相碰，两脚跟相靠，脚尖略分开45°~60°，双臂自然下垂，手指并拢自然微曲，放在身体两侧，中指压裤缝，两手也可以自然下垂，在腹部交叉相握，腰背挺直，下颌微收，面带微笑，平视对方。站立时，双脚除呈"V"字形外，女性也可呈"丁"字形，男士双脚也可以分开一些，但最多与肩同宽。站姿要从整体上形成一种优雅挺拔、自然舒展的体态。在具体要求上，男女略有不同（图12-1）。

（1）女士站姿。在正式场合最优雅动人的站姿应当是全身直立，双腿并拢，双脚微分，双手搭放在腹前，抬头、挺胸、收腹、目视前方。双脚的脚跟应靠拢在一起，两只脚尖应相距10厘米左右，其张角为45°，呈"V"字形。两只脚最好一前一后，将重心集中于后一只脚上，切勿两脚分开。

在正式场合双膝应挺直，而在非正式场合则伸在前面的那一条腿的膝部可以略为弯曲，为"稍息"状态。但是不论处于哪一种场合，双膝都应当有意识地靠拢。

双手在站立时若非拎包、持物，则最好是将右手搭在左手上，然后贴在腹部，同时应当注意放松双肩，使双肩自然下垂。不要把手插在口袋或袖子里，也不要双手相握，背在身后。

  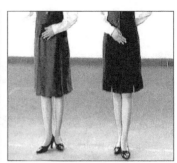

　　　　"V"形　　　　　　　双脚平行分开不超过肩宽　　　　　小"丁"字形

图 12-1　男女的标准站姿

　　下颌要微微内收，脖颈要挺直，双目要平视前方，以便使自己显得自然放松。

　　（2）男士站姿。男士站立时，应将身体的重心放在两只脚上，头要正，颈要直，抬头平视，挺胸收腹不斜肩，两臂自然下垂，从头到脚成一条线。双脚可微微分开，但最多与肩同宽。站累时可向后挪半步，但上体仍须保持正直。这种站姿从外观上看有如挺拔的青松，显得刚毅端庄，精神饱满。

2. 不正确的站姿

　　两脚分叉分得太开或交叉站立；一个肩高，一个肩低；松腹含胸；膝盖伸不直；一只脚在地上不停地划弧线；一条腿弯曲或抖动；两腿交叉站立；身体斜靠在桌子、墙壁、栏杆上；不停地摇摆身子，扭捏作态；与他人勾肩搭背地站着。

（二）走姿

　　走姿即人们行走时的姿态，是以优雅、端庄的站姿为基础的，是站姿的延续动作，是一个流动的造型体。走姿往往是最引人注目的身体语言，最能体现一个人精神面貌的姿态，也最能表现一个人的风度和活力。一般说，行走时步履应自然、轻盈、敏捷、稳健，不要左顾右盼，不要左右摇摆。男士的步伐要反映男士的刚健、有力、英武，给人以"动"的壮美感。女士的步态要有女性的温柔、轻盈、典雅，给人以"静"的优美感。切忌走路时不专心或做出怪姿，如叉腰背手、双手放入口袋、边吃边走、勾肩搭背等。

1. 走姿的基本要领

　　走路时上身基本保持站立的标准姿势，挺胸收腹，腰背笔直，两肩平稳，防止上下前后摇摆；两臂以身体为中心，前后自然摆。前摆约35°，后摆约15°，两手自然弯曲，手掌朝向体内；起步时身子稍向前倾，重心落前脚掌，膝盖伸直；脚尖向正前方伸出，行走时双脚踩在一条直线上；步幅适当，行走中两脚落地的距离大约为自己的1.5～2个脚长；步速应保持均匀、平稳，不要忽快忽慢，脚步要轻并且富有弹性和节奏感。脚不宜抬得过高，也不要擦着地面行走。

　　在公关活动的具体实践中，走姿也有不少特殊之处，公关人员需加以掌握。例如，与人告辞或退出上司的写字间时，不宜立即扭头便走，给人以后背。为了表示对在场的其他人的敬意，在离去时，应采用后退法。其标准做法是目视他人，双腿轻擦地面，向后小步幅地退三四步，然后先转身，后扭头，轻轻地离去。又如，在楼道、走廊等道路狭窄之处需要为他人让行时，应采用侧行步，即面向对方，双肩一前一后，侧身慢行。这样做，是为了对人表示"礼让三分"，也是意在避免与人争抢道路，发生身体碰撞或将自己的背部对着对方。

2. 不正确的走姿

低头弯腰驼背，扭腰摆臀，左顾右盼；脚尖出去方向不正，呈明显的内、外八字脚；脚迈大跨步，身子上下摆动；脚步拖泥带水，蹭着地走；双手左右横着摆动；只摆动小臂；不因场地而及时调整脚步的轻重缓急。作为公关人员，应当懂得稳重大方和不妨碍他人的重要性，所以在公共场合，即使遇到急事，也不要轻易表演"百米冲刺"。稍微快走几步则是许可的，不要走起路用力过猛，尤其是公关小姐穿着钉有铜跟的高跟鞋行走时不要忘记这一点。这种声音对你可能妙不可言，对于别人则绝对是噪声。

（三）坐姿

坐姿是指人们就座时和坐定之后的一系列动作和姿势。一般来讲，坐姿应当高贵、文雅、舒适自然。基本要求是腰背挺直，手臂放松，双腿并拢，目视于人。坐姿和站姿一样，都属于静态身体造型。优雅端庄的坐姿，给人以文雅稳重、自然大方的感觉。

1. 坐姿的基本要领

入座时要轻、稳、缓，即入座时落座声音轻，动作协调柔和，神态从容自如，做到不紧不慢，不慌不忙，大大方方地从座椅的左后侧接近它，然后不声不响地轻轻坐下，不要赶步，不要大大咧咧地一把拉过椅子，"扑通"一声地把自己扔进座椅里，落座时搞得响声大作，以免有"抢坐"之嫌，是没有教养的表现。一般从椅子的左边入座，离座时也要从椅子左边离开。如果是走向他人对面的座椅落座，可采用后退步接近属于自己的座椅，尽量不要背对自己将要与之交谈的人。正式场合，一般不应坐满座位，也不要坐在椅子边上过分前倾，通常占2/3的位置。女士穿裙装入座，则应将裙子后片向前拢一下再慢慢坐下，以显得端庄文雅。落座后，腰背挺直，稍向前倾，双肩放松；双脚自然落地；男性膝部可分开，不超过肩宽，双手自然弯曲，置于大腿中前部，或双手相握，体现男子汉的自信、豁达；女性膝盖以上并拢，两腿不宜向前伸直，表现出庄重与矜持，右手搭在左手上，置于大腿中部。

要善于利用坐姿来表示对他人的敬意。面对不同的情况，可以选择不同的坐姿，以适当的坐姿来表示对他人的尊重和敬意。例如，前去拜访长辈、上司或贵宾时，不宜在落座后坐满座位，甚至就像与家人拉家常一样架起"二郎腿"。若是只坐座位的1/2，则能充分地表示对对方的敬意，当然，也没必要只坐椅子边上，那样会显得有些过于虚伪了。在与来宾会晤时，如双方对面而坐，最好彼此间有1米左右的距离，使双方在调整各自的坐姿时不至于腿部"打架"。如双方并排而坐，则有必要目视对方，以示恭敬，此时最好的办法是上身微侧，双手叠放于侧过身来一侧的那条腿上，双脚亦同时并拢，向同一方向倾斜。

2. 不正确的坐姿

猛起猛坐，弄得座椅乱响；弓腰驼背，全身挤成一团；两腿叉开很大，二郎腿跷起来，且随意抖动；坐下后，点腿或抖腿，或身体前后摇晃；两腿伸得过远，脚勾蹬椅腿、椅撑；随意挪动椅子。尤其是女性，要是面对一位异性坐定之后，才大模大样地前塞后掖自己的裙摆，难免会失之庄重。

3. 裙装女士出入轿车坐法

乘坐轿车女士裙子太紧，上车时应双腿并拢，背靠车内坐在座位上，然后把双腿一同收进车内，不要先进一条腿后进一条腿，此坐法称为"背入式"；下车时，应正面面对车门，双脚同时着地，然后身体离开座位，此坐法称为"背出式"。

（四）面部表情

所谓表情是指眼、眉、嘴、鼻等部位和面部肌肉的情感体验的反映。在人的千变万化的面部表情中，眼神和微笑最具有礼仪功能。"眼睛是心灵的窗户"，通过人的眼神变化，可以洞悉其内心世界的复杂情感信息，其信息负载量可能大于有声语言，且比有声语言更真实。公关人员在与公众打交道时，面部表情的基本要求应是热情、友好、诚实、稳重、和蔼。

1. 微笑

面部表情最传神表意的是笑容。"微笑是一份永恒的介绍信""微笑是通向五大洲的护照""微笑是拨动顾客心弦的最美好的语言"便是笑容社交功能的最好表述。在公关活动中，为了表示对交往对象的友好与尊重，公关人员的最佳表情应是面带微笑。微笑传达的信息常能促进双方沟通，融合双方感情，比如当谈话取得一定效果，谈判达成一定协议时，双方能会心地微微一笑，常常能弱化或消除存在于心中的戒备和隔阂，增进彼此的理解和友谊。日本航空公司训练空中小姐，仅微笑一项，就要训练半年之久，这足以说明微笑对人际交往的突出效用。要掌握好它，诀窍只有一个：发自真心，有诚意。微笑既不是奴颜婢膝般的曲意奉承，强作笑颜，也不是例行公事般的皮笑肉不笑，或是笑得夸张放肆。微笑的基本做法是不发声、不露齿、肌肉放松、嘴角两端向上略为提起、面含笑意、亲切自然，使人如沐春风。其中亲切自然最重要，它要求微笑出自内心、发自肺腑，而无任何做作之态。也只有这种发自真心和诚意的微笑，才能使一切与你接触的人都感到轻松和愉快。

微笑的规范是放松面部肌肉，嘴角两端微微上翘，嘴唇略呈弧形，露出适当的牙齿，不发声，给人以真诚、自然、亲切、甜美的感觉。

微笑的注意点包括：

① 要口眼鼻眉肌结合，避免强装笑脸；

② 要发自内心地笑，避免缺乏诚意；

③ 要把微笑留给所有人，避免露出笑容，随即收起，只把微笑留给上级、朋友等少数人；

④ 要与仪表举止的美和谐一致，神情结合，显出气质，避免为情绪左右而笑。

2. 目光

目光，也称眼神，是面部表情的核心。眼睛是心灵的窗户，它能够自然、明显、及时、准确地表现人的心理活动。交流过程中，我们不仅要不断地运用眼神表达自己的意愿、情感，而且还要学会"阅读"对方的眼神，从对方眼神的变化中，分析他的内心活动和意向。在进行公关活动时，眼神运用是否得当，是否能够准确"捕捉"对方眼神中蕴含的深意，直接关系到公关活动的成败。

在与人交谈时，应使目光局限于上至对方的额头，下至对方上衣的第二粒纽扣以上（即胸以上），不要将目光聚焦于对方脸上的某个部位或身体其他部位。特别是初次相识，或与自己关系一般及异性之间，用目光注视对方，应自然、稳重、柔和，而不能死盯住对方某部位，或不停地在对方身上上下打量。

（1）目光注视的部位。注视对方什么位置，要依据不同场合、不同对象而选择具体目光所及之处和注视的区间。注视部位分以下三种。一是公务注视。在洽谈、磋商、谈判等正规场合，注视范围是在双眼与额头之间的小三角区，这样注视会显得正式、严肃、认真，有诚意。二是社交注视。这是人们常在茶话会、舞会、酒会、联欢会以及其他一般社交场合使用的一种注视。注视范围是在对方双眼与下颌为顶点所连接成的倒三角区域。这一注视区域最容易形成平等感，轻松、随意，容易营造良好的社交氛围。三是亲密注视。这是与亲密交往对象（如夫妻或恋人）交谈时使用的一种注视，注视范围是在眼睛到胸部的大三角区域，注视这个区域时感觉关系极为亲密，但如果是关系一般的人随意注视这个大区域，则会冒犯对方。

（2）目光注视的时间。与对方长时间谈话的过程中，标准注视时间是谈话时间的30%～60%，这叫"社交注视"。如果眼睛始终不看对方，会使对方理解为"拒绝"或"忽视"对方；谈话过程中眼睛始终盯着对方，会使对方理解为"挑衅"或"关注其本人甚于谈话内容"。与宾客碰面或被介绍认识时，可凝视对方稍久一些，这既表示自信，也表示对对方的尊重；当对方缄默不语时，就不要再看对方，以免尴尬；当别人说错了话或显拘谨时，应马上转移视线，否则他会把你的眼光误认为是对他的讽刺和讥笑。在社交场合，无意中与别人的目光相遇不要马上移开，应自然对视 1～2 秒，然后慢慢离开。与异性目光对视时，不可超过 2 秒，否则将引起对方无端的猜测。

（3）目光注视的角度。公关场合中，要尽量采取"正视"的角度注视对方。正视的角度，目光的含义大多为"平等、公正"或"自信、坦率"。有客人走过来的时候，应当立即站起来，身体躯干和面部五官正对对方，看着对方微笑致意。身体和面部的正面朝向对方，眼睛正视对方，用身体语言表达对对方的尊重。在与人交谈过程中，目光应温和、稳重、自然、大方，多用平视的目光，双目注视对方的眼鼻之间，表示自己的坦诚和对对方的尊重。

克服不良的看人习惯。不要盯住对方的某一部位"用力"地看，这是愤怒的最直接表示，有时也暗含挑衅之意；不要浑身上下反复地打量别人，尤其是对陌生人，特别是异性，这种眼神很容易被理解为有意寻衅闹事；不要窥视别人，这是心中有鬼的表现；不要用眼角瞥人，这是一种公认的鄙视他人的目光；不要频繁地眨眼看人，反复地眨眼，看起来心神不定，挤眉弄眼，失之于稳重，显得轻浮；不要左顾右盼，东张西望，目光游离不定，会让对方觉得用心不专。

三、服饰礼仪

所谓服饰，包括服装和饰品两部分。服饰是社会风尚的象征，是个性美的展现。因此，透过服饰的选择，能够体现出人与服饰、精神与形体的和谐，体现出人的性格特点、文化修养、审美能力和情感需求，也体现出人的地位、财富、成功与否及职业特征。

服饰礼仪的原则主要有以下几项。

（一）整体协调原则

服装穿戴的关键，不在于新奇古怪，而在于寻找最佳的搭配组合，以达到整体的和谐悦目。

1. 与自身个性特点相协调

选择服装首先应该考虑自己的生理（年龄、体形、肤色、脸形）及性格、性别等特征。不同体型、不同肤色的人，在选择服饰时应扬长避短，扬美避丑，与自身个性特征和谐统一。比如，不同年龄的人有不同的穿着要求，年轻人应穿着鲜艳、活泼、随意一些，体现出年轻人的朝气和蓬勃向上的青春之美。而中、老年人的着装则要注意庄重、雅致、整洁，体现出成熟和稳重。身材矮胖、颈粗圆脸形者，宜穿深色低"V"字领或同色同质套装，浅色高领服装则不适合。而身材瘦长、颈细长、长脸形者宜穿浅色、高领或圆形领服装。方脸形者则宜穿小圆领或双翻领服装。身材匀称、形体条件好、肤色也好的人，着装范围则较广，选择余地较大，可谓"浓妆淡抹总相宜"。从性别而言，男士要表现阳刚与潇洒，女性要展示柔美与优雅。

2. 与职业身份相协调

服装既是一种语言，又是一种标识，着装应充分、准确地代表自己的社会角色、社会地位。在人们的印象中，公关人员应是热情有礼、服装整洁、精明干练的从业人员，因此，正规的职业装束应以西装和套裙为主。

3. 服装与饰品应协调

无论何种场合，上下装的搭配在色彩、风格等方面要协调一致。如穿西服脚上不宜穿球鞋。另外，服装的饰品，像帽子、围巾、手套、鞋袜、皮包等，这些装束都应力求在色彩上、风格上、款式图案和质料质感等方面和服装本身相匹配，形成一种整体美。

（二）TPO 原则

TPO 是国际通行的服饰穿戴原则，它们分别代表时间（Time）、地点（Place）和场合（Occasion），即着装应该与当时的时间、所处的地点和特定的场合相吻合。

1. T 原则

T 原则即时间原则是指在着装时要考虑时间因素，服饰打扮应考虑时代的变化、四季的变化及一天各时段的变化。服饰应顺应时代发展的主流和节奏，不可太超前或太滞后；服饰打扮还应考虑四季气候的变化，夏季应轻松凉爽，冬季应保暖舒适，春秋两季应增减衣服并防风；服饰还应根据早中晚气温的变化及是否有活动而调整。随"时"更衣。不同时段的着装规则对女士尤其重要。男士有一套质地上乘的深色西装足以穿遍天下，而女士的着装则要随时间而变换。白天工作时，女士应穿正式套装、工作装、职业装，以体现专业性；晚上出席宴会、舞会、鸡尾酒会就应穿着正式的礼服。服装的选择还要适合季节气候特点，不宜标新立异、打破常规。

2. P 原则

P 原则即地点原则是指服饰打扮要与场所、地点、环境相适应，不同的时空应选择不同的服饰。在严肃的写字楼里，白领女士穿着拖地晚礼服送文件，将是什么情景？地点、场所、位置不同，着装应有所区别。着装要考虑自己即将出席或主要活动的地点，尽量使自己的服饰与自己所处的环境保持和谐一致。休闲时，可以穿着舒适随意的休闲服。去公司或单位拜访，穿职业套装会显得正规、专业；外出时要顾及当地的传统和风俗习惯，如去教堂或寺庙等场所，不能穿过露或过短的服装。西方许多国家都有一条明文规定：人们去歌剧院观看歌剧一类的演出时，男士一律穿深色晚礼服，女士着装要端庄雅致，以裙装为宜，否则不准入场。

3. O 原则

O 原则即场合原则是指服饰打扮要考虑此行的目的，服装要与穿着场合的气氛和谐。参加国事活动，服饰打扮自然要稳重大方；而与女友蜜月旅行，则应穿得轻松舒适些。

我们将场合分为三类：公务场合、社交场合、休闲场合。在公务场合的着装要庄重、保守、传统，不强调性别，不展示女性魅力；社交场合，广义上指上班以外，在公众场合与熟人交往、共处的时间，狭义上指工作交往中的应酬活动，着装要典雅、时尚、有个性；休闲场合，指个人的自由活动时间，着装要舒适、方便、自然。如参加签字仪式或重要典礼等重大活动，衣着应庄重考究，规范正统。例如，男士穿西装，一定要系领带，衣领、袖口熨烫平整，裤子要熨出裤线、皮鞋要擦亮等。出席宴会等喜庆场合时，服饰可以鲜艳明快，潇洒时尚一些,女士也可以穿中国的传统旗袍或西方的长裙晚礼服;在收到宴会请柬时,经常在请柬的左下角会看到注有"正式的"(formal)"非正式的"(informal)或"小礼服"(black tie)等字样,有时也写着"随意"(casual)。这些都说明宴会主人对着装的要求,一般的人就会按通常的做法着装,而有的客人还会主动给主人打电话询问一下。

总之,TPO原则是互相沟通、相辅相成的。人们总是在一定的时间、地点,为某种目的进行活动。因此,我们的服饰打扮一定要合乎礼仪要求,这是工作、事业及社交成功的开端。

(三)简约原则

服装的款式要简洁,线条要流畅,色彩要少,避免花哨,饰物要少而精,能以简单的打扮发挥理想的效果,本身就说明着装人内在的充实与修养。

任务训练

【任务名称】个人形象展示。
【任务目的】了解公共关系个人礼仪规范。
【任务步骤】
1. 全班按5～6人一组分为若干小组。
2. 每个小组设计一个公关工作场景,每人分配一角色,要求涉及形态、服饰、交往方面的礼仪。
3. 每组展示公关工作中的个人形象,互评得失。
4. 每人以书面形式提交实训总结。
【任务要求】通过实训,熟练掌握形态礼仪、服饰礼仪、交往礼仪,提升公关人员个人形象。

回顾总结

本任务主要学习了公关关系个人形象仪表礼仪包括仪容礼仪、举止礼仪、服饰礼仪。

课后实践

一、选择题
1. 女士站姿要求双脚的脚跟应靠拢在一起,两只脚尖应相距(　　)厘米左右。
A. 5　　　　　　　B. 10　　　　　　　C. 15
2. 正式场合,一般不应坐满座位,也不要坐在椅子边上过分前倾,通常占(　　)的位置。
A. 1/3　　　　　　B. 2/3　　　　　　C. 3/4

二、填空题
1. 公关人员讲究公关礼仪的作用有(　　)、(　　)和(　　)。
2. 举止礼仪包括人的(　　)、(　　)、(　　)、面部表情等。
3. 国际上公认的穿衣原则——TPO原则是(　　)、(　　)、(　　)三个英文单词的缩写。

三、简答题

1. 简述目光注视的基本要领。
2. 简述 TPO 原则的具体内容。

蓄力职场

理解并掌握公关关系个人形象仪表礼仪：仪容礼仪、举止礼仪、服饰礼仪。掌握站姿、走姿、坐姿的基本要领，学习微笑，掌握 TPO 原则，养成公关人员好的行为习惯，为做好公关实践工作打下基础。

12.3　公共关系商务活动礼仪

公共关系活动的工作礼仪包括接待访问的礼仪、举行庆典的礼仪、主办会议的礼仪、举行宴会的礼仪、赠送礼品的礼仪等。可以将其归纳为介绍礼仪、握手礼仪、交谈礼仪、接待礼仪、宴请礼仪和赠送礼仪几个方面。

人与人交往的第一步就是见面。见面及见面时的礼节是公关人员留给公众第一印象的重要部分。见面礼仪包括介绍、握手、问候和名片几个重要细节。

一、介绍礼仪

介绍，简单地说就是向有关人士说明有关情况，使双方相互认识，通过符合礼仪的介绍可以使互不认识的人之间消除陌生感和畏惧感，建立必要的信任。属于社交场合的介绍基本上有两种，即自我介绍和为他人作介绍。

1. 自我介绍

自我介绍是跨入社交圈、结交更多朋友的第一步。如何介绍自己，如何给对方或其他人留下深刻的印象，可以说是一门艺术，这与个人的气质、修养、思维和口才密不可分。一个人是否有人缘、魅力或者说吸引力，往往在第一面时就已心中有数。学会自我介绍，可以树立自信、大方的个人形象。

自我介绍时，须先向对方点头致意，得到回应后，可根据情况，主动向对方介绍自己的姓名、身份、工作单位，同时递上事先准备好的名片。如"我是某某，是某某公司公关部经理，很高兴认识您（或很高兴和大家在此见面），请多关照！"

2. 为他人介绍

为他人介绍，首先应了解双方是否有结识的愿望，切不可冒昧引见，尤其在双方职位或地位相差悬殊的情况下。最客气的介绍方法是以询问的口气问，如"××，我可以介绍×× 和您认识吗？""您想认识×× 吗？"等。如对方同意，那么正式介绍时，最好先说诸如"请允许我向您介绍……""让我介绍一下"等礼貌语。介绍时，应面带微笑，说话要简洁。如"尊敬的约翰•威尔逊先生，请允许我把杨华先生介绍给您。"比较随便一些的话，可以略去敬语与被介绍人的名字，如"张小姐，让我来给你介绍一下，这位是李先生。"

介绍的先后顺序应当是：先向身份高者介绍身份低者，先向年长者介绍年幼者，先向女士介绍男士等，较尊贵的一方有了解的优先权。在口头表达时，先称呼应特别尊重的一方，再将被介绍者介绍给他（她）。介绍时，应有礼貌地以手示意，不能伸出手指来指去。被介绍时，除年长者或妇女外，一般应起立；但在宴席、会谈桌上不必起立，而以微笑、点头表示。

【课堂实训】

请分别用三种不同的方法介绍与你邻座的同学。

二、握手礼仪

握手既是见面的一种礼节，又是一种祝贺、感谢或相互鼓励的表示。握手的力量、姿势与时间的长短往往能够表达握手人对对方的不同礼遇与态度，显露自己的个性，给人留下不同印象；也可以通过握手来了解对方的个性，从而赢得交际的主动。有的人握手能拒人于千里之外；有的人握手却充满阳光，他们伸出手来与你相握时，你会感到很温暖。

1. 握手的姿态与时间

距离对方约一步左右，两足立正，上身微微前倾，面带微笑，伸出右手握住对方的右手。伸出的右手应四指并拢，拇指自然张开，紧握住对方的手，上下摇晃三下就松开自己的手，握手时间应以3～5秒为好。

2. 握手的顺序

握手的顺序是指彼此相见时谁先伸手谁先握。它主要根据握手人双方所处的社会地位、年龄、性别和各种条件来确定。基本规则是主人与嘉宾相互握手，主人应先伸出手来，宾客待主人伸出手后，方可伸手握之；年长者与年轻者相互握手，年长者应先伸出手来，年轻者待年长者伸出手后，方可伸手握之；身份高者与身份低者相互握手，身份高者应先伸出手来，身份低者待身份高者伸出手后，方可伸手握之；女士与男士相互握手，女士应先伸出手来，男士待女士伸出手后，方可伸手握之。在码头、车站、机场等场合迎接客人，主人应先伸手，表示非常友好地欢迎对方。

握手时应注意：男子在握手前应脱下手套，摘下帽子；男女握手，一般男子只要握一下女方的手指部分即可，多人同时伸手时，注意不要交叉，待别人握完后再伸手。

3. 握手的禁忌

握手礼，在现代人的社交中用得非常普遍，除了传统的表示友好、亲近外，还表示诸如见面时的寒暄，告辞时的道别，以及对他人的感谢或祝贺、慰问等。握手的禁忌有以下几类。

（1）忌握手的时间过长或过短。一般以三五秒钟为宜。长时间地用力握着异性的手不放是不礼貌的。

（2）忌握手时冷而无力，缺乏热情。应热情伸手，面带笑容。

（3）忌握手时东张西望，心不在焉。

（4）忌握手时一言不发，应配以适当的敬语或问候语，如"您好！""见到您很高兴！""久仰！""恭喜！"等。

（5）忌同女士握手时先伸出手。

（6）忌戴手套握手。女士及地位较高的人戴手套握手，被认为是可以的。

（7）忌握手时用力过大，捏得对方咧嘴呼疼。

（8）忌几个人在场时，只同一个人握手，对其他人视而不见。同时多人相互握手时，要注意待别人握完再伸手，不可交叉握手。

（9）忌握手时不讲究先后次序。握手的先后次序是根据握手人双方所处的社会地位、身份、性别和各种条件来确定的。

（10）忌伸给对方脏手。如客人到来，主动向自己伸出手，碰巧自己又在洗东西、擦油污，可以一面点头致意，一面摊开双手，说明情况，表示歉意，然后赶紧洗手，热情接待。

三、名片礼仪

名片是当代交往中一种最为实用的介绍性媒介。用于社交场合中的相互了解，并在自我介绍或相互介绍之后使用。其主要作用是进行自我介绍和建立联系。在递、接名片时，如果是单方递、接，最好能用双手递、双手接；双方互送名片时，应右手递，左手接；两种情况都要求名片的正面（写中文字样的一面）朝着对方。接过对方的名片应点头致谢，并认真地看一遍，最好能将对方的姓氏、主要职称或身份轻轻地读出来，以示尊重。遇有看不明白的地方也可以请教。将对方的名片放在桌子上时，其上面不要压任何东西。收起名片时，要让对方感觉到你是将其名片认真地放在了一个最重要、最稳妥的地方。切忌接过对方的名片一眼不看就立即收起，也不要将其随意地摆弄，因为这样会让对方感觉是一种不敬。

如果是事先约定好的面谈，或事先双方都有所了解，不一定忙着交换名片，可在交谈结束、临别之时取出名片递给对方，以加深印象，表示保持联络的诚意。

拜访式名片，可用于下列情况：寄送礼物时，可将名片附在其中；赠送鲜花或花篮时，可将名片附在其上；在非正式的邀请中，可用名片代替请柬，并写清时间、地点及内容；拜访好友或相识的人而未相遇，可以名片作为留帖，并附上适当的文字。感谢与祝贺式名片，可用于当朋友送来礼品或书信时，代作收条或谢帖；在朋友举行重要的庆典活动时，可寄送一张附上亲笔题写的祝语作为对朋友的祝贺。

随身携带的名片，应放在容易拿出的地方，最好用名片夹或名片盒存放，不要与其他杂物混在一起，防止用时手忙脚乱。穿西服时，名片夹应放在左胸内侧的口袋里；不穿西服时，可以放在随身携带的手提包里，不宜将名片放在其他口袋，尤其要避免放置在裤子的后侧袋里。因为名片是一个人身份的象征，放置在后面无疑是一种不礼貌的行为。在自己的公文包及办公室抽屉里，也应经常备有名片，以便随时使用。

【课堂实训】

请模拟握手以及交换名片的场景，注意正确的礼仪。

四、交谈礼仪

交谈礼仪是指人们在交谈活动中应遵循的礼节和应讲究的仪态等。交谈，包括听和说两个方面。

（一）公关聆听礼仪

外国有一句谚语："用十秒钟的时间讲，用十分钟的时间听。"社会学家兰金也早就指出，在人们日常的语言交往活动（听、说、读、写）中，听的时间占45%，说的时间占30%，读的时间占16%，写的时间占9%。这说明，听在人们交往中居于非常重要的地位。在人们面对面的交谈中，讲与听是对立统一的，认真地去听，可以收到良好的谈话效果。听，可以满足对方的需要。认真聆听对方的谈话，是对讲话者的一种尊重，在一定程度上可以满足对方的需要，同时可以使人们的交往、交谈更有效，彼此之间的关系更融洽。因此，能够耐心地倾听对方的谈话，等于告诉对方"你是一个值得我倾听你讲话的人"，这样在无形中就能提高对方的自尊心，加深彼此的感情。反之，对方还没有把将要说的话说完，你就听不下去了，这最容易使对方自尊心受挫。

1. 聆听的方式

交谈中善于聆听的确有许多好处,但要真正做到洗耳恭听,仅仅对人抱有尊敬之心还不够。也就是说,听不光要用身,还要用心,用整个身心。但有些人做不到这一点。他们听时心不在焉——或左顾右盼,或处理他事,或摆弄东西,或不时走动。这种方式最易伤人自尊心,使说者不愿再讲,更不愿讲心里话。因此无法收到较好的效果,还会影响到双方的关系;也有的人听时虽然很认真,但却挑其毛病,或者频加批评,或速下判断,或发出争论。这种方式使人讲话时不得不十分小心,字斟句酌,同时也担惊受怕,不敢吐露真情,从而影响交谈正常而深入地进行。这两种听的方式都不利于交谈的进行。其实最好的听的方式,是站在对方的立场去听,去反应,去认识,去理解,去记忆,因为这种听话的方式,既能使听者集中注意力全神贯注地听,又能较好地理解说话者的原意,使对方受到尊敬和鼓舞,愿意讲真话,说实话,并发展彼此友好往来关系。

2. 聆听应注意的问题

除了听的方式外,在聆听对方谈话时还要注意以下这些方面。

(1)选择一个安静的环境进行交谈,以减少外界噪声的干扰。如果交谈环境不理想,比如外界干扰、噪声太大,或者室温过高、过低,要尽力设法摆脱。同时保持冷静,不受个人情绪和当时气氛的影响。这样才能保证有效地倾听。

(2)设法使交谈轻松自如,不要使对方感到拘束,同对消除心理上的障碍,不要有偏见,不可显示出不耐烦的样子,也不要过早地作出判断,因过早表态往往会使谈话夭折。要少讲多听,不要随意打断对方。

(3)注意谈话者的神态、表情等非语言传播手段,这些往往会透露出话外之意。

(4)注意自己的"身体语言"。在他人讲话时,应尽可能地以柔和的目光注视着对方,以便与对方进行心灵上的交流与沟通。要学会用声音、动作去呼应,也就是说要随着说话的人情绪的变化而伴以相应的表情。身体稍稍倾向于说话人,面带微笑。在说话者谈到要点,或是其观点需要得到理解和支持时,应适时地点点头,或是简洁地表明一下自己的态度,或通过一些简短的插话和提问,暗示对方对他的话确实感兴趣,或启发对方,以引起感兴趣的话题。这样做,会使对方感受到无声的鼓励或赞许,可以赢得其好感。

【知识拓展】

插话、不赞成或不认同时可这样说

想插话时:"你的看法的确有道理,不过请允许我打断一下"或"请让我提个问题好吗?"

不赞成对方时:"我对这个问题倒也十分感兴趣,只不过好像我不这样认为。"

认为对方观点错误时:"在我的记忆中这个问题好像不是这样的"或"我在某本书上看到的好像与你讲的不完全一样。"

(二)公关说话礼仪

说话的艺术应该说是一门综合艺术,与人的知识修养、道德修养、审美修养、礼仪修养以及社会阅历、气质风度等有直接关系。

保持谦虚,三思而行。交谈主要是在两个人间进行,为了礼貌,任何人都不可能也不应该想怎么说就怎么说,必须顾及对方的情感和情绪,防止"祸从口出",无意伤人,引起不必要的麻烦和矛盾。谦虚慎言，自我克制，不仅能满足对方的表现欲，还可以为自己提供机会，使自己显得更成熟、更稳重、更有涵养。切忌说话时把话说得太满、太绝、太俗、太硬、太横。说话时应注意以下事项。

（1）话题应尽量避开个人隐私和一些不宜在友好交谈中出现的事情。

（2）话题应尽量符合交谈双方的年龄、职业、思想、性格、心理等特点。比如，同是40岁的女士，一位安于现状，不思进取，另一位不甘落后，仍在努力拼搏，你如在第一位女士面前夸奖第二位女士，肯定会引起前者的不快，谈话亦无法继续下去。

（3）应尽量寻找双方都感兴趣的话题，使谈话富有创新性和吸引力，始终在趣味盎然的氛围中进行。所谓"道不同不相为谋"，志同道合是双方走到一起交谈的前提。

（4）再好的谈资也要看对象、分场合。一个关心国家政治经济发展的人和一个只知道埋头做生意的人，大谈政治体制改革、经济发展格局，就好像对牛弹琴，丝毫引不起对方的共鸣，谈话也很难进行。

（5）适度幽默，轻松活泼。恩格斯说："幽默是具有智慧、教养和道德的优越感的表现。"幽默是智慧、爱心和灵感的结晶，是一个人良好修养的表现。日本心理学家多湖辉把幽默称作"语言的酵母"，创造出幽默，就创造出快乐及令人回味的思索。幽默能表现说话者的风度、素养，使人在忍俊不禁之中，借助轻松活泼的气氛赢得对方的好感，完成公共关系任务。善用情感，绘声绘色。要使说话在友好愉快的气氛中进行，

（6）控制声调、表情等因素。20世纪70年代，美国心理学家阿尔培特曾经通过研究，给友好合理的谈话立了一个公式：友好合理的谈话=7%的说话内容+38%的声调+55%的表情。的确，只有在说话时语调平静、音幅适中，音质柔和饱满，表情轻松自然，面带微笑，才会给人以客气、礼貌的感觉。就拿最简单的一个字"请"来说，如果用不同的声调和表情来说，就会产生不同的感觉、不同的含义。

（7）有勇气，适时说"不"。无论是人际交往，还是公共关系交往，有求必应是每个人都在追求的理想目标。但是，由于主客观条件的限制，我们事实上不可能有求必应。实际上，拒绝别人的思想观点、利益要求及行为表现的时候总是多于承诺、应允的机会。然而，在现实生活中，我们常常遇到一些人，或怕伤了对方或自己的自尊心、怕伤了和气或招来不测的后果，也有的是在利益面前经不住诱惑，不愿、不敢说"不"，结果并不一定就好，往往落个"言而无信"或"不负责任"的恶名。说"不"，的确需要勇气，然而为了长远、有效、脚踏实地地发展公共关系或人际关系，公共关系人员应建立起随时说"不"的自信。

（三）使用手机的礼仪

（1）在一切公共场合，手机在不使用时，都要放在合乎礼仪的常规位置，不要在不使用的时候放在手里或挂在上衣口袋外。放手机的常规位置：一是随身携带的公文包里，这种位置最正规；二是上衣的内袋里；有时候，可以将手机暂放腰带上，也可以放在不起眼的地方，如手边、背后、手袋里。不要放在桌子上，特别是不要对着对面正在聊天的客户。

（2）在会议中、和别人洽谈的时候，最好的方式还是把手机关掉，起码也要调到振动状态，这样既显示出对别人的尊重，又不会打断发言者的思路。而那种在会场上铃声不断，像是业务很忙，使大家的目光都转向你，则显示出你缺少修养。

（3）注意手机使用礼仪的人，不会在公共场合或座机电话接听中、开车中、飞机上、剧场里、图书馆和医院里接打手机；即使是在公交车上大声地接打电话也是有失礼仪的。

（4）给对方打手机时，尤其当知道对方是身居要职的忙人时，首先想到的是，这个时间

他（她）方便接听吗？并且要有对方不方便接听的准备。不论在什么情况下，是否通话还是由对方来定为好，所以"现在通话方便吗？"通常是拨打手机的第一句问话。其实，在没有事先约定和不熟悉对方的前提下，我们很难知道对方什么时候方便接听电话。所以，在有其他联络方式时，还是尽量不打对方手机。

（5）在公共场合特别是楼梯、电梯、路口、人行道等地方，不可以旁若无人地使用手机，应该把自己的声音尽可能地压低，绝不能大声说话。

（6）在一些场合，比如在看电影时或在剧院打手机是极其不合适的，如果非得回话，采用静音的方式发送手机短信是比较合适的。

（7）在餐桌上，关掉手机或是把手机调到振动状态还是必要的。避免正吃到兴头上的时候，被一阵烦人的铃声打断。

（8）不要在别人能注视到你的时候查看短信。一边和别人说话，一边查看手机短信，对别人不尊重。

（9）在短信的内容选择和编辑上，应该和通话文明一样引起重视。因为通过你发的短信，意味着你赞同至少不否认短信的内容，也同时反映了你的品位和水准，所以不要编辑或转发不健康的短信，特别是一些带有讽刺伟人、名人甚至是革命烈士的短信，更不应该转发。

（四）电子邮件礼仪

（1）标题要提纲挈领，切忌使用含义不清、胡乱、随意的标题，如"嘿！"或"收着！"等。添加邮件主题是电子邮件和信笺的主要不同之处，在主题栏里用短短的几个字概括出整个邮件的内容，便于收件人权衡邮件的轻重缓急，分别处理。尤其是回复的信件，重新添加、更换邮件主题是要格外注意的环节，最好写上来自××公司的邮件，年、月、日以便对方一目了然又便于保留。

（2）电子邮件的文体格式应该类似于书面交谈式的风格，开头要有问候语，但问候语的选择比较自由，像"你好""Hi"，或者仅仅是一个简单的称呼皆可，结尾也可随意一些，如"以后再谈""祝你愉快"等；也可什么都不写，直接注上自己的名字。但是，如果你写的是一封较为正式的邮件，还是要用和正式的信笺一样的文体，开头要用"尊敬的×××：您好！"或"先生/女士：您好！"；结尾要有祝福语，并使用"此致/敬礼！"这样的格式。

（3）内容简明扼要。针对需要回复及转寄的电子邮件，要小心写在电子邮件里的每一个字，每一句话。因为现在法律规定电子邮件也可以作为法律证据，是合法的，所以发电子邮件时要小心，如果对公司不利的，千万不要写上，如报价等。发邮件时一定要慎重，还要定期重新审查你发过的电子邮件，评估其对商业往来所产生的影响。

（4）一定要清理回复的内容。在美国加州有一位传播学专家摩根女士曾举例说：我最近收到一份电子邮件，其中包括辗转收送的12个人之姓名，我实在没有必要知道这些信息。有一个妙方就是寄信时用"匿名附件收信者（BC）"取代"附件收信者（CC）"，或是在转寄之前删除一切无关紧要或重复的内容，例如，原件中摘要部分之主题、地址及日期等。

注意回答问题的技巧。当回件答复问题的时候，最好只把相关的问题抄到回件上，然后附上答案。不要用自动应答键，那样会把来件所有内容都包括到回件中；但也不要仅以"是的"二字回复，那样太生硬了，而且让读的人摸不着头脑。

（5）合宜地称呼收件者，并且在信尾签名。虽然电子邮件本身已标明了邮自哪方，寄给何人，但在邮件中注明收信者及寄件者大名乃是必需的礼节，包括在信件开头尊称收信者的姓名，在信尾也注明寄件者的姓名以及通信地址、电话等，以方便收信者未来与你的联系。越是在大型的公司，你越是要注意在自己的邮件地址中注上自己的姓名，同时在邮件的结尾添加个人签名栏。人们通常会把邮件转发给过多的人，打开邮箱你可能发现有一半的邮件是与你无关的，删除它们费时费力，所以在转发前要做一下整理，把邮件的数量控制在最小范围。条件允许的话要每天检查自己的邮箱，及早回复邮件。重要邮件发出后要电话确认。另外，重要的机密和敏感的话题不要使用电子邮件，因为它不能保证严守机密。

（6）切忌全文使用英文大写字母。这样写成的邮件太强势，甚至暗示寄件人懒得使用正确的文法。毕竟，这仍是一种文字沟通方式，遵守标准的文书规范是一种职业礼貌。

（7）接收到邮件，如果自己是主送方，应当在最短的时间内给予回应，表示已经收到。简短的回应如"已经收到，我会尽快安排，谢谢！"等。

五、公共关系接待礼仪

组织在进行会议、谈判、庆典、展览、赞助开放等活动中，接待礼仪应当包括以下内容。在活动的筹备阶段，要掌握来宾的姓名、性别、年龄、国籍、民族、籍贯、宗教信仰、职务、级别、身体状况，是否携带夫人、子女、随从等；了解来宾的活动计划，如来访的目的、要参加的具体活动、要见的人物、食宿方面的特别要求等；弄清来宾到达的具体时间、离去的时间、所乘交通工具的班次等，以便制订出接待的具体计划。来宾到达时，组织要按照来宾到达的日程表，安排人员到机场、车站、码头接站。到达目的地后，先请来宾在宾馆大堂稍坐，由公共关系人员与宾馆服务员联系住宿方式，然后与服务员一起引领宾客进入各自房间休息，发放活动期间的日程表、有关文件、纪念品等。在活动进行的过程中，公共关系人员承担着介绍、引领的责任，应遵循"主左客右"的原则，以"请"的手势引领客人前进。要做好这项工作要具体把握以下几个方面。

1. 接待礼仪

对于来访者，无论是何人，都应以微笑礼貌地表示欢迎，热情招呼来访者坐下，给来访者端上一杯热茶，然后委婉而迅速地了解清楚来访者的身份、来访目的和具体要求，以便决定接待的规格、程序和方式。

对于特别重要的来访者，应由公关部经理亲自出面接待并立即传报上级主管乃至最高负责人；按照客人的身份安排对等的接待者是必要的，但通常公关部经理被授权代表组织，甚至代表最高负责人出面接待，可适用于各种级别或不同层次的客人。

对于专业性较强的访问，公关部应立即与有关的专业技术部门联系，积极引荐有关方面的权威人士，并协助其做好一切安排。

对于新闻记者或意见领袖，应特别谨慎和热情、周到。首先采取合作的态度了解清楚对方的意图，但不轻易表示赞成或反对；必要的话，回答有关敏感问题之前，应向最高层或有关部门请示；在实事求是地提供情况的前提下，尽可能树立组织的正面形象和信心。其次，注意为他们提供各种便利条件，真心实意地协助他们工作。

对于一般的顾客，应耐心地倾听他们的投诉，热情地回答他们的咨询，尽可能解决他们的实际问题，让他们带着满意的心情离去。

对于社区代表或赞助团体，在认真考虑他们的要求后，应根据企业的赞助条例或有关规定，结合企业利益分别对待，无论是接受、商榷或拒绝，都应不失礼节。公关部应具备较好的接待条件，如相对独立、安静、舒适的接待环境，基本的服务设备和用具，供来访者了解情况用的各种宣传性画册、刊物和资料，送给来访者作留念的小纪念品等。这本身就表达了对客人的敬意。

2. 迎送礼仪

（1）了解客人的基本资料。准确记住客人的名字、相貌特征（如事先有照片的话），弄清楚客人的身份、来访目的，与本组织的关系性质和程度，到来的时间，乘何种交通工具，以及其他背景材料。

（2）确定迎送规格。根据以上资料，结合本组织的具体情况，确定迎送规格。对较重要的客人，应安排身份相当、专业对口的人士出面迎送；亦可根据特殊需要或关系程度，安排比客人身份高的人士破格接待，或安排副职、助理出面；对于一般客人，由公关部派员迎送即可。

（3）做好迎送准备工作。例如，与有关交通部门联系，核实客人的班机或车船班次、时间；安排好迎送车辆；预先为客人准备好客房及膳食；如果对所迎接的客人不熟悉，需要准备一块迎客牌子，写上"欢迎×××先生（小姐、女士）"以及本组织的名称；如需要，可准备好鲜花等。

（4）严格掌握和遵守时间。无论迎送，均需要提前15分钟赶到车站或机场迎候客人，要考虑到中途交通与天气原因，绝不能让客人在那里等你。如果你迟到了，无论怎样解释，都很难消除客人的不快和对你失职的印象。如送行时客人需办理托运或登机手续，可由公关部派员提前前往代办。

（5）迎接与介绍。接到客人后，即表示欢迎或慰问，然后相互介绍。通常先将前来欢迎的人员介绍给来宾；或自我介绍，并递上名片。客人初到一般较拘谨，应主动与客人寒暄，话题宜轻松自然，如客人的旅途情况，当地的风土人情、气候特点、旅游特色，客人来访的活动安排、筹备情况、有关建议，以及客人可能关心的其他问题。除客人自提的随身小件行李外，应主动帮助客人提行李。

（6）妥善安排。客人抵达住地后，尽可能妥善安排，使客人感到宾至如归。例如，向客人提供活动的日程计划表、本地地图和旅游指南；向客人介绍餐厅用膳时间及主要的接待安排，了解客人的健康情况及特殊需要（如回程机、车、船票）；到达后不要马上安排活动，迎接人员不必久留，以便让客人更衣、休息和处理个人事务；告别前应该约好下次见面的时间及联系方法等。

任务训练

1. 老师提出模拟背景：

金融危机的大背景下，国内A公司接到其重要客户加拿大B公司的来函，其将于三天后到达A公司洽谈一合作事宜，两天后回加拿大。A公司接到B公司的客人后，决定当晚宴请客人，采用西餐形式。如果你是接待人员，将如何排定座位？人员包括A公司、B公司各自的老总，业务、财务、人力资源部门经理，翻译及A公司的司机、秘书。

2. 全班10～12人一组，根据所给工作场景，每人分配一角色，要求涉及西餐宴请座次及用餐礼仪。

3. 每组展示各自设计的安排座次、用餐过程，互评得失。

4. 每人以书面形式提交实训总结。

【任务要求】通过实训，使学生掌握西餐宴请座次及用餐礼仪的实际操作，提高实际工作能力。

回顾总结

本任务主要学习了公共关系商务活动礼仪，包括介绍礼仪、握手礼仪、名片礼仪、交谈礼仪和接待礼仪。

课后实践

选择题

1. 正确的介绍顺序应当是（　　）。
   A. 先向身份高者介绍身份低者
   B. 先向年幼者介绍年长者
   C. 先向男士介绍女士
2. 一般的礼节性握手时间以（　　）为宜。
   A. 1～2秒　　　B. 3～5秒　　　C. 6～8秒

蓄力职场

理解并掌握公共关系商务活动礼仪，包括介绍礼仪、握手礼仪、名片礼仪、交谈礼仪、接待礼仪。养成公关人员好的行为习惯，为做好公关实践工作打下基础。

附录　公共关系实训安排

实训 1　公关演讲实训

实训学时： 2 学时。
实训地点： 多媒体教室。
实训内容： 写作与演讲。
实训目标：
1. 了解演讲的准备。
2. 掌握演讲稿的写作、演讲的技巧。
3. 提高口头表达和写作能力。
以小组为单位写出演讲稿，各小组组长在班内演讲。
实训要求：
1. 以小组为单位讨论，确定演讲题目。
2. 商讨演讲稿的基本框架，由组长写出演讲稿，大家共同修改，定稿。
3. 时间安排：撰写演讲稿 1 课时，演讲 1 课时。
4. 在班内开一次演讲活动，每个小组派代表进行演讲，师生共同评议。
实训考核：
1. 此项考核分为教师评分和小组互评。均采用 100 分制。
2. 100 分制：小组协作 20 分，演讲内容 40 分，仪表仪态 20 分，语气语调语速等 20 分钟。
3. 教师评分占 40%，小组互评占 60%。
4. 评定等级：优、良、中、差。
5. 教师观察各位同学在实训过程中是否积极参加各项活动，对成绩酌情增减。

实训 2　信息传播实训

实训学时： 2 学时。
实训地点： 多媒体教室。
实训内容： 角色扮演口头传播、信息传播游戏。
实训目标：
1. 了解信息传播的形式。
2. 树立积极传播意识，高度重视传播工作。
实训要求：
1. 以分组的形式轮流完成角色扮演，训练口头传播。
2. 用卡片的形式训练如何判别真伪。
3. 以游戏等形式综合训练学生对信息传播技巧的掌握情况。
4. 游戏步骤如下。
（1）教师事先准备 300 字的文字材料和图片一张。
（2）教师讲解传播的方式、种类及注意事项。
（3）进行两轮信息传递并进行比较。

第一轮：10人一组，口头传递所看到的图片内容，按顺序往下一位传递。

第二轮：20～30人一组，口头传递文字材料，每人只允许看两遍，然后依次向下一位传递信息。

（4）一起核对最后一位同学所述内容和原文（图）是否一致，分析原因，怎样避免出现这样的问题？

实训考核：

1. 以角色扮演以小组为单位开展实训活动，以游戏的形式综合考核学生对信息传播的掌握情况。

2. 成绩评定：角色扮演以教师评分、小组自评、小组互评的方式进行评分，教师占比40%，小组自评占30%，小组互评占30%。均采用100分制，根据小组完成情况进行打分。

3. 评定等级：优、良、中、差。

4. 教师观察各位同学在实训过程中是否积极参加各项活动，对成绩酌情增减。

实训3　顾客满意实训

实训学时： 6学时，校外4学时，校内2学时。

实训地点： 校外某企业、机房。

实训内容：

1. 调查与收集顾客满意度、顾客服务满意的企业与资料。

2. 根据调查与收集的材料撰写某企业顾客满意度的分析报告或策划方案。

实训目标：

通过对某工商企业顾客满意度的实地调查，进一步了解顾客满意战略策划的内容，特别要让学生掌握顾客满意度和顾客满意的策略与方法，锻炼与提高学生进行顾客满意度以及顾客服务满意策划的能力。

实训要求：

1. 每位同学必须收集企业信息。

2. 每位同学访问之前必须事先拟定访问提纲。

3. 每位同学必须在网上收集企业信息。

4. 填写实训报告，报告内容包括实训项目、实训目的、事先收集企业信息的内容、事先拟定访问提纲、实训体会。

5. 每班分成四个大组，然后再分成两个小组，分头收集柯达公司与富士公司的资料。

6. 全班交流分析报告。

实训考核：

1. 本次考核分为实训现场和实训报告两个项目，小组实训现场考核占40%。实训报告考核占60%。

2. 两个考核均采用100分制，实训报告由教师考核，实训现场由教师评分、小组自评、小组互评共同完成考试。

3. 评定等级：优、良、中、差。

4. 教师观察各位同学在实训过程中是否积极参加各项活动，对成绩酌情增减。

实训4　公关调查实训

实训学时： 6学时，校外4学时，校内2学时。

实训地点： 校外某企业、机房。
实训内容： 公共关系组织形象调查。
实训目标：
1. 掌握公关调查的内容、方法，并能对组织形象做定位分析。
2. 掌握调查问卷设计方法。
3. 学会撰写调查报告。

实训要求：
1. 调查对象可以是学校（本校）、政府部门、事业单位、企业。
2. 以小组为单位进行实训。
3. 讨论调研提纲，撰写调研方案。
4. 讨论调研某组织形象构成要素，形成问卷调查表。
5. 小组分工协作进行组织形象调查并汇总资料。
6. 在分析资料的基础上个人写出调研报告。

实训考核：
1. 方案设计可行，格式符合标准。
2. 选择搜集资料的方法得当，信息资料搜集翔实。
3. 调查报告符合要求。
4. 以组为单位进行评分，满分为100分。
5. 具体为：问卷（访谈）设计20分＋调查过程25分＋结果10分＋调查报告30分。
6. 本组同学讲解调查过程中采取的方法及遇到临时问题的应对策略（10分）。
7. 展示调查结果统计的方法及发现的问题（5分）。
8. 教师观察各位同学在实训过程中是否积极参加各项活动，对成绩酌情增减。

实训5 公关活动策划实训

实训学时： 4学时。
实训地点： 多媒体教室。
实训内容： 新闻发布会，开业庆典活动。
实训目标： 通过训练，能准备有关新闻发布资料，能联络新闻发布会场事宜并接待现场媒体采访活动。通过训练，锻炼学生的推销口才，培养学生的推销技能，展示商务礼仪形象。

实训要求：
1. 新闻发布会要求学生注意新闻发布会的程序及礼仪。
2. 开业庆典活动要求学生进行前期准备，宣传，环境布置，活动总结评估。

实训步骤：
一、新闻发布会
1. 活动组织
（1）准备新闻发言稿。
（2）准备记者问题范围，要求回答简练、机智、幽默、真实，讲究方法。
（3）邀请新闻发布领导、嘉宾。
（4）邀请新闻记者，发记者证。
（5）准备展览资料、展板。

（6）准备音响、摄像、话筒、纪念品。
（7）布置环境。
（8）宣传。

2．活动程序

（1）主持人宣布开始，致欢迎辞。
（2）新闻发布。
（3）答记者问。
（4）参观及合影。

二、开业庆典

1．宣布开业庆典开始：介绍来宾和欢迎光临指导。
2．总经理致辞。
3．客户代表致贺辞。
4．剪彩仪式开始"嘉宾上场，礼仪小姐上场，剪彩开始"。
5．参观办公环境。
6．西餐厅就餐。
7．招待舞会。

实训考核：

1．此项考核分为教师评分和小组互评。均采用100分制。
2．评定等级：优、良、中、差。
3．教师观察各位同学在实训过程中是否积极参加各项活动，对成绩酌情增减。

实训6　撰写公关策划方案实训

实训学时：8学时，每个项目4学时。
实训地点：机房。
实训内容：撰写公共关系策划书，分两个项目进行。
实训目标：

1．掌握公关策划的基本构成、程序；熟练运用公关策划技巧开展赞助、展览会、新闻发布会、庆典等公关专题活动。
2．掌握公关策划的方法、技巧，形成公关工作的基本思路。

实训要求：

1．在老师的指导下分组，拟定活动方案并选好自己扮演的角色。
2．通过模拟实训，当场表演的形式掌握公关程序，并注意技巧。

实训考核：

1．工作程序的熟练程度和学生的训练态度。
2．公关方案项目齐全、结构清晰，具有可实施性。
3．策划方案新颖，具有创意性。
4．比赛方案、资金预算合理。
5．能很好地解决资金问题。
6．比赛节目精彩，没有出现安全问题。
7．场景布置得当，比赛准备充分。
8．颁奖正确。

9. 全班同学合作愉快。

项目一：撰写赞助公关活动策划书

背景资料：某啤酒集团拟借奥运会召开的时机，策划一个大型的赞助奥运会的公关活动，旨在传播该公司形象和产品形象，请为该集团策划本次公关赞助活动，并撰写题为《某啤酒集团赞助奥运会大型公益公关策划方案》。

实训指导：

（1）通过互联网、报纸、杂志等形式收集第一手资料。

（2）确定公关传播的目标、拟投入经费和活动范围。

（3）撰写简略的公共关系大型活动策划方案和效果评估方案。

实训组织：

（1）将全班同学分成若干小组，每组 5 个人左右并选出小组长，与组员起做好分工协作工作。

（2）以小组为单位收集资料，讨论后完成策划方案。

（3）以小组为单位模拟活动方案。

（4）学生完成实训报告，老师做总结指导。

项目二：撰写某公司新产品参观活动公关活动策划书

背景资料：某公司新近开展了一系的新产品，欲进入市场销售，为提高新产品的知名度与影响力，某公司想开展一次新产品参观活动，请为该公司撰写题为《某公司新产品参观活动公关策划方案》。

实训要求：

要求学生的公共关系专题活动策划方案目标明确，结构正确，主题突出，行文流畅，内容清晰，实施程序和注意事项清楚。

实训组织：

由指导老师联系合作企业，带领学生对企业深入了解，在了解的基础上分小组进行方案策划，每个小组策划一种公共关系专题活动方案。

考核方式及成绩评定：

考核的方式首先是策划方案的格式是否正确，其次是内容是不是科学和严谨的，最后是看行文是否流畅。成绩的评定采取自评和教师综合评定的方法。

实训 7　危机公关实训

实训学时： 4 学时。

实训地点： 多媒体教室。

实训内容： 危机公关方案的制定，危机的处理。

实训目标：

通过实训，掌握公共关系危机预防分析并能制订相应应急计划，掌握公共关系危机协调技巧；掌握公共关系危机中与媒体关系的处理方法。

实训要求：

1. 在老师的指导下分组，拟定活动方案并选好自己扮演的角色。

2. 通过模拟实训，当场表演的形式掌握危机公关程序，并注意技巧。

实训步骤：

1. 全班同学分两组，轮流扮演组织和公众。

2. 电话铃响，有人投诉本公司产品含有危害人体健康的物质，并说已报料给媒体。
3. 制定危机对策，采取措施，控制事态发展。
4. 对危机进行调查，提出危机公关管理方案。
5. 部署调查（事件产生的原因、涉及的公众对象、对企业的形象影响等）。
6. 落实危机公关工作步骤，全面开展危机公关工作。
7. 解决危机。

实训考核：

1. 应对及时，能迅速制定危机对策，采取措施，控制事态发展（30分）。
2. 态度诚恳，以社会利益为重（20分）。
3. 公众满意，信任度再次回升（30分）。
4. 处理灵活，有主见、有创意（20分）。

实训8 沟通技巧实训

实训学时： 2学时。
实训地点： 多媒体教室。
实训内容： 与陌生同学的沟通、与组织（团体）的沟通、接待、演讲、公众关系的处理。
实训目标：
通过训练，让学生掌握双向沟通的知识、要求及技巧，并在沟通中协调好各方面的关系。

实训要求：

1. 通过演讲，训练学生说服他人的能力。
2. 组织学生用角色扮演的方法练习与陌生人、组织进行沟通。
3. 设置接待模拟情景，以4～6人为一组，分组对应训练。
4. 训练用文字进行沟通的技巧。

实训考核：

1. 根据学生的讨论情况、合理的建议、拿出方案的合理性、实用性为考核标准。
2. 策划接待方案一份，40%；训练过程表现，根据学生自如、较自然、矜持、慌乱等不同表现情况分别打分，40%；实训报告，20%。
3. 演讲内容25分，态势语言30分，口语表达25分，形象表情10分，衣着10分。
4. 指导教师查看学生上交的沟通情况，沟通对象对训练学生的印象和评价，实训同学相互反馈其他同学的实训情况，有创新方法，或有独特见解，且效果良好的，酌情加分。

实训9 公关礼仪实训

实训学时： 2学时。
实训地点： 多媒体教室。
实训内容： 称呼礼仪、握手礼仪、介绍礼仪、接待礼仪、服饰礼仪、交谈礼仪、宴会礼仪、电话礼仪。
实训目标：

1. 了解公共关系常见的交往形式。
2. 领会公共关系基本礼仪。
3. 掌握公关沟通技巧。

实训要求：
1. 以分组的形式轮流完成角色扮演，训练介绍、握手、打电话、赠送名片的礼节礼仪。
2. 观看电教片，组织案例讨论。
3. 以面试、小品表演、演讲等形式综合训练学生对仪态礼仪的掌握情况。

实训考核：
1. 以面试、小品表演、演讲等形式综合考核学生对仪态礼仪的掌握情况。
2. 面试：能理论联系实际灵活运用并实践交往礼仪规范。
3. 笔试：正确掌握日常交往当中的礼节规范与要求。
4. 成绩评定：学生表演，综合评价。
5. 评定等级：优、良、差。

参考文献

[1] 居延安. 公共关系学 [M]. 上海：复旦大学出版社，2001.
[2] 斯科特·卡特利普，等. 公共关系教程 [M]. 等4版. 北京：华夏出版社，2001.
[3] 伦纳德·萨菲尔. 强势公关 [M]. 北京：机械工业出版社，2002.
[4] 熊源伟. 公共关系学 [M]. 合肥：安徽人民出版社，2003.
[5] 边一民. 公共关系案例评析 [M]. 杭州：浙江大学出版社，2003.
[6] 菲利浦·莱斯礼. 公关圣经 [M]. 汕头：汕头大学出版社，2004.
[7] 谢伯端. 公共关系学 [M]. 长沙：国防科技大学出版社。2004.
[8] 吴晓云. 公共关系学 [M]. 天津：天津大学出版社，2004.
[9] 李磊. 公共关系实务 [M]. 北京：科学出版社，2004.
[10] 何修猛. 公关实务教程 [M]. 上海：复旦大学出版社，2006.
[11] 纪华强. 公共关系的基本原理与实务 [M]. 北京：高等教育出版社，2006.
[12] 张岩松. 公共关系案例精选精析 [M]. 第3版. 北京：中国社会科学出版社，2006.
[13] 奥蒂斯·马斯金，等. 公共关系：职业与实践 [M]. 北京：中国人民大学出版社，2008.
[14] 于朝辉，邵喜武. 公共关系学 [M]. 北京：北京大学出版社，2008.
[15] 龚荒. 公共关系——原理·实务·案例 [M]. 北京：清华大学出版社，2009.
[16] 薛可，徐明阳. 公共关系学 [M]. 北京：科学出版社，2010.
[17] 张践. 公共关系学 [M]. 北京：中国人民大学出版社，2011.
[18] 潘彦维，杨军. 公共关系 [M]. 北京：北京师范大学出版社，2011.
[19] 李萍，路世云. 公共关系 [M]. 北京：水利水电出版社，2011.
[20] 陶应虎. 公共关系原理与实务 [M]. 第3版. 北京：清华大学出版社，2011.
[21] 郎群秀. 公共关系学 [M]. 北京：科学出版社，2012.
[22] 杨树森. 公共关系学 [M]. 北京：北京师范大学出版社，2013.
[23] 胡学亮. 公共关系：理论与实务 [M]. 修订版. 北京：知识产权出版社，2013.
[24] 杨再春，林瑜彬. 公共关系理论与实务 [M]. 第2版. 北京：机械工业出版社，2016.